中华传统文化视野中的
治理思想研究

卢贵林 著

上海大学出版社
·上海·

图书在版编目(CIP)数据
中华传统文化视野中的治理思想研究 / 卢贵林著.
上海：上海大学出版社，2025.6. -- ISBN 978-7-5671-5297-7
Ⅰ.D63
中国国家版本馆CIP数据核字第2025A08H49号

责任编辑　位雪燕
封面设计　柯国富
技术编辑　金　鑫　钱宇坤

中华传统文化视野中的治理思想研究
卢贵林　著
上海大学出版社出版发行
（上海市上大路99号　邮政编码200444）
（https://www.shupress.cn　发行热线 021-66135112）
出版人　余　洋

*

南京展望文化发展有限公司排版
商务印书馆上海印刷有限公司印刷　各地新华书店经销
开本 710mm×1000mm　1/16　印张16　字数262千字
2025年6月第1版　2025年6月第1次印刷
ISBN 978-7-5671-5297-7/D·272　定价　88.00元

版权所有　侵权必究
如发现本书有印装质量问题请与印刷厂质量科联系
联系电话：021-56324200

目录 CONTENTS

导 论 ··· 1
 第一节 传统治理思想的发展历程和核心目标 ······················· 1
 第二节 传统文化视野中治理思想的基本特征 ······················· 9
 第三节 传统文化视野中治理思想研究的基本构思 ·················· 18

第一章 问治于天：传统神学文化中的治理思想 ······················· 32
 第一节 商周时期的神学治理思想 ·· 33
 第二节 阴阳五行学说中的神学治理思想 ······························· 43
 第三节 天人合一学说中的神学治理思想 ······························· 47
 第四节 谶纬神学中的治理思想 ·· 54

第二章 治理大道：儒家文化中的治理思想 ······························· 58
 第一节 孔子以"礼""仁"为核心的治理思想 ························ 58
 第二节 孟子以王道仁政为核心的治理思想 ···························· 71
 第三节 荀子以礼治为核心的治理思想 ·································· 78

第三章 隐匿的显学：法家文化中的治理思想 ··························· 86
 第一节 法家治理思想的理论基础 ·· 87
 第二节 势治：以"势"为根本的治理思想 ···························· 94
 第三节 法治：以"法"为原则的治理思想 ···························· 100
 第四节 术治：以"术"为主体的治理思想 ···························· 105

第四章　无为无不为：道家文化中的治理思想 …… 116
第一节　老子无为而治的治理思想 …… 116
第二节　庄子自然而超越的治理思想 …… 122
第三节　黄老之学的治理思想 …… 129
第四节　魏晋玄学中的治理思想 …… 136

第五章　无奈的内转：宋明理学文化中的治理思想 …… 144
第一节　张载"为万世开太平"的治理思想 …… 145
第二节　朱熹的德治治理思想 …… 152
第三节　王阳明"明德亲民"的治理思想 …… 161

第六章　实践的力量：事功文化中的治理思想 …… 172
第一节　著名君主的治理思想 …… 172
第二节　著名政治家的事功治理思想 …… 180
第三节　著名士大夫的事功治理思想 …… 192

第七章　变革的先声：反思批判文化中的治理思想 …… 210
第一节　逃避的反思：第一次批判思潮中的治理思想 …… 211
第二节　痛苦的反思：第二次批判思潮中的治理思想 …… 215
第三节　绝望的反思：第三次批判思潮中的治理思想 …… 220

后　记　传统文化视野中治理思想的进一步思考 …… 242

主要参考文献 …… 248

导　论

中华优秀传统文化中蕴含着丰富的治理思想,治国理政离不开中华优秀传统文化。传统治理思想博大精深、源远流长,是中华民族几千年来治国理政的思想结晶、经验总结和理性升华。传统治理思想中包含了丰富的治理经验、治理智慧、治理思维和治理价值,彰显着对现实治理状况的关心、对民生的关怀、对理想治世的追求、对治理弊端的思考和解决方案,它们为治国理政提供了独特、丰厚的思想滋养和精神支撑,是政治思想发展的重要内容。本书通过研究中华传统文化中的治理思想,吸收和借鉴其中的治理智慧,总结其中的利弊得失,对于继承和弘扬中华优秀传统文化和提高治国理政的实际效能具有重要意义。

第一节　传统治理思想的发展历程和核心目标

数千年来,中华文明绵延不绝,传统治理思想也随之萌芽、成形并不断发展演进,与此同时,传统治理思想也在发展演进中体现出了相对稳定的核心目标。

一、传统治理思想的发展历程

古代治理思想历经了先秦、秦汉隋唐、宋元明清三个时期,各个时期保持了连续性和一致性,但是由于时代背景和政治、经济、文化形势不同,各个时期的治理思想也有一定区别。

(一) 先秦:治理思想的萌生和形成时期

商周时期是治理思想的萌生时期。当时的甲骨文记录了这一时期进行重大政治活动时的占卜情况,这一充满神学色彩的文字是研究中华传统文化的原始文本,也是研究治理思想的开端。殷墟出土的甲骨文中有不少关于治理国家中遇到重大问题的卜辞。结合《尚书·盘庚》等资料可知,早在商代就已经有了较为明确的政治思想,其中已有不少内容涉及治理国家的观念。商代神学治理思想的内容主要体现为祖先崇拜、自然神崇拜和王权观念;周代神学思想则进一步发展,以周公为代表的政治家在对殷商灭亡的反思和治理国家的实践中形成了以"天"为核心的"天命不于常""敬天保民""明德慎罚"等治理思想。西周初期因为政治治理相对开明,其治理风气、治理制度、治理理念等也成为后世历代思想家反复颂赞、借喻和用于批判现时代治理弊端的理想模式。中国传统政治思想中最为重要的基本概念和基本命题主要产生于商周时期,它们为此后中国治理思想的发展奠定了基础。

春秋战国时期是治理思想的形成时期。春秋战国是一个诸侯纷争、社会动荡、"礼崩乐坏"的变革时期。这一时期诸侯们云合雾集,竞相争霸。这个战乱频仍的动荡时期,却给了新思想生存发展的空间,尤其是士人阶层开始崛起,诸子百家竞相争鸣,成为思想文化大创造和大繁荣的时期,形成了中国历史上第一次也是影响最深远的一次思想浪潮。这一时期基本形成了传统治理思想的各个主要流派,构建了传统治理思想的话语体系,奠定了中国传统治理思想的基础。按照西汉司马谈和刘歆的划分,诸子百家主要包括儒、墨、道、法、农、杂、纵横、名家等,成为中国传统文化思想理论的奠基石,深远地影响着后来中国文化的发展。诸子百家围绕着礼与法、天与人、君与国、君与臣、君与民等一系列关系以及国家如何治理等问题,提出了各自的见解,形成了以孔子、孟子、荀子为代表的儒家,以老子、庄子为代表的道家,以商鞅、韩非为代表的法家,以及墨家、阴阳家、名家等学说"百家争鸣"的局面。诸子百家的兴起具有鲜明的拯救时弊的治理目的,同时又具有鲜明的思想风格。以孔子、孟子为代表的儒家学说是先秦诸子百家中最大的一家,他们提出了"礼治"和"仁政"的政治主张。儒家同情人民,主张轻徭薄赋,反对不义战争,主张维护等级制度,既复古守礼又积极用世,既重实践理性又重道德修养。儒家思想后来为历朝历代所利用和改造,它同情人民、忧国忧民的人文精神滋润和支持着中华优秀传统文化的绵延发展而影响深远;以墨子为代表的墨家主张"兼爱""非攻""尚贤"和"节用"等理念,提倡"兴天下之利,除天下之害",反对儒家的"礼""乐"观念和复古守旧的政治主张,具有强烈的平民色彩和实用主义倾向。这个学派中的成员多半来自社会中低层,他们纪律严明、生活俭朴、吃苦耐劳,"摩顶放踵利天下"而多有发明创造。墨家的平等观念对后世的治理实践影响深远,尤其是屡次成为农民起义的理论基础。以老子、庄子为代表的道家思想核心内容是"道",认为世界万物源于"道","道生一、一生二、二生三、三生万物"①。道家政治上主张"无为而治""道法自然""政顺民心"和"少私寡欲"等,批判和抨击了各种不按照客观规律治理国家、肆意剥削压迫人民的治理行为,并提出了"损有余而补不足"等治理主张和观点。另外,老子是中国古代朴素辩证法的大师,其思想宏远而精深,极富哲学内涵,给中华传统政治思想和伦理观念带来了深刻影响,极大地影响了古代治理的思维方式;以商鞅、韩非为代表的法家治理思想主张通过强化以君主专制为核心的集权制度来实现治理目的。法家基本否定了儒家"先法王""人性善"等观点。他们认为"人性恶",将法治中君主专制、严刑峻法、权谋诡计的一面推向了极端。法家的影响经久不衰,其治理思想可称为"隐匿的显学",部分学者甚至将"儒外法内"视为秦王朝以后中国古代政治的主流思想。

在这一时期,贯穿中国古代两千多年的治理思想的基本范畴和命题相继提出,治理思想体系和治理思维方式也已基本形成,对后世的治理思想产生了广泛而深远的影响,迄今仍发挥着不容小觑的作用。

(二)秦汉隋唐:治理思想的确立期和发展期

随着秦、汉统一多民族国家的建立,为维护和巩固中央集权的君主专制制度,经过不断斗争、融合,符合国家统一需要的治理思想逐步形成。秦用法家思想,灭六国并最终实现统一,结果却二世而亡;西汉初期的统治者汲取秦亡教训,一度重视黄老之术,至汉武帝时期"罢黜百家,独尊儒术",初步确立了儒学治理思想的统治地位。东汉章帝时白虎观会议进一步使之法典化,从而形成了以儒家治理思想为主体的传统政治思想格局;魏晋玄学融合儒道,反思和论证"名教"的合理性,丰富了封建统治思想的内容;隋唐时期佛道思想盛行,但唐太宗钦定《五经正义》,仍然维持了儒家学说的统治地位。此后,以韩愈的"道统"说为代表,儒家学说在与佛道两教的冲突与融合中进一步发展。汉唐盛世与魏晋南北朝、唐末五代交替并存,既有治理思想大繁荣、大发展的时期,也经历过两次长达数百年的"治理黑暗期",治理思想在强烈的治乱循环、激烈的文化冲

---

① 《老子》,汤漳平、王朝华译注,北京:中华书局,2014,第142页。

突与融合中不断前进。

(三) 宋元明清：治理思想的成熟期和总结期

宋元明清时期，治理思想日臻成熟，各项治理制度也日益严密完备，大规模、长时间的乱世越来越少。由于权臣反叛危及治理的可能性越来越小，治理思想的重心也开始有所变化。

从总的发展脉络来看，北宋建立初期，国家积贫积弱，由此出现了以李觏、王安石为代表的改革思潮，但这些改革并没有扭转北宋内外交困的局面。同时，为挽救唐末五代以来道德沦丧、礼教式微的状况，思想家把目光转向伦理纲常，希望创立一种新的学说，从而催生了理学思潮。理学以儒为主，融合释、道，成为宋元、明清时期的主流治理思想并影响了此后数百年的政治发展。宋明理学的弊端也刺激了事功治理思想的形成和明清之际反思批判思想的产生。

宋明时期，经济社会繁荣发展，以君主集权为核心的治理制度也不断完善，治理思想呈现出蓬勃发展的局面。要理解和研究宋明时期的治理思想，首先离不开这一时期特定的社会、经济、文化条件和人们普遍关注的主要治理问题。就宋明时期的时代形势和思想背景而言，主要有四个相互交织的问题：一是社会经济的繁荣发展与严重的外患问题一并存在；二是日益复杂、精巧、完善的治理制度与国家积贫积弱、治理效能低下的问题相生相伴；三是随着士大夫群体的日益壮大，他们逐渐觉醒的主体意识、使命意识与面对现实治理难题的无能为力形成了巨大的精神张力；四是儒家群体积极回应佛教、道教的挑战与吸收佛教、道教的观点从而不断深化自身思想体系同步进行。在这一大背景下，形成了诸多对中国思想有着重要影响的观点，在治理思想上主要分为两大流派：一派是较为关注现实问题，强调经世致用的事功学派；另一派是以强化伦理道德和心性修养为核心，进而解决现实治理问题的宋明理学。

从治理思想发展演变的大趋势来看，尽管经过了魏晋南北朝和唐末五代的大混乱时期，但现实政治实践中的主导治理思想却并未发生剧变，基本还是沿用着儒、法、道合流之后形成的基本模式。而且这一现实治理模式在经历了一次次的动荡之后，不断吸取前朝教训并进行修补完善，到宋明时期已经形成了日益稳定、精巧甚至密不透风的治理体系。此时，留给思想家们施展抱负的空间被不断压缩，现实治理难题却日益突出，加之士大夫群体规模不断壮大，他们活跃的思想在逼仄的空间中不断冲突和挣扎，最终只能无奈地选择向内转，形成了以修齐治平、存天理灭人欲等为特征,极为注重个人修养和伦理道德的宋明理学思潮。以"二程"、朱熹为代表的理学家,重新诠释了传统儒学的基本概念和命题并进行理论创造,极大提高了儒家治理思想的理论思维水平,为古代君主们提供了更加精致而有力的理论支持。然而理学思想趋于抽象性和理学末流趋于空疏,刺激了以陈亮、叶适为代表的南宋功利治理思想的出现,也催动了陆王心学的形成,进而引发了明代中后期政治思想的反思和批判浪潮,最终诞生了以泰州学派为代表的平民思想、以李贽为典型的"异端"思想等。明末清初,天崩地裂,引发思想家们的深刻反思,出现了以黄宗羲、顾炎武、王夫之、唐甄为典型的一批反思和批判君主专制统治的思想家。尤其是黄宗羲提出的"君者天下之大害""天下为主,君为客"和"学校议政"等思想,对于推动传统治理思想的转型产生了深远影响。

总之,传统治理思想主要探讨如何治理国家的问题,却将国家的来源等问题归之于"天命",事实上悬置了这一重要问题,同时也掩盖了国家为君主私有独占的严酷现实。但思想家们围绕国家治理等问题,已然形成了丰富的政治思想,既有对天与人、德与刑、义与利、君与臣、君与民等相互关系的讨论,也有对国家安与危、治与乱、兴与衰的现实关怀和历史经验教训总结。

二、传统治理思想的核心目标

中华优秀传统文化中蕴含着丰富的治理思想。我们应善于挖掘中华优秀传统文化中关于治理内涵特质、思想观点和价值追求的观点,使之成为滋养和助力当今治理实践的文化基础。从治理目标和治理效能的角度看,中华优秀传统文化中的治理思想的主要追求是建立一个君权稳固、秩序和谐的繁荣治世。

(一)君权稳固:传统治理思想的核心目标

中国传统上历来重视治国之道,各种治国思想、韬略、典籍数不胜数,不管是儒家、道家、佛教还是大大小小的各种学派,其中也并不缺乏具有真知灼见和独创性的治理思想。但如果仔细分析这些治国之策,无不围绕一个永恒不变的主题:如何保证君权稳固、世代传承。君权稳固堪称中华传统治理思想追求的最核心效能目标,一切治理实践和治理理念都是围绕这一目的展开,具体而言主要有三个特点。

一是君权合法性。尽管合法性概念来自西方,但对合法性的论证却是中西方共同的追求。所谓"名不正则言不顺",我国历朝历代都高度重视君权的正当性问题。与西方"君权神授"的传统观念不同,我国君权合法性可称为"君权天授",即认为君权来自"天"或"天道"。自有文字记载以来,对君权来源的论证无不来自中华传统文化意义上的"天",但古代关于天道的理解并未取得一致,天道观念不具有强制性,而更多是一种抽象的道德观念或者思想意识;另一方面,因为在我国朝代更迭的现实状况下,无法保持皇帝血统的单一性和延续性,所以对君主权力的合法性论证尤为重要。自周代商后,周公提出"惟命不于常""天命靡常"①等观点,认为上天赋予的君权是可以变化的,自此之后几千年所有朝代无不以此来论证自身的合法性。

二是君权道德化。因为君权来自"天",这"天道"并不是纯粹的超越概念,而是"天下为公""德行天下"的道德观念,所以我国古代君权与道德有着密切关系。也就是说,君权稳固更是君主的道德问题,君主要维护自身的统治,必须以德配位、加强道德修养,从而成为道德至上之人,达到"内圣外王"的标准。孔子提出"君君"之道,认为"为人君,止于仁"②,并要求君主能够将"仁"作为首要准则,只有具有仁德、能够施行仁政的人才能真正成为君主。那么君主怎么才能做到这些呢?孔子提出了"政者,正也。子帅以正,孰敢不正"③"其身正,不令而行,其身不正,虽令不从"④等观点,对后世君权道德化确立了标准,并形成了一整套以《大学》为核心以"正君心"为目的的修身、道德等行为规范。因此在中国传统治理理念中,君主要通过不断约束自己,努力具备仁德修养,将道德与治国实践融为一体,由此便可实现"垂衣裳而天下治"的政治理想。

三是君权专制化。君权天授和君主道德虽然"看上去很美",实质仍是为了达到君权永固的目的。透过表象来观察中国传统国家的治理,最显著的特征是君权专制。自秦朝以后,中国长期维持专制政体,君主的终身制、世袭制成为惯例,皇帝拥有至高无上、独揽一切的国家权力。传统的为政思想、伦理观念、制度构建、日常治理等几乎都围绕着如何加强君权专制而展开。君权专制制度深刻影响了中国的方方面面。为了掌握"万世永承"的国家权力,一方面,在制度上极力强调君主的绝对地位和主宰力量,将忠君与孝、礼相提并论,将君臣关系

---

① 《尚书》,顾迁译注,郑州:中州古籍出版社,2010,第186页。
② 《礼记》,李慧玲、吕友仁译注,郑州:中州古籍出版社,2010,第373页。
③ 《论语》,张燕婴译注,北京:中华书局,2006,第179页。
④ 《论语》,张燕婴译注,北京:中华书局,2006,第189页。

与父子关系等同,利用血缘传统、宗族观念、道德理念等多个层面来强化对君主的绝对服从,提出了"君命无二""君叫臣死臣不得不死"等观点,并发展出了"灰暗""幽深""繁杂""隐晦"的"驭臣之术"、惩治之法。另一方面,从观念层面发展出了系统的专制思想以达到君权永固的目的。董仲舒提出"君权神授",西汉刘秀提出"吾理天下,亦欲以柔道行之"①,开始将儒家、道家并用以加强专制;韩愈宣扬"圣人论"将君权专制制度和等级制度置于不可置疑的绝对地位;宋明理学尽管标榜"为天地立心,为生民立命,为往圣继绝学,为万世开太平"②的使命,但其"理一分殊"等主要观点还是进一步强化了君权专制制度下伦理道德的合理性,不一而足。尽管还受到"天道""仁义""民本"等制约,可实际上君主的专制权力已处于绝对强势地位,而且随着治理之术的完善,专制之烈愈来愈甚。

(二)秩序和谐:传统治理思想的效能目标

中国传统治理思想追求的效能目标主要体现为追求天下一统、"天人合一"的太平盛世,为此历朝历代高度重视治理的稳定性、秩序性、和谐性等目标,其中最主要的秩序是君臣秩序、君民秩序和天人秩序。

一是君臣秩序。官吏作为国家治理的主体和具体承担者,君臣秩序对于治理效能起着决定性作用,君臣秩序稳定则国家稳定。总体而言,中国传统上的君臣关系十分复杂,一方面皇帝极力强化君主专制和忠君尊君,保证自身的主导权,另一方面臣子以儒家"君使臣以礼,臣事君以忠"③为基本依据,事实上将"道"的地位置于君主之上,并形成了"天下有道则见,无道则隐""君有大过则谏"等臣子文化④,进而制约皇帝的权力。从国家治理效能角度看,主要有两种君臣秩序对治理效能起着重要作用:一种是君臣合作关系。君主能够"尊贤使能,俊杰在位",臣子则忠心辅佐君主。孔子认为"不用贤则亡",荀子认为"尚贤""用贤"等是君主对待臣子的标准。梅尧臣在《太师杜公挽词》中有言"国佐三公进,师臣一品归",一句话道明了千百年来臣子为帝王师的政治抱负。君臣这种亦师亦友、上下齐心的合作关系,往往会使国家治理呈现出生机勃勃的繁

---

① 《后汉书》,(唐)李贤等注,北京:中华书局,1973,第68—69页。
② 《张载集》,章锡琛点校,北京:中华书局,1978,第376页。
③ 《论语》,张燕婴译注,北京:中华书局,2006,第34页。
④ 《论语》,张燕婴译注,北京:中华书局,2006,第111页。

荣景象。另一种是君尊臣卑的秩序。君尊臣卑的关系是最主要秩序，自从汉代儒学将三纲五常与君臣关系结合之后，经过历代思想演变，加之科举选拔制度与专制苛政这两大治理举措从正反两个方面的不断强化，君臣关系逐渐转化为主奴关系。当然，主奴关系下的国家治理也能够保持高度稳定性，在一定程度上达到了君主统治追求的治理效能。

二是君民秩序。我国传统上高度重视君民秩序，特别是民本思想源远流长，历代统治者和思想家都将民众作为评判治理效能的关键。君民秩序与治理效能的关系论述主要有两种观点：一种是君民一体说。其中最著名是荀子的"舟与水"观点，荀子认为"君者舟也，庶人者水也。水则载舟，水则覆舟"[①]。君主地位稳固与否主要取决于君民关系，君主必须采取"抚民""保民""恤民""安民""教民"等措施来取得民众的支持。除了荀子之外，还有孟子的"民贵君轻"说、《易经》的"君育万民"说、荀悦的"君民手足"说等。另一种是"驭民说"。也就是将君民关系主要理解为君主的治民之术、驭民之术甚至是愚民之术。在君主看来，要取得国家治理的最高效能，一方面要施行仁政，以民为本，另一方面民又是影响自身统治的威胁因素，还必须"防民""制民"，不管是法家还是儒家、道家，都提出了大量"治民""驭民""愚民"之术，对封建国家治理产生了重要影响。因为传统上以农民起义为驱动力的治乱循环给历代帝王留下了过于深刻的教训，尽管统治者驭民之术日益精巧，同时也愈加强调对民生的重视，形成了一种独特的、有别于西方封建贵族统治下的君民关系，这种关系也使得我国在治理思想中更加重视普通民众的利益，这在限制君主权力、削弱权贵门阀和官僚利益集团，推行重大治理改革等方面发挥了更好的作用。

三是天人秩序。中国传统思想体系大致可以分为两大系统："天道"和"人道"。对"天道人道"的思考形成了"天人合一""道法自然"的思想观念，这一观念对国家治理产生了深刻影响。"天人合一"成了历代君主治理朝野时的主要追求之一，并在治理效能上体现出鲜明的特点。首先，在治理实践上更加注重人与人、人与自然的和谐秩序。国家治理中遵循"天地合德"的原则，将自然、社会、个人三个方面糅合到一起，战争、祭祀、刑法、典礼等都追求高度和谐。朱熹认为天道与人道具有关联性，天道元亨利贞与人道仁义礼智相对应。在此基础上，将君主统治的合法性、"天人合一"、圣人治理等思想结合起来，这种"天道

---

① 《荀子》，方勇、李波译注，北京：中华书局，2011，第499—500页。

人道"的和谐秩序成为古代帝王治理的核心目标。其次,"天道人道"的秩序追求使我国传统治理思想更具整体性、价值性等特点,也成为我国传统治理思想中一种独特的思维方式,为我们提供了一个不同于西方治理理念的研究视角。最后,在"天道人道"观照下的治理思想对当今的研究具有重要现实意义,现实治理中的生态治理难题、民生问题、社会治安问题等都可以从中得到有益的启示。

总之,中华传统治理思想博大精深,这些治理理念和主张有着强大的影响力和生命力,已经深深扎根于我国治理实践的方方面面,深刻影响和塑造了我国特有的治理方式、治理理念、治理主张、治理心理、治理价值等,我们应该从中不断汲取理论滋养,在实践中不断提高治理效能。

第二节 传统文化视野中治理思想的基本特征

传统治理思想在上千年的历史长河中不断丰富发展,逐渐形成了具有中华传统特色的鲜明特征,尤其是精神特质、价值取向、思维方式等都值得深入思考和研究。

一、传统治理思想的精神特质

(一)胸怀天下精神

传统治理思想十分注重国家至上、群体至上的观念,强调个人服从国家和社会的整体利益。在治理实践中,天下大治的"大一统"一直是统治者孜孜以求的治理理想。自西周以来,大一统观念作为一种理性自觉便深深地扎根于中国人的心中。《春秋》一书提出的"大一统"是非常著名的理论。诸子百家学说在政治大一统方面也有基本一致的观念。"天下一家""民胞物与""四海之内皆兄弟"等追求成为凝聚全社会的精神力量、转化为深层的社会心理结构,并成为治理思想的精神基础。胸怀天下精神体现在三个方面。

一是以群体为重、以万民为本、以天下为公。中国传统思想历来强调公私之辨,把"公义胜私欲"作为根本要求。《尚书·大禹谟》强调"舍己从人",儒家强调"克己爱人,克己利他""先人后己"①。"克己"就是要求克制己私、超越自我、服从整体利益。群体观念还体现为以万民为本,《周易·象传》提出"厚德载物",就是要有淳厚的德性、包容万物,强调人与自然、人与人间的和谐。宋代张载概括为"民吾同胞,物吾与也"②,其意是说天地万物是一个统一体,人民是我的同胞,万物亦是如此。传统文化中还十分注重"天下为公"的价值理想。《礼记·礼运》中阐述大同境界的基本精神是一个"公"字:"大道之行也,天下为公,选贤与能,讲信修睦。"③正是这种观念孕育并形成了传统文化中的集体主义精神、民本情怀和爱国情结。这些鲜明的精神特质深深地嵌入了治理思想之中,对古代治理理念产生了深刻影响。

二是忧国忧民、变革进取。天下理念和爱国情怀进一步激发了对国家民族命运的自觉意识和以天下为己任的社会责任感,这导致在传统文化中处处彰显着关心天下兴亡、忧国忧民的博大情怀。从孔子的"君子忧道"、儒家学说的"治国平天下"、屈原的"长太息以掩涕兮,哀民生之多艰"、范仲淹的"先天下之忧而忧,后天下之乐而乐"、顾炎武的"天下兴亡,匹夫有责"等一系列思想中都可以深刻地理解这种精神。传统的忧患意识还包含着居安思危、拯救时弊、变革进取的精神。从《周易》中的"天行健,君子以自强不息"、孟子的"生于忧患,死于安乐"、屈原的"路漫漫其修远兮,吾将上下而求索"等都能感受到这种精神。在忧国忧民、变革进取精神的感召下,商鞅、屈原、诸葛亮、曹操、魏徵、范仲淹、陆游、王安石、张居正等人主张变法革新以解决治理积弊,将忧国忧民的情怀变成了现实的治理实践,其中的很多治理观念已经成为传统治理思想的重要组成部分。

三是献身天下、忠贞报国。胸怀天下、心忧天下的最高境界是献身天下。这种精神体现在治理思想中,就是要以国家、民族整体利益为上,在治理面对重大危机之时能贯彻同仇敌忾、不屈不挠的精神。在传统文化中十分强调一个人在事关国家民族利益的重要关头,能够誓死维护祖国尊严和民族气节。"富贵不能淫,贫贱不能移,威武不能屈""士可杀不可辱""宁为玉碎,不为瓦全"等格言都集中体现了这种意识。总之,胸怀天下的精神增强了全社会的文化共识,也增强了中国人发自灵魂深处的本根意识,从而促进了民族国家的团结和发展,对中国治理国家的价值取向、理想人格、思维方式、社会心理、精神风貌等起

---

① 《礼记》,郑州:中州古籍出版社,2010,第 226 页。
② 《张载集》,章锡琛点校,北京:中华书局,1978,第 62 页。
③ 《礼记》,胡平生、张萌译注,北京:中华书局,2017,第 419 页。

了重大作用。

（二）德行修养精神

中华优秀传统文化十分注重德行修养，追求和向往理想人格，并认为德行修养与治国理政是贯通一体的。"修身"乃是"齐家""治国""平天下"的基础，身修好了，才能家齐、国治、天下太平。人们的一切德行都是同整个社会的治理状况直接关联的，修身是立身之道，也是立国之道。对德行修养的重视直接塑造了中华民族独特的精神品格，形成了重义轻利、诚信笃实的价值标准和以刚正不阿、舍生取义等为代表的士大夫精神。

一是重义轻利。义和利是古代伦理道德的一个基本问题。义主要是指整体利益、长远利益。利主要是指个人私利、眼前利益。传统的义利观从国家和整体利益的原则出发，在个人对他人、社会、群体的关系上，强调"义以为上""先义后利"，主张"见得思义"，反对"见利忘义"，提倡"君子爱财，取之有道"，认为在利面前必须考虑取舍是否符合义，也就是所谓的"义然后取，人不厌其取"[1]。如果不符合道义，就应该舍利而从义，进一步还形成了先人后己、舍己为人的价值标准。重义轻利的最高境界是杀身成仁、舍生取义，尤其表现在处理个人与国家、民族的关系上，为了国家和民族的利益，完全可以置个人身家性命于不顾。当然，重义轻利的价值观也造成了耻于言利的倾向，导致在治理思想中普遍主张重本抑末，不重视工商业的作用，也造成理财、财税、富国等关于利方面的改革阻力重重而难以推行。

二是诚信笃实。诚和信是中华传统美德的重要范畴，两者紧密联系、意思相通。诚指诚实无欺、待人诚恳及对君主的忠诚；信指说话算话，言行相符。诚信被儒家视为"进德修业之本""立人之道"和"立政之本"。孔子提出"人而无信，不知其可也"[2]"自古皆有死，民无信不立"[3]等思想，把信视为做人的根本；孟子认为"诚者，天之道也；思诚者，人之道也"[4]，把诚作为自然界和人类社会的最高道德范畴；荀子将诚信扩至一切伦理关系之本的高度；宋明理学更是赋予诚以本体论意义，将诚的重要性提升到一个全新高度。

---

[1] 《论语》，张燕婴译注，北京：中华书局，2006，第211页。
[2] 《论语》，张燕婴译注，北京：中华书局，2006，第22页。
[3] 《论语》，张燕婴译注，北京：中华书局，2006，第174页。
[4] 《孟子》，宁镇疆译注，郑州：中州古籍出版社，2007，第136页。

三是刚正不阿。孔子讲"三军可夺帅也,匹夫不可夺志"。这种"至大至刚"的"浩然之气",集中体现了中华民族独立的人格尊严和崇高的精神境界。这种精神品格成了古代社会最为推崇的理想人格,也成为士大夫精神的生动写照。在治理思想中,处处可以看到这种精神的影响。刚正不阿体现为疾恶如仇、扬善抑恶、伸张正义、旗帜鲜明,主张消除治理中不公正、不合理的弊端;体现为守死善道、唯义是从,为了道义敢于献身,提倡"从道不从君"的理念;体现为不阿权贵、崇尚操守,鄙视委曲求全、毫无节操的言行,在治理实践中敢于冒死进谏和对抗权贵。

(三) 包容开放精神

中国政治思想史源远流长,几千年持续不断地发展使其内容越来越丰富,体现出历史的连续性。治理思想先后经历了先秦诸子、两汉经学、魏晋玄学、宋明理学、清代朴学、近代"新学"等不同的发展阶段,虽然各个历史时期也不乏思想创新,但许多治理范畴和治理命题并没有发生太大变化。儒道、德治、仁政、民本等一经提出,便长期延续并为后人反复讨论和强调,使中国传统治理思想既有阶段性又有一贯性。同时,这种一贯性也有弊端,在中华文明持续不断的发展进程中,中央集权的专制制度不断加强,但"私天下"的实质并没有根本改变。在专制统治的高压之下,礼法成为束缚人们思想的枷锁,治理思想发展十分缓慢,自由创造尤为艰难。即使偶有心得,也只能以注疏、借古喻今等方式含蓄隐晦地表现出来。

包容精神主要体现在治理思想的相互借鉴和融合发展上。中国古代思想学说既没有严格的学科划分,也没有形成现代意义上哲学、文学、历史学、宗教学等相对独立的学术思想体系,历史上有重要影响力的思想家往往会将这些方面视为相互贯通的整体来进行研究。尤其是孔子提倡的"博文而约礼",影响到古人的治学,形成了重博览、达通识的学风。因此,传统治理思想也呈现明显的整体性、贯通性和包容性特点,有关治理的论述也总是和哲学思想、政治思想、伦理思想等密切联系在一起。比如,中国古代思想家都热衷于"究天人之际,通古今之变",从"天道"言说"人道"、以哲学论证政治,进而论证治理主张。从现代学科视角看,中国古代思想家在阐述治理思想时,融合了不同学科的思想,从不同角度、运用不同方法认识和解决治理问题,既为治理思想提供了具有普遍意义的理论基础,又发挥了人的理性能力,利用各种文明成果,寻求和完善治国平天下之道。

二、传统治理思想的价值取向

(一) 人文主义的价值取向

这里的"人文"一词,与西方人文主义所说的"人文"含义不同。宗教信仰在中国政治活动和政治思想中一直未占据主导地位。公元前11世纪的西周初年,在宗法社会背景下,人伦道德被引入政治领域,成为联系天人关系的桥梁,使中国古代政治思想逐渐摆脱神灵信仰的羁绊,开启了人文化发展的新方向。《周易》提出:"观乎天文,以察时变;观乎人文,以化成天下。"[①]意思是说,懂得"天文",可以搞好农业生产;懂得"人文",可以化民成俗、治理好国家。春秋战国时期,思想家越来越认识到人的重要性。孔子明确地说:"未知生,焉知死?""未能事人,焉能事鬼?"[②]其将鬼神信仰等宗教问题悬置起来,强调人生、人事对于人类社会的重要意义。在这种思想影响下,即使西汉董仲舒所说起主宰作用的"天",其主要目的也是为了论证和制约君权,而并非像西方中世纪那样让人们成为神的奴仆。秦汉时期,一些帝王祭祀天地、封禅泰山,利用迷信神化自己,受到司马迁等史学家的批评。东汉时期谶纬迷信盛行,南北朝和隋唐时期佛道二教繁荣,依然受到具有人文精神的儒家政治思想的批判。

(二) 伦理化的价值取向

与西方社会不同,当中国社会跨入文明的门槛时,保留了氏族制的残余。统治者利用氏族血缘观念和亲情关系,最终形成了宗法制。宗法制在西周已经完备并成为维持社会结构稳定的重要因素之一,它影响了此后整个中国古代社会。生长于宗法制氛围中的中国政治思想,以孝悌等伦理关系为依托,着眼于从宗法、伦理、修养入手来解决治理问题。作为中国古代治理思想主体的儒家,以"天人合一"的世界观和人性论为理论基础,强调通过格物、致知、诚意、正心等修身活动,实现家国和谐、天下大治。在儒家看来,加强治国者的道德修养是治国理政的第一步,在此基础上教化民众,最终目标是"明明德于天下",实现人人知道德、有道德、守道德的理想社会。孔子的德治思想、《大学》中治国平天下

---

① 《周易》,杨天才、张善文译注,北京:中华书局,2011,第207页。
② 《论语》,张燕婴译注,北京:中华书局,2006,第157页。

的政治思想、孟子的仁政说等,完全将政治归结为一种人伦价值。总之,仁义道德由此成为政治生活的重要内容。政治修养以道德修养为主要内容,贤才标准中道德占据首要位置,君王治理天下的合法性也来源于君王个人的道德修养状况等。这充分体现了中国古代治理思想的伦理政治化、治理伦理化特征。

(三) 经世致用的价值取向

中国传统治理思想总体上不尚空谈,关注并力图解决实际问题,强调"实事求是",提倡用具体材料立论、不尚思辨,体现了强烈的经世致用价值观念。先秦是中国传统政治思想大发展的时期,诸子百家虽志趣不同甚至相互攻讦,但有一点是相同的,他们"各著书言治乱之事,以干世主"[1],其目的就是为当权者献计献策,从而能够参与到治国理政之中,为了实现自己改变现实、解决治理弊端的抱负。司马谈总结说:"夫阴阳、儒、墨、名、法、道德,此务为治者也。"[2]孔子创立儒学,主要是针对当时礼崩乐坏、天下无道的社会政治现实,试图从理论上思考和解决现实政治问题,"孔子成《春秋》,而乱臣贼子惧"[3]。因此,儒学从一开始就具有浓郁的经世致用色彩。儒学主张内圣外王,就是通过修身实现齐家、治国、平天下的政治目标;道家虽然崇尚隐逸,但也思考和解决现实政治问题,提出君主无为、臣下有为的政治主张,所形成的黄老之学在西汉初期影响很大;法家主张用强力统一天下,"为圣人执要"出谋划策,表现出强烈的现实关怀。儒家、道家、法家等虽经过历代发展而呈现为不同的学术流派和存在形态,但其经世致用的特质始终没有变化。明清之际的实学思潮和近代的经世思潮尤为典型。顾炎武、黄宗羲、王夫之等思想家都不约而同地评论时政,提出了各种"匡时济民"的社会政治改革方案,充分体现了实习、实讲、实行、实用之学的特征。

三、传统治理思想的思维方式

(一) 朴素辩证思维

中国古代从殷末周初成书的《周易》开始,到春秋末年的老子、孔子,已经开

---

[1] 《史记》,文白译注,北京:北京燕山出版社,2007,第2423页。
[2] 《史记》,文白译注,北京:北京燕山出版社,2007,第3615页。
[3] 《孟子》,宁镇疆译注,郑州:中州古籍出版社,2007,第123页。

始有了朴素的辩证思维。《周易》提出"一阴一阳之谓道",认为阴阳对立而又和谐统一、相辅相成、相互转化;《老子》提出"有无相生""祸福相倚""反者道之动"等辩证观点;孔子提出"和而不同""过犹不及"的"中庸"观等。这些是中国思想史上朴素辩证思维的代表,深深地影响了后世思想家们的治理思维方式,使他们注意把治理问题放在对立统一的框架下进行思考。中国传统治理思想史中的许多重要范畴,如天人、王霸、德刑、礼法、义利、公私、理欲、君民、古今、中西等,都是成对出现的,思想家们运用本末、体用、隐显、主辅、先后、轻重等具有朴素辩证思维的观念来处理它们的关系,提出如王霸杂用、德主刑辅、宽猛相济、德才兼备、民贵君轻、中体西用、居安思危等命题,既注意到两者的不同和对立,又注意到两者之间的联系和转化。思想家们还根据"万物并育而不相害,道并行而不相悖"[①]"天下同归而殊途,一致而百虑"[②]等辩证思想,要求治国者做到兼容并包,同时也要学会并善于处理各种矛盾。

(二) 中和思维

与西方文化较多地强调对立面的冲突不同,中华传统文化的中和思维方式趋于寻求以和为贵,始终把谋求人与自然、社会的和谐统一作为治理理想。中和思维培育了传统思想中追求和谐、反对分裂的整体观念,对于中华民族文化心理的形成、集体凝聚力的增强和社会的稳定起到了十分重要的聚合作用。中和思维对古代治理产生了深刻影响,历代治国理政都将"中和""中庸"等视为治理的基本方法论,将"致中和"视为治理目标。"尚中"观念作为一种哲学思想始于《易经》,揭示了人事兴衰及事物变化发展的规律,并蕴含了丰富的中和思想。《易经》常使用"中""中行""得中""中德""中节"等词,教人行为正直,待人处世恪守不偏不倚的中道,上承殷周、下启孔子,成为儒家学派的世界观与方法论。"中和"是儒家思想的重要范畴。"中和"一词虽首见于《中庸》,但其观念由来已久。据说尧禅位于舜时,要求舜"允执其中",以"中道"为政教的准则。舜受尧命,唯中是用,受到孔子的称赞。至文、武、周公,仍以中为准,反映了这一时期治理思想中普遍尚中、执中的倾向。孔子提出了"中庸"理论,成为儒家最高的道德准则和矛盾观及处理矛盾的方法论。《中庸》中提道:"喜怒哀乐之未发,谓

---

① 《礼记》,李慧玲、吕友仁译注,郑州:中州古籍出版社,2010,第 276 页。
② 《周易》,崔波译注,郑州:中州古籍出版社,2007,第 395 页。

之中;发而皆中节,谓之和……致中和,天地位焉,万物育焉。"①中和思维方式以"致中和"为根本宗旨,构建了以"中和"为基本观点和根本原则的世界观和方法论。"中和"作为表征事物存在状态的范畴,体现了事物之间一种适中、适当、恰到好处的关系,也就是和谐。中和思维要求系统内的每个成员要使自己的思想、行为与整个社会的目标、利益、原则等相适应,通过个体中和的推广、普施来实现。人类社会乃至宇宙万物之"中和"是一种理想的追求,通过主体实践,以最佳的方式和效果处理主客体之间的关系,特别是人与人之间的关系,使社会人际有序化、和谐化。当然,中和思维也导致在治理实践中过于追求"以和为贵"而缺乏斗争性,也容易掩盖问题的本质。

(三) 系统性思维

系统性思维方式是中华传统文化有别于其他文化的一大特征。中华传统思维向来注重整体性、综合性、结构性,将万事万物看成一个整体。这一思维方式也深刻影响了治理思想,导致我们在治理实践中通常把治理对象看作一个融合了人类社会各个方面的整体,从而主张从系统角度去思考和解决治理问题。

一是注重整体性。所谓整体性思维即从整体上、宏观上认识把握对象,认为世界万物是一个整体,人和物也都是一个整体,想认识事物,就必须先了解整体。整体性思维最早来源于古代思想家对宇宙世界的思考。他们提出了几种宇宙模式,其共同的观点即认为宇宙是一个运动、和谐的有机整体。他们认为,道、气、太极、理都是代表整体或全体的基本范畴,阴阳、五行、八卦等则是基本构成要素。可见,治理思想中最核心的原创性概念本身就蕴含着显著的整体性思维。老子强调了世界的整体性、运动性和和谐性,他用"道"概括宇宙间一切生成演化的过程。老子认为道是宇宙之根本,道为天地之先、万物之母。《周易》提出了宇宙整体论的初步图式。尽管和占筮等宗教迷信尚未分开,但《周易》把一切自然现象和人事吉凶统统纳入由阴阳二爻所组成的六十四卦系统,具有初步的整体思维特征。《易传》中还进一步提出了"易有太极,是生两仪,两仪生四象,四象生八卦"②的整体观,以"生生之谓易"的观点为轴心,形成了有机整体论的思维模式,为儒家的治理思维奠定了基础。实际上,古代思想家们

---

① 《论语 大学 中庸》,陈晓芬、徐宗儒译注,北京:中华书局,2011,第289页。
② 《周易》,杨天才、张善文译注,北京:中华书局,2011,第595页。

普遍不太重视整体和部分的区分,部分自始至终也没有取得真正意义上的独立性。在整体性思维影响下,任何一个局部都体现着整体,都应依附于某种整体。因此,惠施讲"泛爱万物,天地一体",庄子讲"天地与我并生,万物与我为一",庄子认为"道"无所不在,朱熹认为"人人有一太极,物物有一太极",并将整体与部分的关系比喻为"月印万川"。这些都是一种朴素的整体性思想,强调从统一的角度去看待事物。另外还要看到,整体性的思维方式缺乏对部分、个体的重视,也导致缺乏批判精神、否定精神,体现到治理实践中就是过于追求整体性的稳定,表现出过于求稳防变的特征。

二是强调综合性。中国传统思维方式具有综合性的特点,即努力从整体上把握认识对象,注重组成统一整体各部分之间的和谐,追求最大的整体功能。具体而言,就是把宇宙、自然和人类社会看成一个统一的整体,以"人与天地万物为一体""天人合一"为最高境界。从《易经》开始,中国传统思想便形成了把一切自然现象与人事贯通起来的综合思维。比如在八卦中,上、中、下三卦分别指天、人、地;在六十四卦中,上两爻指天、下两爻指地、中间两爻指人。思想家们常用天道、地道组合而成的自然之道去阐述人道,"上考之天,下揆之地,中通诸理",以便"上因天时,下尽地财,中用人才"。孔子、孟子、董仲舒等赋予"天"以更多的政治、伦理色彩,把"天理"作为人道的依据,强化了"天人合一"的综合性思维。到了宋明理学发展成型时,"天人合一"的综合性思维已经成为儒家的模式。

三是追求结构性。中国传统思维方式表现出结构性特点,从思维主体对思维客体自身结构和内部关系把握的角度出发,把事物看成相互作用的诸要素所构成的具有固定结构和固定等级秩序的整体。体现到治理思想中,就是将治理秩序视为治理的根本目的,将以"三纲五常"为代表的等级秩序视为治理的根本遵循。古老的阴阳五行思想包含着朴素的系统观。董仲舒用"阴阳出入""五行本末"来解释天地万物的相互关系及运行规律,构建了具有神秘色彩的阴阳五行理论体系,这一体系"天地之气,合而为一,分为阴阳,判为四时,列为五行"①。在阴阳五行思维的影响下,天地万物以天道、天理为最高本体,进而确立了严格的层次性和等级结构。各个系统内都有相对稳定的结构,即一定的秩序和形式,如天地有阴阳之序、国家有君臣之分等。各要素之间相互作用,形成

---

① 《春秋繁露》,张世亮、钟肇鹏、周桂钿译注,北京:中华书局,2012,第487页。

有机的整体,产生特定的功能。如君有君道、臣有臣道,"君使臣以礼、臣事君以忠"。在这种结构性思维的影响下,"三纲五常"的出现也就顺理成章了。还要看到,这种结构性思维方式又存在难以避免的缺陷,会导致在治理思想中出现模式化、绝对化、神秘化等倾向,也会导致治理主张不追求具体性而具有模糊性的特点。

第三节　传统文化视野中治理思想研究的基本构思

研究传统文化视野中的治理思想,首先必须明确什么是传统治理思想,它有哪些具体内容,同时对研究的目的、意义和方法等问题都有所了解。

一、传统治理思想的研究对象

(一)何为治理思想

既然是研究治理思想,那首先就要对什么是治理思想、什么是传统治理思想有所了解。从字面意义上理解,治理思想就是人们在治理实践中形成的关于治理问题的思想成果,是人们在治理活动中形成的关于治理的观点、理念、主张和建议意见等思想观点的总和。从广义上讲,所有参与治理活动的人或多或少都有一些关于治理的观点和见解;从便于理解和研究的狭义角度讲,治理思想主要指的是关于治理的具有一定理论化、系统化特征的理念和主张。总体而言,开展中国古代治理思想研究需要处理好以下三个方面的关系。

其一,现代意义上的治理思想和中华传统文化中的治理思想。不可否认,尽管治理一词古已有之,但是目前通常使用的是源于西方理论的现代意义治理概念。也正是由于国家治理、国家治理体系、国家治理能力、治国理政等概念的提出,才引发了理论界对治理思想的研究,这也是本书以此为主题进行研究的主要原因。可以说,如果没有现代意义上的治理思想研究,就不会有中华传统文化中的治理思想研究,只可能有中华传统文化中的政治哲学研究、政治思想研究、政治制度研究、治国理念研究等。

因此,研究中华传统文化视野中的治理思想,首先要对现代意义上的治理概念有初步的理解。治理（governance）一词源于西方语境，原意是指控制或操作，与统治（government）一词相互交叉。现代意义上的"治理"概念主要是在经济全球化和信息技术革命的背景下，由于人类政治、经济、社会生活方式发生重大改变，传统"统治""管理""管制"等模式已无法满足需要，"政府失灵"现象屡见不鲜，处理国家与公共事务的模式由此开启了"统治—管理—治理"的演变。由于不同主体从不同角度和立场出发，对"治理"有着不同的理解，因此关于治理的定义与内涵事实上并没有一个明确统一的共识。学术界普遍认为"治理"概念首次出现于1989年世界银行的一份名为《撒哈拉以南的非洲：从危机到可持续增长》的报告中。这一报告将非洲问题的根源总结为"治理危机"（crisis in governance），同时提出将"善治"作为非洲治理改革的目标。此后治理（governance）一词成为学术界的"时髦用语"，并逐渐延伸到政治学、经济学、管理学等领域。国家治理理论的出现实质上就是对"政府失灵""市场失灵"的反思和应对，是对传统强制性的管制和管理手段的超越，所以治理与国家治理这两个概念密不可分。对于国家治理的概念，可以初步解释为：国家治理是国家为了达到公共利益最大化目的，实现国家、市场、社会、个人之间的理想状态，综合运用国家政权、治理制度、治理机制等正式制度机制以及协作、参与治理等各种非正式制度治理国家事务的实践活动。更简明地说，国家治理即我们经常谈的治国理政。

从古代治理一词的起源与意义演变进程看，它与现代意义上的治国理政有着密不可分的关系。在古代思想中，治理一般是指关于治世、理政、平天下的统治与管理国家的手段。"治"从水，本为水名，与古人治水活动相联系，引申为管理、修治的意思，如"昔禹治洪水"。"理"从玉，意为物质的纹路、层次等，指加工雕琢玉石。治理一词的使用，一般认为始于春秋战国时期，多用于君主对国家和人民的管理、统治等。如"明分职，序事业，材技官能，莫不治理，则公道达而私门塞矣，公义明而私事息矣"①"其法通乎人情，关乎治理也"等。

本书所研究的主题，并非纯粹的关于中国古代如何治理国家、稳定治理秩序的各种思想观点，而是基于现代意义上治理和治国理政的概念，主要论述和探析中华优秀传统文化中蕴含的与治理相关的理念、制度、主张等。

其二，一般的治理思想和理论化、系统化的治理思想。这一点主要是讲清

---

① 《荀子》，方勇、李波译注，北京：中华书局，2011，第199页。

楚本书要研究谁的治理思想,研究什么样的思想。

首先,研究的主要对象是理论化、系统化的治理思想,而不是一般日常的治理思想。不管是古代还是现代,人们在日常生活中都会关注和思考治理国家的各个方面的问题,进而形成一些个人的治理思想。尤其在中国,治理问题和伦理问题、实践问题密不可分而常常融合在一起,每个人都无法逃避政治生活和治理议题,人们也十分热衷于讨论各种治理观点。但是这些广义的关于治理的观点主要还是有感而发,或者针对具体问题,或者缺乏哲学基础,或者缺乏系统化和规律化的思考,没有形成具有一定逻辑结构的治理思想体系。因此,我们的研究对象主要是狭义上的治理思想。换言之,就是研究中国古代传统文化中具有一定理论基础支撑的、体系化的、结构层次清晰的、具有强大影响力的治理思想。

其次,还要明确研究谁的治理思想。如同哲学史是哲学家哲学思想的集合,治理思想的研究对象是中国历史上具有影响力的思想家关于治理思想的集合。在中国漫长的历史长河中,留下了难以计数的经典著作、个人文集、史书、寓言故事、诗歌、戏剧、民间传说等思想成果,这些成果中或多或少都涉及治理的观念和主张,也具有不容小觑的研究价值。但基于可研究性和可操作性的要求,只能选取和研究那些具有代表性的、最为重要的思想家以及重要流派的治理思想。简言之,本书的研究对象是狭义上的治理思想。

最后,要明确治理思想所涵盖的主要内容和关注的主要问题。从研究对象的定义和内涵看,主要包括以下问题:一是关于治理思想的哲学基础。一切治理思想都以一定哲学层面的思考为基础,如世界观层面上关于世界的本质、起源和规律的哲学观点;人性观层面上关于善恶、义利、君子小人等方面的基本立场;方法论层面上关于如何论证治理思想合理性、合法性的观点。二是关于治理的一系列基本理念,主要涉及基本立场、基本观点、价值判断等关于治理最基本、最核心问题的思考。比如:何为理想的治理模式、更倾向于采取何种基本治理主张、属于哪一种治理思想流派、如何看待君权、关于君臣关系与君民关系的基本观点、对于基本治理制度的总体看法等。三是对现实治理状况的分析和评价。就是思想家们基于其基本思想和治理理念而对于现实治理状况的评价和判断。其主要包括:现实治理到底是好是坏、存在哪些治理弊端、治理弊端的表现形式、治理弊端的危害和根源是什么等问题。四是具体的治理主张。主要是思想家们基于其治理理念提出了哪些具体的治理主张、针对如何改善和解决治理弊端提出了哪些具体举措等方面。

(二) 何为中华传统文化视野中的治理思想

在基本厘清了治理思想的研究对象之后,还要理解中华传统文化视野中的治理思想研究有哪些特点,明确研究的基本范围、范围和侧重点。

其一,明确研究的基本内容和范围。从字面意思理解,其研究内容和范围就是中华传统文化中关于治理问题的思想。

从思想流派而言,中华传统文化中的儒家、法家、道家、宋明理学、事功思想、社会批判思想等都属于本书的研究范围。

从内容和命题而言,在几千年的历史演进中,中华民族创造了灿烂的古代文明,形成了关于治理的丰富思想,包括大道之行、天下为公的大同理想;六合同风、四海一家的大一统传统;德主刑辅、以德化人的德治主张;民贵君轻、政在养民的民本思想;等贵贱均贫富、损有余补不足的平等观念;法不阿贵、绳不挠曲的正义追求;孝悌忠信、礼义廉耻的道德操守;任人唯贤、选贤与能的用人标准;周虽旧邦、其命维新的改革精神;亲仁善邻、协和万邦的外交之道;以和为贵、好战必亡的和平理念等。这些思想中的精华是中华优秀传统文化的重要组成部分,也都是本书研究的重要内容。

从时间范围而言,主要包括从商周、先秦以至明清之际的治理思想。之所以划定这一范围,而没有将清朝的治理思想纳入其中,主要基于以下几点考虑:一是古代治理思想发展到明清之际,传统的治理制度已经极为严密完备,在清朝更是达到了登峰造极、无以复加的地步,仅就传统治理思想而言,清朝并未产生具有显著原创性、突破性的治理思想;二是因为明清之际的社会批判思潮极为深刻,几乎完成了对传统治理思想的总结和反思,在思想逻辑发展上既是顶峰又是结局;三是因为清朝即将面临千年未有之大变局,任何一种思想的论述都不可避免地要代入到与现代西方治理思想或西方启蒙思想的对比之中,已很难限于中华传统治理体系中进行研究。

其二,明确研究的侧重点。主要是厘清中华传统治理思想与古代思想史、古代政治哲学、古代政治理念和古代政治制度等思想理论之间的异同。

与西方思想史不同,中华传统文化中各个领域的思想流派和观点具有理论上的高度相似性和发展逻辑上的一致性,极难进行明确的概念区分和范围界定。通过翻阅相关权威教材或论著不难发现,中国古代思想史、古代哲学史、古代政治思想史、古代政治制度史等相关史论在内容上高度重复,一个思想家的哲学观点、理论基础、政治理念、问题视野和时代背景等不仅高度统一,而且完全融合在一起,很难作出严格且清晰的区分。这是中国思想史的一大特点,也是研究传统治理思想必须面对的基本场域。因此,以某一学科或某一概念的视角去对传统文化进行理性的切割和界定几乎是不可能完成的任务,治理思想研究亦是如此。当论述某位思想家的治理思想时,必须同时研究和阐述其哲学思想和政治理念等。

鉴于这一现实,应进一步明确研究的侧重点。本书主要通过两个思路来确定研究侧重点:一是不强求独一无二的治理思想,主要途径仍是基于思想家们的论著、观点、背景来探析其治理理念;二是尽力将研究侧重点置于纯粹的哲学思想论述与过于具体琐碎的治理细节论述之间,以思想家们当时面对的治理状况、治理弊端为线索,围绕最核心的治理议题展开,进而阐述思想家们的治理理念和治理主张。

二、中华优秀传统文化视野中治理思想研究的基本内容

近些年来,中华优秀传统文化研究越来越受到学术界的关注和重视,中华优秀传统文化中蕴含的治理智慧也不断被深入挖掘。但是系统研究中华优秀传统文化中治理思想的著作尚不多见,许多关于治理思想的具体概念和命题也尚待进一步讨论。因而本书采取了以文化流派和精神特质为章节、以代表性人物为内容主体的写作方法,以点带面,进而梳理和总结中华优秀传统文化中治理思想的哲学基础、治理理念、治理主张和实践价值。本书没有使用传统的时间脉络,而是采取了专题研究的方法,从异常丰富的中华优秀传统文化中选取了神学、儒家、法家、道家、宋明理学、事功文化、反思与批判文化等七种具有代表性的文化流派,阐述其中蕴含的治理思想。

第一章讨论传统神学文化中的治理思想。自人类有政治文明以来,神学与政权之间的关系就密不可分,无论是古希腊、古埃及文明,还是尧、舜、禹三代至夏、商、周三朝的早期中华文明,到处可见神话、神学、宗教等神权因素。严格意义而言,与世界上其他主要文明不同,中国长期处于高度世俗化的社会,世俗文明始终占据着主导地位,而宗教与政治的关系并未成为主导因素。但是,神学思想,尤其是"天命""天意""神""帝""天人关系""阴阳五行""巫蛊之术""占卜之术""数命之学""谶纬之学"等一系列充满神学元素的思想在中国政治思想发

展中占据了相当重要的位置,对于中国治理思想产生了深远影响。将神学与政治结合,借用"神"、宗教的名义来进行政治治理、维护治理的正当性和合法性,堪称历朝历代治理实践的基本遵循之一。悠久的神学文化在参与政治治理的历史进程中衍生、嬗变而形成了诸多概念和形式,也产生了完备的神学理论体系和复杂多样的民间信仰,深刻地影响了上至皇帝君主、下至百姓的治理理念。神学文化蕴含着丰富的治理思想,它具有深远的当代价值,也是理解和研究中华传统治理思想的前提。中国的神学治理思想,有着鲜明的理论特征和表现形式,其中最主要的是把世俗的治理理念、治理秩序和治理制度,与超自然的"天"或"神"联系起来,把几乎一切治理都上升到"天命""天意"的高度,通过赋予各项政治治理明显的神学化特征,从而加强和巩固了治理的合法性与合理性。"神学式"的传统治理方式也因此延续了数千年之久,自商周以至晚清,几乎任何一项宏大的治理活动都会追溯到神学意义的"天"来寻求支持,"奉天承运""天命所归"等成为治理实践中最基本的概念。神学文化的治理思想以商周时期神学政治为开端,在官方形成了以阴阳五行、天人感应和谶纬之学等为代表的理论形式,在民间则形成了各式各样的神话传说和信仰等。除此之外,持续数千年的"封建迷信"也具有明显的神学文化特征,它在维持古代社会的稳定治理方面发挥了重要作用。纵观传统神学文化,其中一以贯之的核心概念便是"天"。问治于天堪称理解神学文化中治理思想的中心线索,也是本章开展研究的主要脉络。

本章论述了四个方面的内容:一是商周时期的神学治理思想,主要论述了周朝"天命"观念的嬗变和民本治理理念的产生,以及《洪范》中所蕴含的治理思想。商周时期是治理思想的初创期,提出了"天命""天意""神""帝""天人关系""阴阳五行"等一系列治理思想中的核心概念。二是阴阳五行学说中的神学治理思想,主要论述了阴阳五行学说的治理意义、以"五德始终说"为代表的政治思想以及其中蕴含的"神秘化"的治理理念、"循环化"的治理规律和"结构化"的治理模式。三是"天人合一"学说中的神学治理思想,主要以董仲舒的"天人合一"思想为基础,论述了其中蕴含的君权神授、三纲五常、德治仁政、天谴论、三统说、有道伐无道等诸多治理思想。四是"谶纬之学"中的治理思想,主要论述"谶纬之学"中的"天谴""灾异"说、"天命"主张、"再受命"主张、"易姓革命"主张等治理思想。

第二章论述儒家文化中的治理思想。在中华传统文化中,儒家文化的影响力是最大且最深刻的。儒家文化直接影响甚至塑造了中华传统文化的鲜明特征和内在气质。春秋战国时期,中华传统文化进入一个崭新的开创期和繁荣期,儒家文化、道家文化、法家文化等纷纷登上了中国思想史的舞台,奠定了中华文化的基石,构筑了中华文化的基本命题,谱写了中华文化最为璀璨夺目的篇章。在先秦形成的诸多流派中,儒家是无可置疑的主干和主流。儒家文化具有鲜明的理论特征,其务实、民本、仁义、礼治、中庸等思想对后世产生了极其深远的影响。儒家文化始终围绕着治国理政而展开,因此治理思想也成为儒家文化的核心内容和特征。因此,研究传统治理思想,就不得不了解儒家文化中蕴含的治理思想。儒家文化的治理思想长期占据着"一家独大"的主导地位,被历代国君视为治国理政的指导理论,可谓真正的"治理大道"。

儒家文化作为中华传统文化的主干和主流而绵延数千年之久,其间产生的重要思想家和经典著作非常之多,秦汉之后几乎所有的思想家都不可避免地受到儒家文化的影响。本章没有详尽论述儒家文化的发展历程,而是选取了孔子、孟子、荀子三人的治理思想来进行论述,因为三人已经提出了绝大多数儒家治理思想中最核心的概念和命题,因而具有较强的代表性。一是孔子以"礼""仁"为核心的治理思想。孔子的思想主要集中在以"礼""仁"为中心构建的理论体系中,孔子的全部治理思想,基本上也是以这两个概念为核心而展开的。二是孟子以王道仁政为核心的治理思想。孟子以性善论为基础,继承了儒家"为政以德"的理念,以强烈的现实取向和民本情怀为基点,系统地提出了以王道仁政为核心的治理思想。三是荀子以礼治为核心的治理思想。荀子比较重视礼法的作用,强调"隆礼重法"和尊君主张,他的某些治理思想蕴含着法家特点,因此荀子的治理思想更具复杂性和争议性。

第三章论述法家文化中的治理思想。法家是诸子百家中对传统治理思想影响最大的学派之一。自人类有政治活动始,就必然伴随着以强制性为特征的刑罚治理方式,这是法家文化产生的现实基础。春秋战国时期,政治格局发生了剧烈变化,旧的治理秩序已经崩坏,新的治理格局尚未成型,在混乱与变革的历史背景下,积极主张君主专权、以法治国、富国强兵的法家学派应运而生。法家理论在先秦诸国的治理实践中发挥了重要作用。但是法家否定和放弃了德治主张,单方面地将法治中君主专制、严刑峻法、权谋诡计的一面推向了极端,导致在治理国家中产生了严重的负面影响。在秦二世而亡后,尤其是汉朝独尊儒术的思潮下,古代思想家们几乎一致将秦朝覆灭的历史教训归咎于法家。实际上,秦亡后法家声名狼藉,彻底失去了思想上的合法性,作为一个流派已经消失于政治思想的舞台之上。尽管法家学派几乎消亡,但是法家思想尤其是法家提出的很多治理理念和治理主张,已经实际运用于各项治理活动中,对后世产生了持续的深远影响。从治理实践看,从君主到臣下甚至到民间,都在不断运用着法家治理中的很多主张,现实中不少人对"君人南面之术"、权力制衡之术、驭臣之术、权谋诡计之术等津津乐道、深信不疑。法家流派已亡,法家文化仍存,法家影响经久不衰,法家治理思想可称为"隐匿的显学"。正因如此,如今不少学者将"儒外法内"视为秦朝以后中国古代政治的主流思想。毫无疑问,法家文化对中国古代治理思想的塑造是关键性的,探析中国古代治理思想的本质绝不能忽视其影响。

本章是全书中唯一没有以人物为脉络的章节。主要是因为,尽管先秦法家思想家们治理思想的侧重点有所不同,但是具体的治理理念和治理主张却高度相似,而且韩非子作为法家思想的集大成者,他详尽地论述了法家势、法、术的治理理念,因此,对韩非子一人的研究堪称法家主要思想观点的概述。本章主要以法家核心理念为脉络展开:一是论述了法家治理的理论基础,即好利的人性观、分期变化的历史观和富国强兵的实力观;二是分节论述了法家以势、法、术为核心的治理主张。

第四章论述道家文化中的治理思想。道家文化在中华传统文化中有着重要地位,对中国古代的哲学思想、政治理念,对古人的自然观、伦理观、人生观都产生了巨大影响。先秦诸子在治理思想的创始期,从不同的思想基础、社会视野和道德立场出发阐释了各自的治理思想。其中以老子、庄子为代表的思想家开启了道家文化治理思想的先河。自此之后,道家文化、儒家文化、法家文化同为治国思想的主要来源。道家文化蕴含着丰富的治国之道,对后世尤其是两汉、唐等朝代的治理实践产生了重大影响。道家文化的治理思想主要是以"无为无不为"为核心的治国、治民、治天下之道和以朴素辩证思维为核心的治理方法论。另外,因为道家理论具有思辨性、超越性等特点,它还成为世人思索形而上学之道以慰藉心灵、逃避现实、寻求精神解脱的文化支撑。

道家文化源远流长、流派众多,尤其是道家文化在民间不断生根发展,并逐渐演变为道教,产生了众多分支,诞生了许多著名道士和道家经典著作。本章主要论述了道家文化中的代表性人物和主要以道家文化为基础形成的思想流派中的治理思想。一是论述了老子以"道法自然"为基础,无为而治的治理主张、小国寡民的治理理想和柔治天下的治理方法论;二是论述了庄子自然而超越的治理思想、自然无为的治理主张和"返璞归真"的治理理想;三是以《淮南子》为基础,论述了黄老之学中的治理思想;四是论述了魏晋玄学中的治理思想,主要包括贵无派"名教出于自然"的治理思想、竹林派"越名教而任自然"的治理思想和崇有派"名教即自然"的治理思想。

第五章论述宋明理学文化中的治理思想。宋明理学这一思想体系极为繁荣,包含了诸多不同的流派、观点、人物、著作,是春秋战国"百家争鸣"后规模最大、影响最深的思想流派。从著作数量、思想家观点和学派传承来看,甚至可以与"诸子百家"相媲美。总体而言,宋明理学可以分为三大流派:一是以张载为代表的"气"学;二是以"二程"、朱熹为代表的"理"学;三是以陆九渊、王阳明为代表的"心"学。尽管这三派的哲学基础、侧重点和解决问题的方式各有不同,甚至还进行了非常激烈的理论争辩,但它们的基本理念和治理主张具有内在一致性,都代表着宋明理学文化对现实治理问题的思考与回答。本章主要以思想家为脉络,阐述各个流派代表人物的治理思想。

本章主要以人物为脉络,具体阐述宋明理学三大流派中张载、朱熹、王阳明三人的治理思想。张载是宋明理学的开山人物之一,他以《易》《中庸》为宗体,批判和吸收了佛、道两家的思想,构建了一个以天人合一为核心的全新概念体系,提升了儒家思想的理论深度。张载不是钻进理论体系不能自拔的纯粹学者,而是一个充满激情和理想的实践主义者,他始终围绕现实问题探索可行的治理之策。张载的治理思想因继承和弘扬了儒家传统的仁政理念而富有理想性和思想性,尤其是著名的"横渠四句"对于儒家精神的塑造和提升产生了深远影响。朱熹的治理思想以"天理"观为基础,以"理欲之辨"下"存天理、灭人欲"为依据,继承和发扬了儒家传统为政以德的仁政和民本治理思想,提出了以改革积弊为重点的治理主张。朱熹治理思想的主要意义在于极大提升了儒家思想的哲学思辨深度,完成了儒学的本体论构建,使儒学成为一套系统完备的思想体系。这一治理思想体系又为"三纲五常"等治理制度提供了更为坚固的合法性论证,有效维护了君主的统治地位。王阳明的治理思想以"心即理"哲学思想为基础,在具体主张上与其他宋明理学家基本一致,但更加强调"致良知""知行合一""破心中贼"等,具有鲜明的特点。王阳明的治理思想彰显了鲜明的主体意识、人格独立、实践精神等,对于发挥主观能动性、纠治传统治理思想中存在的表里不一等积弊具有重要意义。同时,他的思想也成为后人提升自身精神修为和思想境界的重要资源,迄今仍在各个领域和各个群体中发挥着影响力。

第六章讨论事功文化中的治理思想。中国传统文化的一大特征是极为强调经世致用的重要性,始终彰显着强烈的实践精神。这种实践精神主要体现在以建功立业、定国安邦、以民为本、忧国忧民、舍生取义等为代表的事功精神及其事功文化。事功文化贯穿于传统治理思想的各个方面,诸多思想流派无不将治国理政的实际成效置于关键地位。除了儒家、法家、道家等流派的举足轻重的思想家们开创性地阐述治理思想之外,在传统治理思想漫长的演变过程中,更多见的是无数的君主、政治家、士大夫们投身治国理政实践之中,以其治理理念、精神追求和实际行动谱写了中国治理思想的事功篇章。尽管他们留下的治理言论不多,也许他们的治理理念无法在理论上超越那些开创门派的思想家们,甚至他们的大多数言行与功绩早已湮没于历史长河之中,但是他们才是践行治理思想的最大主体,也是治理思想能够世代相传的关键所在。

本章围绕事功文化,主要选取了一些对后世有深刻影响的著名君主、政治家和士大夫,总结并阐述了他们在治理实践中形成的以经世致用为导向的治理思想。一是著名君主的治理思想。君主是中国古代政治中最关键的要素,其治国实践对治理思想产生了深刻影响。中国历史上曾涌现出一大批具有雄才大略、文治武功的著名君主,他们创造了名垂后世的功绩。尤其是一个朝代的开创者或开国君主,往往在治理思想上产生极为深远的影响。本章中这一节主要论述了秦始皇、汉初君主和唐太宗李世民等著名君主的治理思想。二是著名政治家的事功治理思想。在历史长河中选取了三位代表性政治家,论述了王安石以变法为核心的治理思想、司马光"保守"思想的事功意义以及张居正以振纲纪、重民生为核心的治理思想。三是著名士大夫的事功治理思想。士大夫精神是中华优秀传统文化中最光彩夺目的一笔。中国的士大夫阶层包括了绝大部分的思想家、政治家和各级官吏,是中华优秀传统文化的主要创造者、继承者和弘扬者,他们或直接参与到国家治理实践之中,或贡献治国方略,或心怀社稷、忧国忧民,或针砭时弊、直言谏诤,或务求实效、经世致用。士大夫阶层及由此形成的士大夫精神是中华优秀传统文化的重要组成部分。不少士大夫的治理思想已经在前文各章有所论述,本章中的这一节选取并论述了有着独特且重要贡献的著名士大夫的治理思想,其中包括韩愈以"道统"为核心的治理思想、柳宗元以革新为重点的治理思想、李觏以富国强兵为目标的事功治理思想、陈亮和叶适以事功为核心的治理思想。

第七章论述反思批判文化中的治理思想。相对于世界上的其他国家,中国古代社会发展维持了数千年的延续性和相对稳定性。尽管各个时期的治理思想不尽相同,但是其基本的治理结构和治理理念却保持了较强的一致性,也没有因受到其他主要文明影响而发生重大转变。尤其是秦朝之后,儒、法、道等治理思想在现实实践中逐渐合流,以君主制、官僚制、郡县制为核心的治理结构基本成形,此后一直到清朝灭亡也未出现颠覆性改变。这种超常的稳定性造成了中国古代主流治理思想的绝对强势地位,也导致其他类型治理思想的生存空间极为狭窄,对非主流甚至"异端"思想的容忍度较低。以上是研究古代治理思想首先要面对的现实背景。

但是,延续数千年的主流治理思想和"大一统"的治理理念并没有彻底窒息和固化人们的思想。在思想的历史长河中,也留下不少对传统主流治理思想的反思和批判,这些反思和批判也许比较微弱,但在古代严酷的思想环境下显得极为明亮耀眼,成为我们窥探古人思想幽微深处的入口和理解古代治理思想发展多样性、复调性的绝佳样本。作为一种以反思和批判为基本特征的文化思潮,它们与主流的传统治理思想相生相伴、面临相同的问题、使用相同的概念、论述一样的议题、胸怀相似的理想,只是阐述了略微不一样的观点和主张。在人类思想发展历程中有一个重要规律,那就是现实越黑暗、越艰难,越能激发出人们思想创造的潜力,从而诞生大批具有重要影响的思想家。中国古代历史亦是如此,每逢天下大乱、政治崩坏、民生凋敝的"治理黑暗期",反思批判文化往往就达到高潮,并涌现一批"另类"的思想家、"另类"的治理理念和"另类"的治理主张。

本章主要阐述中国历史上三次影响深远的"治理黑暗期"中产生的以反思和批判为特点的治理思想。一是对东汉末年到魏晋南北朝长达三百多年的"治理黑暗期"所进行的批判反思;二是唐末、五代第二次"治理黑暗期"对君主专制制度、暴君昏君、圣人、纲常名教、等级制度等治理思想的反思和批判,以及期间形成的治理主张;三是明清之际,面对天崩地裂、亡国亡天下的这样大变局、大危局、大悲剧,诞生了一大批极具思想性和批判性的人物,他们深刻反思和总结了自先秦诸子百家以来国家治理思想的方方面面,他们的批判和主张几乎达到了古代治理思想的最高峰,隐约触及了古代治理思想的本质问题。因为三次反思和批判的文化思潮所针对的治理弊端和治理主张具有一定相似性,本章将重点放在第三次批判思潮中形成的治理思想上,主要论述了李贽、黄宗羲、顾炎武和王夫之四位代表人物的治理思想。

三、学习研究中华传统文化视野中治理思想的意义和方法

(一) 学习研究的目的和意义

中华优秀传统文化是中华民族安身立命的基础,也是当今治国理政的思想宝库和智慧源泉。学习研究中华传统文化视野中的治理思想,全面而准确地理解其中的内容,深刻总结传统治理中的思想精华和经验教训,对于弘扬中华优秀传统文化、解决现实治理问题、促进社会治理安定、实现真正意义上的理想治世,具有十分重要的意义。

其一,理论意义。在漫长的历史进程中,中华民族创造了独树一帜的灿烂文化,积累了丰富的治国理政经验,其中既有升平之世社会发展进步的成功经验,也有衰乱之世社会动荡的深刻教训。中华传统文化堪称治理思想研究的"富矿""宝库"。通过学习和研究传统文化视野中的治理思想,系统地梳理古代思想家们对各种治理问题的思考和认识,掌握其理论的特点、聚焦的问题和秉持的主张,可以进一步丰富和完善我们的理论基础,也能够更加透彻探析古代治理思想中诸多核心概念和命题的来龙去脉,还会使我们的研究视野进一步提高。尤其是当前大多数相关论著,或者以历史为线索,重点阐述哲学思想而难以区分重点,或者醉心于从深奥庞杂的概念体系中苦苦寻觅某个碎片型知识,如果能以治理为切入口,系统地梳理和总结传统治理思想的核心主张、理论特征、发展历程、内在逻辑和内在矛盾等,无疑具有一定的理论价值。

其二,思想意义。学习研究传统文化视野中的治理思想,不仅是一种知识性的总结和理解,更是一次提升思维能力、思想境界和认识水平的历程。传统治理思想中包含着思想家们对于治理问题的艰苦探索和思想升华,其中有对国家本源的思考、对人性的思考、对治乱循环和朝代更替的思考、对圣君明主的思考,也有对内圣外王、修齐治平、格物致知、知行合一的追求,还有对如何处理理想与现实、出世与入世、真诚与伪善等关系的追问。这些重要的命题不仅是单纯的治理问题,更是我们每个人需要直面的核心问题。通过对这些核心问题的学习研究,通过与那些伟大思想家们进行对话,通过阅读他们的论著来感受他们的思想,可以有效提高我们把握治理思想的宏观视野和思想高度。

其三,实践意义。以史为鉴可以知兴替,以人为鉴可以明得失。任何一个国家的治理方式,都会打上属于自己的历史传承和文化传统的烙印,只有汲取

前人的智慧和力量,才有助于我们找到破解今天各种难题的金钥匙。中华优秀传统文化中蕴含着丰富的治理思想,为当今我国的治理实践提供了卓越的治国理政智慧和深刻的方法启迪。比如,我国古代所主张的民惟邦本、政得其民;礼法合治、德主刑辅;为政之要莫先于得人、治国先治吏;为政以德、正己修身;居安思危、改易更化等,至今仍具有重要价值和启示意义。如果能够对传统治理思想进行正反两方面的研究,进一步总结和升华传统治理思想的理论精华,对于解决当前的治理难题和提升治理效能,具有关键的实践意义。

(二)学习研究的思路和方法

学习研究中华优秀传统文化视野中的治理思想应遵循适合的研究思路和方法,需要处理好古代思想家与研究者之间的关系,也需要处理好内容、结构和主题思想之间关系。

其一,主要研究方法。具体研究方法有以下几种:一是文献研究法,通过搜集和研究相关文献,以形成对治理思想的基本判断,并从文献中提取和归纳出主要治理主张。古代思想家们最具代表性、最有影响力的著作典籍是进行研究的主要文本。二是宏观分析法,主要深入考察治理思想背后的时代背景和社会经济形势,重点分析思想家们治理思想的基本立场、主要观点和价值倾向,力求透过现象探析本质。三是内在逻辑进程研究法,就是重点阐释和分析治理思想的内在逻辑线索,把握和理解其治理主张的内在必然性和逻辑进程。四是审慎的定性分析法,尽量避免价值主导、先入为主、以我为主式的定性分析,而是主要采取审慎客观的定性分析,基于治理思想的本质特点,对其价值意义、内在矛盾、理论缺陷等作出相对客观的评价。

其二,古代思想家与研究者之间的关系。一方面,尽量以思想家们的视角去理解,从治理思想形成的历史阶段和政治、经济、社会、文化背景出发理解其本意;从思想家们的文化背景、思维方式出发理解其治理主张;从思想家们的社会背景、成长经历、知识背景和面对的核心问题出发研究其主张。另一方面,研究不可能完全脱离研究者自身的知识结构、思维方式和基本立场,研究者应在尽量避免夹杂个人意见的基础上,以当今的研究成果、体系构建为基础,注重对治理思想进行类型化、概念化的处理。

其三,需要把握和处理的几个具体问题。研究还涉及一些研究思路和方法的细节问题,主要有两点:第一点是关于各个章节的体例问题,也就是到底是以理论、概念、命题为主导还是以人物为主导？在研究一开始就尝试全部以概念为线索，将主要思想家们的治理思想分散融入各个核心概念之中，但如此处理存在难以克服的弊端。一方面，内容重复度过高，毕竟古代思想家们几乎共享一样的知识背景和概念体系，相关论述也高度一致；另一方面，难以取舍，专题概念研究体例中缺少任何一位重要思想家的观点都会导致研究不完整，而将所有思想家的观点都详尽论述又不太现实。因此，全书除了关于道家文化中的治理思想一章外，基本以人物研究为主要形式。第二点是关于研究深度和广度的问题，或者说如何处理学术与通俗的关系问题。本书的主题决定了不可能采取深钻细研的方法，毕竟如果追求深度，书中任何一个概念、一位人物、一个话题都足以单独成书。因此，在学习研究中，尽量以治理思想本身的内容为主，较少对治理思想进行词源意义、理论对比、具体语境等方面的研究。

第一章
问治于天：传统神学文化中的治理思想

自人类有政治文明以来，神学与政权之间的关系就密不可分，无论是古希腊、古埃及文明，还是尧、舜、禹三代至夏、商、周的早期中华文明，到处可见神话、神学、宗教等神权因素。严格意义而言，与世界上其他主要文明不同，中国实际上一直是一个高度世俗化的社会，世俗文明始终占据着主导地位，宗教与政治的关系却并未成为主导因素。但是，神学思想，尤其是"天命""天意""神""帝""天人关系""阴阳五行""占卜之术""数命之学"等一系列充满神学元素的思想在中国政治思想发展中占据了相当重要的位置，对于中国治理思想产生了深远影响。因此，将神学与政治结合，借用"神"、宗教的名义进行政治治理，维护治理的正当性和合法性，是历朝历代遵循的基本法则之一。悠久的神学文化在参与政治治理的历史进程中衍生、嬗变形成了诸多概念与形式，产生了完备的神学理论和复杂多样的民间信仰，深刻地影响了上至君主、下至百姓的治理理念，它蕴含着丰富的治理思想，具有深远的当代价值，是理解和研究中华传统治理思想的前提。

中国的神学治理思想，有着鲜明的理论特征和表现形式，其中最主要的形式是把世俗的治理理念、治理秩序和治理制度，与超自然的"天"或"神"联系起来，把具体的治理行为上升到"天命""天意"的高度，赋予各项政治治理明显的神学化特征，加强和巩固了治理的合法性与合理性。"神学式"的治理方式也成了长达几千年的传统形式，自商周至晚清，几乎每一项宏大的治理活动都会追溯到神学意义的"天"来寻求支持，"奉天承运""天命所归""天道兴衰"等成为治理实践中最基本的概念。在神学文化的治理思想中，以商周时期的神学政治为开端，形成了以阴阳五行、天人感应和谶纬之学等为代表的理论形式，在民间则形成了各式各样的神话传说和信仰等。除此之外，持续几千年的封建迷信也具有明显的神学文化特征,它们在维持古代社会治理稳定方面发挥了重要作用。纵观传统神学文化,其中一以贯之的核心概念便是"天"。问治于天,堪称理解神学文化中治理思想的中心线索,也是开展本章研究的主要脉络。

第一节 商周时期的神学治理思想

人类文明诞生之初,对于一切超越自身力量无法解释的事物都充满了迷惑、惊奇、恐惧,因此会纷纷求之于神灵崇拜,借助神灵的力量以维系各种政治关系、进行政治治理统治。中国历史上第一个留下文字的朝代是殷商[①]。当时的甲骨文记录了这一时期开展重大政治活动时的占卜情况,这一充满了神学色彩的文字是研究中华传统文化的原始文本,也是研究治理思想的开端。商代神学治理思想主要体现为祖先崇拜、自然神崇拜和王权观念;周代神学思想则进一步发展,以周公为代表的政治家在反思殷商灭亡和总结治理国家经验中形成了以"天"为核心的"天命不于常""敬天保民""明德慎罚"等治理思想。西周初期因为政治治理的相对开明,其治理风气、治理制度、治理理念等也成为被历代思想家反复赞颂、借喻和用于批判当时治理弊端的理想治理模式。中国传统治理思想中大量核心的基本概念和基本命题也主要产生于商周时期,它们为后世中国治理思想的发展奠定了基础。

一、商代的神学治理思想

商代是治理思想的萌芽时期,其神学治理思想对后世有深远影响。

(一)占卜的政治意义

占卜在商代政治活动中有着十分重要的意义,从出土的甲骨文内容来看,有关战争、祭祀等重大事务几乎都会进行占卜。《礼记·表记》中有言:"殷人尊

[①] 也有一些关于夏代神权思想的记载,比如《尚书·召诰》言"有夏服天命",《尚书·甘誓》言"天用剿绝其命,今予惟恭行天之罚",《论语·泰伯》记载夏禹"致孝乎鬼神"等,这些都说明夏代已经产生了"天命""鬼神"等思想,已经开始利用这些概念进行战争、刑罚以及治理国家等政治活动。但是这些都是后代文字的间接记载,一般认为有直接文字记录的是商代的甲骨文。因此本书对夏代以及后世关于夏代的论述中的治理思想不做深入研究,也不单独论述。

神,率民以事神。"① 殷商的治理者,每逢大事必占卜,借卜筮以出政令。听命于占卜所祈求的"神"或祖先,是商代治理活动的主要特点,同时蕴含着重要的治理意义,具体表现如下。

一是占卜活动象征着对于治理确定性的追求。商代的占卜活动最主要的原因是社会政治生活尤其是重大政治事件充满着偶然性,加之人们对于自然社会政治等各方面的认识还不够深刻,认知能力相对低下,只能通过占卜这种神秘方式去寻求某种确定性。对于较大规模的国家治理而言更是如此,无论是在农事生产中祈求风调雨顺,还是关于是否发动战争等重大决策,都需要通过占卜来确定。通过占卜,能够获得重大治理事件的某种确定性或趋势性答案,无疑增强了治理的合理性和凝聚力。对治理确定性的追寻,也成为中国传统治理思想的主要特征之一,后世无论是阴阳五行学说还是谶纬之学,都内含着对治理秩序的维护和治理确定性的追求。

二是占卜成为论证治理合法性的手段。在商代神权文化中,神的地位是至高无上的,也是统治合法性的终极来源,因此神权也象征着至高无上的世俗权力。对于统治者而言,将神的意志通过占卜与统治者自身的意志结合起来,从而论证了自身治理活动的绝对合法性。确切地说,占卜活动中神的意志,实际上便是统治者自己的意志,这种以神秘的占卜神学方式论证治理合法性的路径也是中国传统治理思想的一大特征。

三是占卜形式带来了治理的稳定性。商代的占卜主要用于祭祀、战争等重大事件,随着占卜活动逐渐扩大化,普通民众也开始越来越多地接触和使用到占卜。商代之后,占卜这一形式在国家治理层面的重要性不断降低,但在民间却得到了长足发展,还形成了算命、算卦等带有"迷信"性质的民间传统。这一传统的本质还是强调人们对于"天命""命理"的遵循,使广大民众形成了顺从命运的心理模式,在很大程度上增强了社会治理的稳定性。

(二)"帝"的观念

在商代的神权文化中,人们心中的神是"帝"。"帝"是至高无上的神、宇宙和社会的主宰、王朝的创立者和守护者以及治理国家和百姓的最高力量。在殷墟出土的甲骨文卜辞中,有许多关于"帝"的记载,比如"帝其令雨""帝其令风"

---

① 《礼记》,胡平生、张萌译注,北京:中华书局,2017,第1056页。

"帝令雨足年"等,可见风雨雷雪等事关农事生产的自然现象,都是由"帝"决定的。可以说,"帝"决定着商代人生产生活的方方面面。另外,"帝"还被认为是商代的创立者和庇护者,因此,商代是神立之国,具有不可置疑的地位。这种由"帝"的观念带来的绝对性也成为周代商之后要解决的首要问题,对于这一问题的回答开启了传统治理思想中关于朝代更迭的理论解释,并在解释过程中进一步形成了丰富的政治命题和治理思想。

(三) 祖先崇拜

除了对"帝"的崇拜,商代也形成了祖先崇拜。从出土的文物及甲骨卜辞来看,商代有一套复杂的祭祀祖先的仪式。商代后期,占卜问计于祖先的情况愈加频繁。商代在遇到战争等重大事情时,除了卜问于"帝",还经常卜问先祖。尤其是商代先王,通过祭祀和卜问先祖,主要是为了得到祖先的庇护。商代前期,"帝"和祖先分属两种不同类型的崇拜对象,神和人之间有着不可逾越的界限,人在神面前只有听命的资格。但到了商代后期,祖先去世后可以回归神那里,最后更是直接跨越了人神的严格区分,先祖被冠以"帝"的称号,这时祖先获得了跟神一样的地位和功能。祖先崇拜对于后世治理思想产生了深远影响:一是祖先崇拜实际上赋予王权以神的地位,将君权与神权结合起来,成为后世加强皇权统治的基本手段;二是祖先崇拜直接促成了"孝"道文化的形成,以孝治国,成为后世治理国家的基本范式之一。

(四) 王权至上

无论是占卜,还是对"帝"和祖先的崇拜,都具有十分鲜明的政治目的,那就是论证王权统治的合法性,从而进一步确立君主的绝对统治地位。因此,随着商代王权的不断强化,神权与王权逐渐合流,神权成为论证王权的手段,甚至逐渐发展为王权至上的观念。王权至上观念在《尚书·盘庚》中得到鲜明体现。"古我先王暨乃祖乃父,胥及逸勤,予敢动用非罚?世选尔劳,予不掩尔善。兹予大享于先王,尔祖其从与享之,作福作灾,予亦不敢动用非德。"[①]这句话的意思是,商王盘庚训诫大家,"我们一起祭拜先祖并颂扬先祖的美德,目前我的赏罚之权实际来源于我们共同的祖先"。这句话所表达的是王的权力来源于先

---

① 《尚书》,顾迁译注,郑州:中州古籍出版社,2010,第108页。

王,王的意志与先祖的意志是完全一致的,进而也是与神的意志完全一致的。这种王权观念愈演愈烈,后来君王一人垄断了与神对话的权利而成为人与神之间的唯一纽带。在甲骨文中,常常出现"余一人"的表述,这表明王权至上的观念已经形成。王权至上观念对于后世治理思想产生了深远影响,它成为君权神授观念的萌芽,又演变为中国传统国家治理观念的范本,从而体现了中国早期文明对于国家、政权、君权的基本理解。这种观念极大影响了后世的治理思想,尤其是随着君主专制统治的不断加强,关于君主权力的观点成为中国治理思想中最核心的命题。纵观中国政治思想史不难看出,治君、治臣、治民、治国四组概念中,治君始终占据着主导地位。从周代开始,有关王权的思想已经成为主流。

二、周代以"天命"为核心的治理思想

周灭商后,基本继承了商代一系列的神权治理理念。商周朝代的更迭和社会的剧变也引起了人们思想观念的变化。周代以周公为代表的思想家们对殷商的灭亡进行了深刻反思,围绕如何论证周取代商的合法性和如何吸取商代灭亡的历史教训进行了深入思考。这些思考形成了"天道""天命""敬天保民""明德慎罚"等治理思想,这些治理思想直接影响到后世儒家思想甚至"百家争鸣"时期各个流派的思想,对于我国古代治理思想的发展具有重大意义。王国维曾在其《殷周制度论》一文中,通过比较商周时期都邑、继承制、宗法、丧服、分封、礼仪等治国理政方面的变化,并直言"中国政治与文化之变革,莫剧于殷周之际"①。

(一)"天命靡常"的神学治理思想

首先,"天"是周代神学治理思想中的基础性概念。一般认为,"天"的概念出现在商代后期,不过商代主要还是用"帝"这一概念来论证治理的合法性。周取代商后,"天"逐渐开始成为更为主流的概念。"天"的概念和"帝"的概念最初所表达的内容基本相似,所以存在并用的情况。周代越来越注重"天",认为"天"在治理中具有核心地位。西周初年的"天"主要有两方面的含义:一是自然意义的"天",就是把"天"视为世界万事万物的组成部分之一,不过此时"天"

---

① 姚淦铭、王燕编:《王国维文集》(第四卷),北京:中国文史出版社,1997,第42页。

的概念极为神秘莫测,被认为是物质世界的主宰力量;二是必然意义的"天",代表某种不可抗拒的必然性,这种必然性是世界的本原,是事物运行的基本规则,是社会发展的基本遵循。

"天"在中国思想史上始终与传统的政治治理紧密相连。此时"天"的概念已经蕴含了形而上学抽象思维的萌芽。但是后来"天"并未发展为神学或宗教,而是演变成了一个政治性概念。人们普遍认为"天"与人类社会尤其是与政治生活有着双向互动但又不平等的联系。互动体现在"天"可以感知人类社会的情感和善恶等,社会也能通过种种形式和迹象与"天"沟通;不平等体现在"天"主宰着现实的人类社会,"天"可以对不善的治理行为和统治者进行惩罚。

其次,"天命"是治理的合法性来源。"天"作用于人类的政治生活和治理实践就是"天命"。《诗经·商颂·玄鸟》有一句话:"天命玄鸟,降而生商。"就是认为商代是上天授予和保佑的。从西周起,"上帝命"或"上天授命"等表述出现了,表明那时已经开始用"天命"来论证统治者治理国家的合法性了。后来将"天命"视为治理权力合法性的来源成为惯用的传统,大到改朝换代小到每一道圣旨,都要先宣布这是奉"天"的旨意,是天命所归、天命所令。

"天命"在治理实践中起到了两个方面的意义:一方面是"天命"成为君主权力的合法性来源,也成为朝代更替、治乱循环的合法性论证;另一方面,"天命"代表着绝对的权威,是必须遵守的基本法则。也就是说,统治者既通过"天命"赋予了自己至高无上的权力和权威,但是"天命"高于君主,君主必须遵循"天命",因此"天"和"天命"也成了制约君主权力、约束君主治理行为的一大因素。

最后,"天命靡常"与治乱循环。周代关于"天"和"天命"思想最主要的动力是如何解释"汤武革命"以及如何看待王朝兴衰和朝代更替。以前,大家都认为"天命"是绝对权威且不可改变的,人只能服从于"天命"。可是"天命"所在的商被周代替了,这是不得不面对的问题,对这一问题的回答也决定了我国古代治理思想史的基本走向。所以,"天命靡常"和将"天"与"德"联系起来,是治理思想上非常重要的一个发展节点。

周公认为,"天"在夏、商、周三代王朝兴衰中起着决定性作用。夏、商二代能够统治天下是上天授命的结果,夏、商王朝的衰亡也是"天命"所归,因为其失去了"天"的佑护。

更为关键的治理思想突破是周公将"天命"与"德"联系起来。周公认为夏代统治者失德,"有夏不适逸",上天"厥惟废元命,降致罚"①,因此成汤革除了夏命而有商。对于商朝兴衰,周公说道:"我闻惟曰:'在昔殷先哲王,迪畏天,显小民,经德秉哲。'"②这句话的意思是殷商的先王,敬畏天命、体恤民众、注重道德,因而得到上天的保佑。不过商代后期的国王,却违背了先王的治国之道,贪图淫乐、"荒腆于酒"、不勤政事、施行苛政暴政,从而招致民众的怨恨,怨恨上达于"天",所以"天"惩罚商导致其灭亡。

顺着这一"天命"逻辑推演下去,最后自然就给周代商提供了有力的合法性论证。周公认为:"惟乃丕显考文王,克明德慎罚,不敢侮鳏寡""越我一、二邦以修我西土。惟时怙冒,闻于上帝,帝休。天乃大命文王。殪戎殷……"③意思就是周代统治者注重德行、体恤民众、明德慎罚,因此得到了"天"的保佑,授"天命"而代商。周朝论证了代商的合法性,同时也就受制于"天"了,其兴衰亦是"天"的意志,因此周公说:"予惟小子,不敢替上帝命,天休于宁王,兴我小邦周。"④其实这句话也揭示了"天命"主宰下政治治理的主基调:要谨慎治理国家、施行德治、体察民情,才能得到"天"的佑护。

周公的"天命"解释了王朝的兴替,也得出了一个十分重要的结论:"惟命不于常。"⑤这句话与出自《诗经》的"天命靡常"类似,指的是"天"所授予的统治不是永恒不变的。"天命"的变化也不是偶然的,而是与统治者的德行、德政紧密关联,"天"佑护的是有德之君、有德之政。

"天命靡常"的观念在传统治理思想发展中有着极为重大的意义。一方面,"天命靡常",使传统治理思想开启了由神学观念向人本观念的转变,并成为延续几千年的主流思想;另一方面,"天命靡常"预示着"天"的绝对性、形而上学性、唯一性走下神坛而降落到人间,"天"的绝对约束力被弱化了,并最终塑造了以实用主义、民本主义、伦理本位为特征的传统治理思想。

(二)"敬天保民"的治理理念

周代从"天命靡常"和天佑德政的观点出发,提出了以敬天保民、明德慎罚为核心的治理之策。

---

① 《尚书》,顾迁译注,郑州:中州古籍出版社,2010,第 214 页。
② 《尚书》,顾迁译注,郑州:中州古籍出版社,2010,第 190 页。
③ 《尚书》,顾迁译注,郑州:中州古籍出版社,2010,第 179 页。
④ 《尚书》,顾迁译注,郑州:中州古籍出版社,2010,第 172 页。
⑤ 《尚书》,顾迁译注,郑州:中州古籍出版社,2010,第 186 页。

第一，民众才是决定朝代兴衰更替的根本原因。实际上，我国古代社会很早就认识到如何治理民众、处理民生问题是统治稳固与否的核心。商周剧变更是把民众的力量生动展示出来，因此西周的政治家和思想家对民众的重要性极为强调，并构建了"天命—德行—民心"一体的治理思想体系，把民众力量、民心向背与"天命"直接对应。这一思想开启了古代"重民"的思想传统，并成为后世治理的基本原则。周公说道："天降丧于殷，殷既坠厥命，我有周既受。我不敢知曰：厥基永孚于休；若天棐忱，我亦不敢知曰：其终出于不祥。"①周公认为周代的统治也不是永远稳固的，必须时刻警惕，绝不能丢掉治国的德行。他要求君主必须做到"无淫于观、于逸、于游、于田，以万民惟正之供"②，绝不能贪图享乐、沉迷酒色、荒废政事。

第二，要体恤民众，保民养民。按照"天命—德行—民心"的思想，"天"的意志是可知的，民情就是反映"天命"的镜子。因此必须体恤民众、保民养民，这是周代治理的基本策略。具体而言：一是治理国家要以民为本，国君必须注重民生民情，要承担起养民护民的责任，体恤民众的生活并争取民众支持，唯有如此才能达到长治久安的目的；二是治理民众要小心谨慎，"治民祗惧，不敢荒宁"③，对于民众的事情，一刻也不能放松荒废；三是治理国家必须注重体察民情。周公非常重视体察民情，他要求统治者必须理解民生实情，要"知稼穑之艰难"④。周公认为评价统治者治理效果最好的办法就是去体察民情、了解民众的疾苦、倾听民众的抱怨，从民众的反应中吸取教训、改善治理。周公提道："自殷王中宗及高宗及祖甲，及我周文王，兹四人迪哲。厥或告之曰：'小人怨汝詈汝。'则皇自敬德。"⑤这句话是要求君主闻过则反求诸己，面对民众的不满和抱怨不仅不迁怒，反而要修明自己的道德。只有这样，国家治理秩序才能稳定。体察民情也成了历代非常重视的一项治理方式，《诗经》便是因此而成。历朝历代统治者为了体察民情也设置了一整套的制度和机构，建立了颇为庞大的"察治一体"治理体系，我们在影视节目中看到的巡按、巡史、御史、锦衣卫、皇城司等都兼有体察民情、收集民意的职能。

---

① 《尚书》，顾迁译注，郑州：中州古籍出版社，2010，第 224 页。
② 《尚书》，顾迁译注，郑州：中州古籍出版社，2010，第 222 页。
③ 《尚书》，顾迁译注，郑州：中州古籍出版社，2010，第 219 页。
④ 《尚书》，顾迁译注，郑州：中州古籍出版社，2010，第 218 页。
⑤ 《尚书》，顾迁译注，郑州：中州古籍出版社，2010，第 223 页。

(三)"明德慎罚"的治理理念

刑罚是维持治理秩序的基本手段。周公认为必须汲取商代后期滥用酷刑、君主暴虐导致民怨沸腾的历史教训,对待刑罚要慎之又慎。一是反对严刑峻法,注重实际效果。周公比较重视对待罪过的主观态度,一个人如果能够悔过改正,就是犯了重罪也可以不杀,要给这个人重生的机会;如果一个人不思悔过,就是犯了轻罪也非杀不可。另外,刑罚要以稳定治理秩序为根本目的,对严重破坏秩序的寇贼奸宄、杀人越货、不友不孝、不从王命等罪行必须严加惩处。二是主张"义刑义杀",反对滥用刑罚。"义"与"宜"相通,"义刑义杀"即宜刑宜杀,要求刑罚的使用一定要适当。如何才能做到"义刑义杀"呢?一方面是所有刑罚都应有理有据,依据典刑;另一方面是君主必须约束自己的杀伐之心,绝不能根据个人好恶和情绪滥用酷刑。三是刑罚的最终目的是惩恶劝善,实现善治。周代治理思想中,刑罚的本质从来不是目的而只是手段,在治理思想中的地位和重要性远低于德治和民情,这也是古代治理思想的基本共识。

周代是古代治理思想的"孕育期",神学思想、君主专制思想、民本思想、德治思想等都已经形成,对于治君、治臣、治民、治国等也有了制度性构建,天、天命、德、民等核心治理概念已经产生,为春秋战国时期诸子百家的"思想大爆发"奠定了基础。

三、《洪范》中蕴含的神学治理思想

《尚书》中有一篇十分著名的文献——《洪范》。在《洪范》中提出的五行学说、天人感应学说、王道学说等为传统的政治思想奠定了基础,其中既有神权文化的影响,也蕴含着十分丰富的治理思想。学术界一般认为《洪范》集中反映了西周时期治国思想[1]。《洪范》一文中有大量与西周时期神权文化和国家治理相关的内容,对于研究西周时期的治理思想具有重要意义。从字面来看,"洪"的意思是伟大,"范"的意思是规范或者法,"九畴"就是九个要点或方面,"洪范九畴"的意思就是九条大法。据《洪范》篇所述,"天乃锡禹洪范九畴,彝伦攸叙"[2],据说是周武王灭殷后,殷遗臣箕子与周武王论述天人关系时提到的。

---

[1] 学术界对于《洪范》的时间存在争议,但是基本认为仍是西周时期治国思想的总结。参见陈来:《古代宗教与伦理——儒家思想的根源》,北京:生活·读书·新知三联书店,1996,第199页。
[2] 《尚书》,王世舜、王翠叶译注,北京:中华书局,2012,第144页。

《洪范》中认为"洪范九畴"是自古以来所有圣明君王治国理政都必须遵循的九条大法。其主要内容是："初一曰五行,次二曰敬用五事,次三曰农用八政,次四曰协用五纪,次五曰建用皇极,次六曰乂用三德,次七曰明用稽疑,次八曰念用庶征,次九曰向用五福,威用六极。"①

　　第一畴,五行。五行即金、木、水、火、土,也就是要用好金、木、水、火、土五方面的事物。由箕子的解释可以看出,五行并不简单指五种物质,而是引申出五种不同性质、功能、属性的事物,它们之间存在相生相克的辩证关系,这种辩证关系可以延伸到现实生活的诸多方面。《洪范》首次提出宇宙万物都由金、木、水、火、土五种基本要素构成,它们的相互作用及其属性决定了世间事物发展变化的规律。这一理念也强调了治理国家要根据不同事物的不同性质,依照事物的自然属性来进行治理。

　　第二畴,敬用五事。五事即貌、言、视、听、思。五事强调君主应该加强自我修养,也就是要从样貌、言语、观察、听闻、思考五方面来审查自己的行为,分别做到恭、从、明、聪、睿,善于听取各方面意见,同时明察善断,思维缜密。敬用五事对如何治君以及君主如何自治提出了规范性要求。

　　第三畴,农用八政。八政即食、货、祀、司空、司徒、司寇、宾、师,指的是管理政府事务的八个方面的政务。农用八政提出治理的核心内容是处理好这八个方面的政务,即解决好人民的"吃饭问题",满足民众对物质生活的需求,通过祭祀鬼神来保持人民的敬畏感,同时解决好民众的居住问题,施行礼义之教,惩治违法犯罪,礼敬宾客,建立军队保境安民。

　　第四畴,协用五纪。五纪即岁、月、日、星辰、历数。强调根据岁、月、日、星辰、历数等自然运行规律,颁定节令日历,使民众据此安排农业生产,不误农时,即所谓的"敬授民时"。五纪是当时中国人已经掌握的古代历法,是古人通过观察天象与农业生产和生活实践相联系总结出来的经验知识。中国作为农业大国,君主治理国家必须借助历法指导农业生产,这也是治理实践的一项重要内容。

　　第五畴,建用皇极。皇,大的意思;极,中的意思。建用皇极即治理国家必须树立至高无上的君主权威和统治原则。"建用皇极"确立了几千年来治理国家的"大中之道",要求君王做到"无偏无陂,遵王之义;无有作好,遵王之道;无有作恶,遵王之路;无偏无党,王道荡荡;无党无偏,王道平平;无反无侧,

---

① 《尚书》,顾迁译注,郑州:中州古籍出版社,2010,第150页。

王道正直"①,只有君主做到这些要求并以"五事"为准则不断进行反思和省察,进而才能达到"用此为教,布与众民,使众民慕而行之""众民无有淫过朋党之行,人无有恶相阿比之德"②的治理效果。建用皇极规定了君主与民众、君主与大臣之间关系的基本行为准则,成为后世治理制度的主要支撑性观念。

第六畴,乂用三德。"乂"是割草的意思,可引申为"治理"。三德即正直、刚克、柔克,也就是治理中要使用正直、刚克、柔克这三种方法。三德是君主对待臣民的三种不同手段。"乂用三德"强调君主在治理臣民的过程中,世道平安之时采用正直之德,不顺之时以刚取胜,世事和顺之时以柔取胜,而且还要根据具体情况采取不同的统治艺术,刚柔相济,亦所谓"平康,正直;强弗友,刚克;燮友,柔克"③。另外,对于三德的使用还延伸出为人处世之道和处理人际关系的伦理守则,其对于后世儒学、道学等都产生了深远影响。

第七畴,明用稽疑。稽疑即通过占卜来决策那些拿不准的大事或者预测一项举措的后果,这也就是治国理政的一个基本方法。明用稽疑强调执政者要"谋及乃心,谋及卿士,谋及庶人,谋及卜筮"④。与商代过于强调占卜结果不同,《洪范》认为不仅仅依靠占卜,还要结合君主自身的意志和臣民的议论、建议等情况来进行综合判断,进而作出正确的决策。

第八畴,念用庶征。庶征即雨、旸、燠、寒、风五种不同天气状况。主要有两个方面的意思,一方面是把君主的行为状态跟气候、气象联系起来,认为君主的行为符合规范,那么气候、气象就正常;君主的行为不符合规范,气候、气象就不正常。另一方面也就是要重视日常发生的天象背后传达的征兆启示,强调政治得失与自然现象之间存在着感应关系,君主要善于通过自然界各种气候现象,发现和判断出吉凶征兆,进而及时反思和调整自己的行为。

第九畴,向用五福,威用六极。五福指的是长寿、富裕、健康安宁、美德、高寿善终,六极指的是夭折、疾病、忧愁、贫穷、丑恶、懦弱(一曰凶、短、折,二曰疾,三曰忧,四曰贫,五曰恶,六曰弱)。五福、六极代表了当时的基本价值规范,表达了当时人们关于好坏美丑的价值选择。从治理角度看,"向用五福,威用六极"也分为两个方面:一方面是强调君主治理要以五福鼓励臣民,以六极警戒

---

① 《尚书》,顾迁译注,郑州:中州古籍出版社,2010,第154页。
② 《尚书》,顾迁译注,郑州:中州古籍出版社,2010,第153页。
③ 《尚书》,顾迁译注,郑州:中州古籍出版社,2010,第155页。
④ 《尚书》,顾迁译注,郑州:中州古籍出版社,2010,第157页。

臣民；另一方面也对治君提出了更高的要求，所谓"万方有罪，罪在朕躬"，君主即便本无过咎，也应引天下之过咎归于己，这才是明君应具备的"至德"。

这九个方面几乎囊括了中国古代治理思想的主要内容，又可以大致分为如下几类。一是关于治理国家的根本指导思想、最高原则和目标，如顺应"五行"为代表的自然物性，主张遵守客观规律，以公平无私的"王道"为立国治国的"皇极"，并作为最高的原则（一畴、五畴）；二是关于传统农业国家及其君主的主要职能，如颁定节令、处理八政，八政之中，又以"粮食"为先（三畴、四畴）；三是关于君主在具体执政过程中要特别注意的问题，如强调注意统治方法的灵活性和艺术性，要求根据不同情况采取或刚或柔的治理方式；同时决策方式应该多样化，在决策过程中要从多方面听取意见，尽量做到谨慎、透明（六畴、七畴）；四是对君主个人行为规范的要求，如注重日常行为中的貌、言、视、听、思，并善于从各种吉凶征兆中反省自己的行为，时刻不忘行善去恶（二畴、八畴、九畴）。

总之，"洪范九畴"前后连贯、结构完整、自成体系。《洪范》以中国古代的"天人感应"、善恶报应观念为哲学指导，以公平无私为最高目标，系统地提出了关于治国的原则、君主及其国家的基本职能、治理中的决策和施政方式以及君主个人行为规范等方面的思想，可谓中国政治思想史上的治国大纲。正因如此，它被历代帝王奉为治国平天下之圭臬，也成为儒家士大夫讨论政治问题时常常引用的经典文献。

第二节　阴阳五行学说中的神学治理思想

阴阳五行学说是中华传统文化的重要组成部分，阴阳五行思想也是中国人最重要的思维方式之一。阴阳、五行两个概念都是古人认识世界的基本形式，春秋时期两个概念逐渐合二为一形成一套完整的体系，到了战国时期则形成阴阳学派，并最终发展成为以阴阳五行为基础，以"五德始终说"为代表的治理思想。阴阳五行学说在政治治理实践中转化为"神秘化"的治理理念、"循环化"的治理规律和"机械式"的治理模式。

一、"神秘化"的治理理念

关于阴阳五行学说的起源和演变过程说法不一，但是一般认为其形成源远流长,内涵复杂深奥。关于阴阳五行学说的研究文献很多,从治理思想研究视角看,阴阳五行学说主要表现为四个特点:自然性、神学性、现实性、神秘性。

阴阳五行学说起源于自然。抛掉阴阳五行学说的神秘外衣,其概念来源于上古时代的人们对于大自然中各种现象的观察和总结。自然界中的日月星辰、风雨雷电、春夏秋冬、阴晴冷暖、水火生灭、昼夜交替、河流山川等天地万物之联系变化是产生阴阳、五行观念的自然基础。从这些朴素直观的自然现象出发,加之人们对社会生活中男女、雌雄、强弱等现象的感知,在长期生产生活实践中不断观察、总结、升华,逐渐产生了阴阳、五行的概念和思想。

早期文明一般都伴随着神学文化,阴阳五行学说也始终与神学相伴随。人们出于对大自然力量的敬畏和自身力量的弱小,以及人类思维方式的限制等原因,很自然就将神学与阴阳五行学说联系起来。人们把在实践中发现的阴阳、五行等事物的联系发展规律归之于"天"和"神",认为这些规律性现象中蕴含着神的旨意,是神的启示。阴阳五行学术还大量用于占卜、算命等神学活动,更是强化了其神学属性。

阴阳五行学说具有广泛的现实性。阴阳五行学说很早就应用于社会生产和社会生活等领域,它对指导农业生产、观测日历天时等产生了重要影响。阴阳五行学说以其类比性和规律性的特点迅速在各个领域流行起来,政治、经济、文化、思想等领域都开始运用阴阳五行学说的概念和思维方式。当时谈论阴阳五行学说已经成为思想界的普遍现象,是真正的"显学"。比如老子的道学思想就直接来源于对阴阳的思考,从《道德经》蕴含的大量相生相克、相互依存的事理和朴素辩证思维能明显看到阴阳五行学说概念的影响。

阴阳五行学说还具有神秘性特征。阴阳的对立统一、五行的相生相克,本不过是人们对自然现象的朴素感知和总结,但是在充满了不确定性的古代社会,人们对必然性的渴求十分强烈,迫切需要一个能够帮助我们认识和发现世界联系变化规律的指导理论。阴阳五行学说满足了人们认识世界的需要,有力促进了对事物的理解,也提升了人们的思维水平。但同时,这也给阴阳五行学说披上神秘的外衣。为了便于快速简单把握规律,人们企图用阴阳五行学说把一切事物都囊括其中,导致人们社会生活的方方面面都强行划分为相生相克的五个方面来进行理解。因此,阴阳五行天然带着神秘特点,与迷信难解难分。

阴阳五行学说最终的落脚点还是政治领域。把辩证思维、神学底蕴、神秘外衣、强调现实这些特点结合起来,最终的指向就是神圣性和实用性,而神圣性和实用性又恰恰是政治统治最需要的。因为这种神秘且有规律的理论，几乎完美地实现了论证治理合法性和增强治理规范性这两个功能的统一。也正是因为这一理论特质，阴阳五行学说神秘化的治理理念被广泛接受和采纳，并直接应用于治理实践中。

二、"循环化"的治理规律

阴阳五行学说中对治理思想影响最大的当数邹衍提出的五德始终说。邹衍的五德始终说结合了阴阳五行学说、儒家传统思想和天命思想，运用五行观念来解释社会政治的发展变化和朝代的兴衰更替，试图找到社会发展的内在规律，最终使阴阳五行学说成为神学治理思想的重要组成部分。

邹衍提出的五德始终说怀有强烈的政治目的和丰富的治理思想。对于邹衍的思想及目的，《史记》曾如此记录："驺衍睹有国者益淫侈，不能尚德，若《大雅》整之于身，施及黎庶矣。乃深观阴阳消息而作怪迂之变，《终始》《大圣》之篇十余万言。"① 由此可见，邹衍的目的是"尚德"，其出发点是对统治者骄奢淫逸、不顾百姓疾苦现象的深恶痛绝。他希望以"怪迂之变"警醒和约束统治者，因此创立了五德始终说。

那么，邹衍如何才能实现这一目的呢？在诸侯争霸、礼乐崩乱的春秋战国时期，周王朝的权威早已名存实亡，不管是神学思想中的"天命"观，还是"明德慎罚"的德治理念在政治实践中的影响力也早已式微。为了解决这一问题，邹衍谈天论地、纵横捭阖，把宇宙变化的规律、朝代更替的命运、政治统治的合法性等结合起来，把天命变化进一步具象化，增强内在必然性和变化规律的信服力，进而达到其治理目的。《史记》中记载道："其语闳大不经，必先验小物，推而大之，至于无垠。先序今以上至黄帝，学者所共术，大并世盛衰，因载其禨祥度制，推而远之，至天地未生，窈冥不可考而原也。"② 这段话表明，邹衍将自然的历史进程和社会的发展变化连接起来，力图寻找一个必然性规律。

这个必然性规律就是五德始终说。五德就是金、木、水、火、土五种德行。邹衍认为朝代的更替按照五行顺序周而复始地运行。因为五德是按照规律运动变化的，每一德都会有盛衰强弱的变化，也会取代前面一德，也会被后面一德

---

① 《史记》，北京：中华书局，1982年，第2344页。
② 《史记》，北京：中华书局，1982年，第2344页。

所取代。邹衍还把五德与黄帝以来各个朝代相匹配,每个朝代都有属于自己的德。不仅如此,邹衍还将五德进一步具象化,提出了"五行配伍"的观点,构成了一个庞大的五行体系。这个体系无所不包,方位、颜色、味道、音乐、器官、职业等全部按照五行进行了分解式的处理划分。

具体而言,邹衍的五德始终说在论证治理的合法性和规律性时提出了三个方面的标准:一是要有祥瑞、福瑞出现;二是变化规律必须按照五行循环规律和顺序进行;三是统治者治理的各种形式必须与自己所属的德一致,并提出了改正朔、易服色、更官号等具体制度。至此,五德始终说在政治实践中已经非常完备且有可操作性了,成为论证统治合法性的有力工具。这些具体的措施影响深远,很多形式已经成为各个朝代都必须遵从的标准模式。

五德始终说从宇宙观、天命观、历史观等各个方面全方位地揭示了人类社会发展的规律,也蕴含了治理思想的变化。一是五德始终说认为治理要顺应天命,应时而作,不违天时;二是这套思想与儒家的"天命"观结合在一起,使其理论既能够赋予治理以神圣性与合法性,还能在实践中逐渐形成一套为统治者所灵活运用的治理理论和治理手段。

三、"机械式"的治理模式

人类对必然性的渴望远胜过对绝对性的膜拜。阴阳五行学说最大的特点就是把神学化的绝对命令转化为可以理解和把握的规律。阴阳五行学说把政治运动变化进行分类,赋予属性,揭示其变化规律,具有高度的概括性,对于当时人们的理解认知来说是一种很大的进步。但是这种思维方式有着明显的形式主义、机械主义特征。当它运用到治理实践中,也带有明显的机械式特点。

阴阳五行学说中这种机械式思维方式在《月令》一文中有着集中反映。《月令》是《吕氏春秋》中一篇非常著名的阴阳学派文献,被吕不韦作为全书之纲,后在汉代被收入《礼记》而视为儒家经典。《月令》运用阴阳五行学说把自然、社会、生产、政治等诸多方面囊括其中,还分门别类进行了结构化的划分和指导,然后要求人们严格按照此历书的规律行事。尤其是对于春夏秋冬四季适宜进行何种行为和不宜进行何种行为作了详尽的阐述,因此《月令》被称为小型的历书。

《月令》的基本构建是把世界描述为一个以太阳为最高主宰的层次结构。太阳运转分为十二个月,又分为四时即春夏秋冬,四时中每一时都有各自的属性和神灵。《月令》的理论创新在于把五行与四时结合起来,两者相互运转变化构成了"天"所显示的具体内容。最终,五行与四时的具体运行关系揭示了人类社会发展的基本规律,人类生产、政治、生活、战争、刑罚等各项活动都受之制约,都必须遵循其行事。

《月令》认为治理活动必须遵循其制定的基本规律。这一规律可以表述为:"凡举大事,毋逆大数,必顺其时,慎因其类。"[1]运用于治理上是指治理实践必须遵守阴阳、日月、五行之变化规律,顺从四时之不同特征,以此实行不同性质和种类的治理活动。比如:春季为木德,孕育生命,万物初长,应该禁止杀生、禁止伐木,适合分封土地、兴修水利道路等活动,具体到治理活动上应该以建设性为主,要救济弱小、赦免罪犯、禁止战争、进行赏赐、减少刑罚、招募贤才等;夏季为火德,繁荣之时,治理上应以生产原则为主,以促进万物发展为目的,具体而言应该鼓励生产,适宜开展选拔任用官员等活动;秋季为金德,万物开始衰败凋零,体现到治理上此时应进行刑罚、战争等活动,我们熟悉的"秋后问斩"就是按照这一规律来的;冬季为水德,治理上应以总结、准备为主,整理政治事务、统计各种治国信息数据等一般在冬季进行。《月令》还认为如果不按照此规律治理,将受到惩罚。

阴阳五行学说这种"机械式"的治理思想把神学、政治、社会生活等全部整合到一个结构化的体系中,并要求严格执行。这一模式既有一定道理,但是其中牵强附会、形式主义、神秘主义的因素也很多。不可否认的是,这一思想是契合当时文明发展程度的,其神学性、科学性、简单性的特点也易于被大众所接受。另外,阴阳五行学说在民间有着广泛的生长土壤,在各地衍生出众多民俗民规等形式,在提高古代民间社会治理效果方面发挥了重要作用。

第三节 天人合一学说中的神学治理思想

天人关系是神学思想的核心命题。自商周以来历代统治者都会从天人关系中寻求治理合法性以强化其治理权威。天人关系学说的集大成者是汉代著名思想家董仲舒,董仲舒在"天人三策"中提出了"罢黜百家、独尊儒术"的主张

---

[1] 《礼记》,胡平生、张萌译注,北京:中华书局,2017,第337页。

并为汉武帝所接受,自此儒家成为古代治理思想的主流。董仲舒以儒家思想为基础,结合阴阳五行、法家、墨家等思想流派的观点,形成了天人合一的理论学说,构筑了以君权神授、三纲五常、德治仁政、天谴论、三统说、有道伐无道等观点为主体的治理思想体系。天人合一学说达到了神学治理思想的顶峰,深刻影响了古代治理实践。

一、君权神授:君权治理的"狭窄"路径

君权至上是神学治理思想中的核心主张,维护君主权威也就成为天人合一学说的基本目标。董仲舒提出了君权神授的学说,认为君主的权力实际上是上天授予的,君主代表上天或神来管理人间。

董仲舒对君权神授的观点分别论述道:"圣人何其贵者,起于天。至于人而毕。"①《春秋》之法:以人随君,以君随天。"②"古之造文者,三画而连其中,谓之王。三画者,天、地与人也,而连其中者,通其道也。取天地与人之中以为贯而参通之。非王者孰能当是?"③从上述三句可以看出,董仲舒建立了"天—君—人"的三者关系模式。在这一模式中,天高于君主,君主高于天下臣民。普通人不能与天直接交流,只能通过君主,"唯天子受命于天,天下受命于天子"④。因此君主有着特殊的使命:一方面代表着天下臣民跟天对话,"下至公、侯、伯、子、男,海内之心,悬于天子"⑤;另一方面,君主又代表天传达和行使天的意志,"王者奉承天意以从事"。因此,"王者,天之所予也"⑥,君主的权力来自天,君主治理就是代表天来治理,这是君权神授的核心主张。

董仲舒提出君权神授的主张在治理上有两个方面的影响。

一是为强化君主权力提供了理论依据。既然君主权力来自天,那君主代表天进行统治,是全社会唯一的、最高的统治主宰,其他人必须绝对服从于君主。君主掌握着"一而不二者"⑦的绝对权力。天可杀,君亦可杀,君主"立于生杀之位,与天共持变化之势"⑧。这种情况下,臣民只能对君主绝对服从,服从君主

---

① 《春秋繁露》,张世亮、钟肇鹏、周桂钿译注,北京:中华书局,2012,第 646 页。
② 《春秋繁露》,张世亮、钟肇鹏、周桂钿译注,北京:中华书局,2012,第 30 页。
③ 《春秋繁露》,张世亮、钟肇鹏、周桂钿译注,北京:中华书局,2012,第 421 页。
④ 《春秋繁露》,张世亮、钟肇鹏、周桂钿译注,北京:中华书局,2012,第 400 页。
⑤ 《春秋繁露》,张世亮、钟肇鹏、周桂钿译注,北京:中华书局,2012,第 356 页。
⑥ 《春秋繁露》,张世亮、钟肇鹏、周桂钿译注,北京:中华书局,2012,第 277 页。
⑦ 《春秋繁露》,张世亮、钟肇鹏、周桂钿译注,北京:中华书局,2012,第 454 页。
⑧ 《春秋繁露》,张世亮、钟肇鹏、周桂钿译注,北京:中华书局,2012,第 426—427 页。

也就是服从至高无上的天。对百姓来说,"心之所好,体必安之;君之所好,民必从之"①,民众犹如身体,君主是身体之心,身体必须由心来支配;对臣子来说,"臣之义比于地,故为人臣者视地之事天也"②,君臣关系犹如天地关系,臣子对君主,要像地服从于天一样。董仲舒还认为"以人随君,以君随天"③"屈民而伸君,屈君而伸天"④,表达的都是同样的意思。

二是为限制君主权力开辟了一条"狭窄"的路径。董仲舒的君权神授学说在强化君主治理合法性的同时,也蕴含着对君主有所制约的主张。君主首先必须遵照天的意志、天的法则来行使权力。"受命之君,天意之所予也。故号为天子者,宜事天如父,事天以孝道也。"⑤君主与天的关系跟父子关系一样,要以孝道的标准事天。也就是说,天的地位是远远高于君主的。

其实君主奉天治理人间的观点自商周时期就有了萌芽,董仲舒的贡献在于对天的法则进行了细化,进而对君主权力的制约也更具体、更具有可操作性。比如董仲舒按照四时细化了天道法则,他认为:"天之道,春暖以生,夏暑以养,秋清以杀,冬寒以藏,暖暑清寒,异气而同功,皆天之所以成岁也。圣人副天之所行以为政。"⑥既然如此,君主就应该按照天道治理国家,"天有四时,王有四政,四政若四时,通类也,天人所同有也"⑦。

更值得赞许的是,董仲舒还论述了君主不遵守天道的后果,并提出了著名的"天谴"说。"其恶足以贼害民者,天夺之"⑧,如果君主治理无道,天就会给予惩罚,夺走赋予君主的权力。为了增强威慑力,董仲舒认为天会通过灾难、异象等警告君主,如果警告之后君主还不改正,将有更大的惩罚。董仲舒认为"灾者,天之谴也;异者,天之威也",如果君主看到天谴,"当救之以德,施之天下,则咎除"⑨,必须赶紧以德治仁政进行纠治,如此才能避免更大的惩罚。

客观地说,天谴说在当时的确有一定合理性,而且对于约束君主的治理行为起到了一定作用。董仲舒通过君权神授学说在加强君主权威的同时提出了

---

① 《春秋繁露》,张世亮、钟肇鹏、周桂钿译注,北京:中华书局,2012,第403页。
② 《春秋繁露》,张世亮、钟肇鹏、周桂钿译注,北京:中华书局,2012,第415页。
③ 《春秋繁露》,张世亮、钟肇鹏、周桂钿译注,北京:中华书局,2012,第30页。
④ 《春秋繁露》,张世亮、钟肇鹏、周桂钿译注,北京:中华书局,2012,第30页。
⑤ 《春秋繁露》,张世亮、钟肇鹏、周桂钿译注,北京:中华书局,2012,第368页。
⑥ 《春秋繁露》,张世亮、钟肇鹏、周桂钿译注,北京:中华书局,2012,第470页。
⑦ 《春秋繁露》,张世亮、钟肇鹏、周桂钿译注,北京:中华书局,2012,第470页。
⑧ 《春秋繁露》,张世亮、钟肇鹏、周桂钿译注,北京:中华书局,2012,第277页。
⑨ 《春秋繁露》,张世亮、钟肇鹏、周桂钿译注,北京:中华书局,2012,第519页。

制约君主的主张,是一种符合现实政治环境的实用策略和无奈之举。毕竟,在君权至上的时代,直接提出限制君权的主张风险太大。这种制约君权的方式,只是在天人合一学说的夹缝中找到了一条"狭窄"难行的君权治理路径,只能起到"弱制约"的作用,甚至只能是一种心理威慑,仅有"吓唬"一下君主的作用,对于君主自身拥有的权力根本没有实质性的约束。

二、"三纲五常":治理的基本规范

天人合一最大的理论成果,是提出并论证了"三纲五常"这一重要学说,并将之上升为古代最基本的治理秩序。所谓"三纲"即君为臣纲、父为子纲、夫为妇纲;"五常"即仁、义、礼、智、信。"三纲五常"后来逐步发展成为古代治理的核心教义和维护古代治理秩序的最重要的工具之一。

董仲舒细化了商周以来"天"与"天道"的观念,认为"天"是一个有着稳定内在秩序和运作法则的体系,这一体系直接规范和指导着人类社会的治理原则。"三纲五常"主要来自"一阴一阳"、阴阳合和的"天道"。世界万物都包含着阴阳两极的对立关系,这些关系也都受阴阳之道的支配。董仲舒认为:"凡物必有合……阴者,阳之合;妻者,夫之合;子者,父之合;臣者,君之合。物莫无合,而合各有阴阳。"[①]治理实践中的主要内容以阴阳为标准可划分为主次分明、相互联系、相互影响的两大方面。君、父、夫为阳的一面,臣、子、妻为阴的一面,阳面为主宰,阴面为从属。"君臣、父子、夫妇之义,皆取诸阴阳之道。"[②]它们构成了"三纲",这也是古代治理实践中最基本的三对关系。"王道之三纲,可求于天。"[③]自此董仲舒完成了"三纲"的理论论证。

为了进一步说明如何处理好"三纲"关系,尤其君臣关系,董仲舒提出了著名的"五常"之道,即将仁、义、礼、智、信五个儒家核心概念上升到"道"的行列。"五常"之道将儒家治理思想的核心概念基本纳入了天人合一学说体系中,认为儒家的封建礼法思想和礼治仁治理论都是阴阳之道的表现,都是"天道"。

"三纲五常"是古代社会最基本的治理规范,奠定了后世的基本治理原则,产生了十分彻底而深刻的影响,极大地改变了古代社会的治理结构、治理基础和治理心理。一是"三纲五常"学说彻底将伦理关系和政治关系绑定到一起,促

---

① 《春秋繁露》,张世亮、钟肇鹏、周桂钿译注,北京:中华书局,2012,第 464 页。
② 《春秋繁露》,张世亮、钟肇鹏、周桂钿译注,北京:中华书局,2012,第 465 页。
③ 《春秋繁露》,张世亮、钟肇鹏、周桂钿译注,北京:中华书局,2012,第 465 页。

进了古代社会治理中伦理政治化和政治伦理化的双向运动过程,并最终融为一体,使得从上层治理到民间基层治理的面貌都发生了变化,从此权力运行、治理实践等再也不仅是君主行为或君臣关系等统治阶级本身的事情了,而是将天下每一个人都裹挟了进去,任谁也无法逃离。二是在"三纲五常"学说中,除了君主一人,其他所有人都不可避免地成为支配者或被支配者,每个人都身处一种甚至多种纲常关系之中。用现在的话理解,在"三纲五常"中,每个人不可避免地既是"受害者",又是"加害者"。这正是"三纲五常"在治理中的厉害之处。三是"三纲五常"在具体治理实践中进一步规范、细化、深化,从而衍生出无数的礼教规矩、宗法制度、乡规民约等,它们极大地约束了民众的行为举止、禁锢了人民的思想、矮化了大众的人格、阻碍了社会进步,其负面影响在中国古代社会发展后期愈发严重。当然,以上三点主要站在现代视角来进行评价,依然不能否认"三纲五常"在维护古代社会治理秩序,尤其是在增强民间宗法社会的稳定性、凝聚力、延续性等方面发挥了重要作用。时至今日,我们也能在不少地方发现"三纲五常"留下的行为和心理印记,这是开展研究不能忽视的重要因素。

三、德治仁政:治理的基本主张

上天给予君主无上权力的同时,也给君主的治理实践制定了基本规范。君主作为天人之间的唯一"代理人",承担着"法天而行道"的职责使命,此"天道"就是阴阳之道。阴阳之道的核心则是"仁",君主要遵循"天道"治国,就必须推行以德治仁政为核心的治理主张。

第一,推行仁政,注重民生。仁政具体体现于国家治理上,第一个任务就是注重民生,尤其是解决贫富差距过大的问题。董仲舒在总结历史教训后认为,国家治乱的根本原因是两极分化,治国理政中面对的最大危害和弊端就是贫富差距问题。正所谓"大富则骄,大贫则忧。忧则为盗,骄则为暴"[1],贫富差距过大将导致国家产生矛盾冲突,而且贫富差距也不符合"天道"。"夫天亦有所分予,予之齿者去其角,得其翼者两其足。"[2]"天道"注重平衡,有长必有短,有强必有弱。董仲舒强调不能争利,认为"使诸有大俸禄,亦皆不得兼小利、与民争

---

[1] 《春秋繁露》,张世亮、钟肇鹏、周桂钿译注,北京:中华书局,2012,第284页。
[2] 《汉书(简体版)》,(唐)颜师古注,北京:中华书局,1999,第1916页。

利业,乃天理也"①。权贵之家不能与老百姓争利,不能拿了巨额俸禄还去拿小利,这是天理。因此,君主要重视两极分化的问题,推行一系列有助于缓解分化、限制兼并豪强权势的治理政策。董仲舒对此也提出了一些具体可行的治理主张,比如:主张"限民名田,以赡不足,塞并兼之路"②,强调设置土地上限,杜绝土地兼并愈演愈烈的情况;"薄赋敛,省徭役,以宽民力"③,要减轻百姓身上的负担;主张"去奴婢"和"除专杀之威",强调要减轻民众对权贵阶层的人身依附性;主张"盐铁皆归于民",反对通过垄断个别生活必需品来变相增加民众负担。

第二,以德化民,以教治国。在古代,君主不仅拥有权力,而且是臣民的精神导师,承担着教化万民的职责。董仲舒认为:"王者上谨于承天意,以顺命也,下务明教化民,以成性也,正法度之宜,别上下之序,以防欲也。"④君主代天行仁,就是要通过教化建立起以维护"三纲五常"为核心的道德水平和道德意识,达到这一目的的主要手段就是教化,"圣人之道,不能独以威势成政,必有教化"⑤。

"南面而治天下,莫不以教化为大务。"⑥为了更好地施行教化,董仲舒提出了"性三品"说。他认为"天生民性有善质而未能善"⑦,人天生就具有善的本性或者潜质,但善性不是人性的全部,人性也不会都把善心完全表现出来。这就要求"性待教而为善"⑧,必须通过教化才能完成善。那么由谁来教化呢?必待"王教之化也",这是君主的责任。接着,董仲舒把人分为三个层次:上品之人,已是"圣人之性",无须教化;下品之人,斗筲之性,没法教化;唯有"中人之性"可以教化。同时,上下两品的人是少之又少的,基本可以忽略不计,也就是几乎所有人都是可以被教化的。尽管董仲舒没有提出"人皆可以为尧舜"这样的理念,但是其覆盖面也是很广泛的,相比其他理论而言更加务实可行。至于如何施行教化,董仲舒认为除了应该"立大学以教于国,设庠序以化于邑"之外,还应重仁义轻财利⑨,这些主张基本与传统儒家理念并无二致。

---

① 《春秋繁露》,张世亮、钟肇鹏、周桂钿译注,北京:中华书局,2012,第286页。
② 《汉书(简体版)》,(唐)颜师古注,北京:中华书局,1999,第957页。
③ 《汉书(简体版)》,(唐)颜师古注,北京:中华书局,1999,第957页。
④ 《汉书(简体版)》,(唐)颜师古注,北京:中华书局,1999,第1913页。
⑤ 《春秋繁露》,张世亮、钟肇鹏、周桂钿译注,北京:中华书局,2012,第401页。
⑥ 《汉书(简体版)》,(唐)颜师古注,北京:中华书局,1999,第1905页。
⑦ 《春秋繁露》,张世亮、钟肇鹏、周桂钿译注,北京:中华书局,2012,第381页。
⑧ 《春秋繁露》,张世亮、钟肇鹏、周桂钿译注,北京:中华书局,2012,第381页。
⑨ 《汉书(简体版)》,(唐)颜师古注,北京:中华书局,1999,第1905页。并加:还应重仁义轻财利。

第三,德刑兼备,以德为主。阴阳之道中,德、生为阳,刑、杀为阴,阳尊阴卑,德处于支配地位,刑、杀只是从属,所以在治理中要"任德教而不任刑",施行以德为主的治理方针。当然这并不是完全不用刑罚,只是反对以刑罚为主的治理,"刑之不可任以成世也,犹阴不可任以成岁也"①,董仲舒认为专重刑罚的治理方式是违背天道的。至于如何处理德刑关系,他提出"暖暑居百而清寒居一,德教之与刑罚犹此也"②的主张,认为德与刑的比例最好是一百比一。可见,刑的比例已经很低了,主要是起到维持基本治理秩序的功能。

同时要注意的是,刑罚比例低不代表君主的治理权力缩小了。董仲舒认为君主施行仁政的同时必须强化手中权力,不能使之受到损害。他认为"国之所以为国者,德也;君之所以为君者,威也。故德不可共,威不可分。德共则失恩,威分则失权"③,因此君主要"固守其德,以附其民,固执其权,以正其臣"④。他立足于稳定现有秩序的基础上,力求解决当前治理中存在的突出问题。以德为主的治理方式也起到了加强君权的正向作用。在董仲舒天人合一的治理理论体系中,到处可以看到基于现实政治的、以实用和调和为特征的理论倾向。比如:关于"德百刑一"的主张,因为现实治理实践中刑罚运用非常普遍,此时再论述刑罚的功用和措施,强调刑罚的意义其实并无太大用处。毕竟即使这个世界上没有任何刑罚治理思想,现实权力运行机制也必然会不断强化刑罚的作用。所以理论上如何缓和严苛的刑罚才是应该考虑的事情。这正是不少学派治理思维的高明之处,从中也更能理解法家治理思维为何被边缘化。

董仲舒天人合一学说中还蕴含了许多其他方面的治理思想,比如:"有道伐无道"的理念、治理制度更替变革的理念以及国号、正朔、服色等治理形式变化的理念等。总之,董仲舒天人合一学说将神学与治理紧密结合,极大加速了先秦以来治理思想的融合和普及,深刻地影响了治理思想的演变过程。当然,现实政治发展总是难以预测的,在后世发展中,天人合一、天人感应、天道有常等思想也直接促进了"谶纬之学"的盛行,导致神学治理思想变得"庸俗化""神秘化""工具化",从而深刻地影响了汉代治理思想的面貌。

---

① 《春秋繁露》,张世亮、钟肇鹏、周桂钿译注,北京:中华书局,2012,第418页。
② 《春秋繁露》,张世亮、钟肇鹏、周桂钿译注,北京:中华书局,2012,第465页。
③ 《春秋繁露》,张世亮、钟肇鹏、周桂钿译注,北京:中华书局,2012,第204页。
④ 《春秋繁露》,张世亮、钟肇鹏、周桂钿译注,北京:中华书局,2012,第204页。

第四节　谶纬神学中的治理思想

如果说董仲舒天人合一学说是神学治理思想的顶峰,那么两汉时期盛行的谶纬之学则是神学治理思想开始走向式微的标志。由天人合一学说演变而来的"符应说"在现实政治中影响很大,这一学说在政治实践中分化为两大流派:一是维护派,以"祥瑞"说为工具来神化汉朝政权;二是批判派,以"灾异"说为工具批判汉朝政权,并最终导致王莽发动"易姓革命"。现实的政治斗争都利用了天人合一学说,把一切自然现象都与政治活动联系在一起,并根据自身需要随意论证,这造成了儒学的神秘化、巫术化并逐步发展为谶纬神学。

一、祥瑞和灾异:谶纬神学治理思想的基本模式

谶纬神学中,对现实政治影响最大的就是"祥瑞"和"灾异"思想。"祥瑞"和"灾异"相互贯通是谶纬神学思想的基本观点,也是其治理思想的基本模式。

(一)谶纬的含义

所谓"谶",指能够"预卜吉凶"的预言,主要是把自然界中诸如星象、灾害等一些偶然、反常的现象附会为上天、神或者圣人给予人类的某种征兆或隐语,进而从中预测人事吉凶和天道变化。后来,"谶"发展成为脱离自然、更加神秘化的图或符,从中做出各种事物吉凶和未来重大事件发展趋势预测的解读,这些图或符称为"图谶""符谶"。所谓"纬",出自经纬一词,原意是编织物的横线,是相对"经"而言的,"纬"就是用迷信或预言的形式对儒家经典著作进行解释和比附,后来演变为纬书。谶书中最有名的是《河图》和《洛书》,谶书一般由方士制造;纬书则是经学占据主导地位后,开始借经学的权威进行神学化解释。谶纬本质上都以神学思想内容为主导,故称为谶纬之学。

(二)"祥瑞"的治理意义

"祥瑞"也就是吉祥的预兆。"祥瑞"说认为,如果是盛平之世、天下大治,就会出现罕见的气象、草木、鸟兽等方面的预兆,这就是"天降祥瑞"。"祥瑞"中最好的是黄龙、麒麟、凤凰。"祥瑞"的出现印证了治理的良好成效,为君主的治理

提供了神学支持。一是"祥瑞"意味着有圣君受命于天而出,也就是说当世君主是英明的圣君;二是"祥瑞"意味着君主有德,如果君主施行德政,用德行去治理民众、教化民众,就会使"祥瑞"降临以彰显其德;三是"祥瑞"意味着出现了天下大治的盛世。可见,"祥瑞"主要是将君主的治理行为与神学联系起来,希望统治者能够成为有德之君,给人间带来"祥瑞"。后来,"祥瑞"教化君主的功能越来越弱,"拍马屁"的功能占据了主导,导致各地绞尽脑汁搜罗"祥瑞"来赞美君主。甚至发展到各地牵强附会、肆意夸大、胡编乱造"祥瑞"的局面,各种"祥瑞"尤其会在各种重大场合和时间点恰逢其时地出现。可见"祥瑞"说已经彻底沦为论证君主统治合法性的工具。

(三)"灾异"的治理意义

谶纬神学的重点是"灾异"说。这一学说通过强调"灾异"向君主提出治理建议,并具有批判现实治理状况的作用。相对于"祥瑞"而言,"灾异"不用胡编乱造、牵强附会,它作为自然现象本就会频繁出现,因此被更多地运用于政治实践中。"灾异"的治理功能体现在三个方面:一是劝诫君主。谶纬神学把"灾异"看作是上天对君主的警告和谴责,君主必须对此高度重视。"灾异"其实也是一种忠告,如果君主看到之后还不觉悟,那么之后就会发生"怪异"现象,同时发生"灾异"和"怪异"现象是极危险的信号,甚至会有国家败亡、朝代更替的重大事件发生。所以在古代国家治理中,君主通常对各种"灾异"高度重视。如果出现"灾异",君主一般都会公开表示要深刻反省自己的治国行为,还会下"罪己诏"、问责"三公",并采取招贤纳士、免除徭役税赋等一系列举措。二是反映治理矛盾。谶纬之学对"灾异"的解释和预测多与那个时代的国家政治相联系,它们能够反映当时比较突出的治理矛盾。比如,在《春秋纬》中就隐含着大量对权臣擅政、后宫干政等问题的批评,书中提道:"为国家者,乱五行之度,失五常之性,则填星为动,而地震矣。地震则阴类应之,人心恐惧,当为寇至,臣专女横,其灾大丧,而社稷忧也。"①三是蕴含着革命思想。不管是"祥瑞"还是"灾异",实际上都表达了人类的政治活动不过是天命的外在形式的观点。值得反思的是,谶纬神学的流行非但没有确立起神学治理的绝对合法性,反倒加速普及了人们对"革命"思想的认同,甚至有汉代君主也对此深信不疑,认为天命不专属于一姓。

---

① (日)安居香山、中村璋八辑:《纬书集成(中)》,石家庄:河北人民出版社,1994,第839页。

二、汉代谶纬神学思想的治理主张

谶纬神学的泛滥主要发生在西汉后期。其时,国家治理已面临崩溃边缘,社会矛盾尖锐、统治危机四伏、各种灾异四起、民众思想混乱,各方势力都借助谶纬神学来表达政治主张。

第一,"天命"主张。"天命"主张的治理意义在于从神学上确立汉王朝统治的合法性。汉初统治的合法性问题并不突出,但是随着谶纬之学的盛行和汉王朝衰落迹象的出现,人们对朝代兴衰更替的诸多征兆、预测深信不疑,这无疑动摇了汉王朝统治的合法性。另外,还有一个棘手问题需要解决:为什么平民出身的刘邦能够成为君主?为了回应这些问题,汉代统治者借助谶纬学说对政权合法性进行了神学论证。针对刘邦出身的问题,利用纬书中"卯金刀帝出,复尧之常"①的说法,营造了汉家承自尧后的流行说法。后来,更是将刘邦直接升级为尧的后代。针对当时民间对刘邦早年品行的质疑,利用"天命"学说和"符应"学说,强调正是"天命"才让刘邦最终成为君主,还编造了很多神话故事和神学征兆将刘邦描述为真命天子。"天命"主张并不新鲜,谶纬神学"天命"主张的特点在于充分利用了各种神迹、启示、预言等,从出生到人生重大事件都能与之关联。这种论证模式对后世影响极大,后来不仅是君主,杰出人物、科举状元乃至各类史料文章、小说戏剧作品等都喜欢以神迹强化人物特性。

第二,"再受命"主张。通俗地说,"再受命"主张就是通过利用某种程序或仪式达到改天换命、延续国运的目的。西汉末年,不少人利用谶纬神学,根据阴阳消长变化的规律,结合各种征兆,认为汉王朝已经到了末年。当时,这一观念几乎成为社会上下的普遍共识,汉王朝的统治地位岌岌可危,治理合法性几近丧失,甚至就连当朝皇帝也在一定程度上认同了这套理论。此时出现了"再受命"学说,认为可以通过"改元易号"的方式主动适应天道循环的命运,逃避上天的惩罚。这种在汉代颇为流行的办法无疑是自欺欺人,但据史料统计,自汉武帝以来,仅改元就有70多次。

第三,"易姓革命"主张。就是利用谶纬神学宣言汉王朝寿终正寝,注定有禅让之运,主张改朝换代,实现"易姓革命"。这一主张主要是为了迎合王莽上位,给王莽篡位提供合法性论证。谶纬神学在王莽当政的时代达到了顶峰,各

---

① (日)安居香山、中村璋八辑:《纬书集成(上)》,石家庄:河北人民出版社,1994,第419页。

地图谶层出不穷,发展到最后更是胡编乱造迎合王莽。"易姓革命"的主张是一把双刃剑,因为既然你可以取代别人,别人亦可同样取而代之。谶纬神学发展至此,已经彻底神秘化、巫术化、庸俗化、工具化了。王莽革命的"闹剧"再次表明,神学理论并不能为古代社会提供一个可行的治理模式。

三、谶纬神学的影响与发展

谶纬神学的治理思想与天人合一学说并无太大区别,都是为了宣扬和论证"三纲五常""君权神授"等统治秩序的神圣性和永恒性。他们的主要区别是:天人合一学说的思想底色是神学理论,其理论结构和思维方式具有一定的合理性,其治理主张仍以正统儒家为主,提倡施行德治仁政;谶纬之学的思想底色则是封建迷信,它把阴阳五行之说彻底庸俗化了,迷信形式的重要性超过了其治理目的,欺骗和愚弄则成了主流。因此,谶纬神学必将发展到自身的反面,最终因自身理论的悖论来完成自我终结。随着官方垄断了对谶纬的一切解释权,彻底禁绝了民间的解读,加之汉末古文经学和魏晋玄学的兴起,谶纬逐渐退出了思想舞台。

然而,谶纬神学对后世治理实践的影响却持续不断。首先,谶纬之学后来彻底沦为政治斗争、王朝更替、谋朝篡位的工具。尽管历代统治者都会大力禁谶,但是每当治乱变换之时,谶纬之学就会一次次地死灰复燃,成为发动起义、谋反叛乱、篡夺皇位的政治口号和宣传工具。其次,谶纬神学变形之后隐秘地存在于各种学说中,其中不少观点影响了其他学派的治理思想。最后,谶纬之学极大地影响甚至塑造了古代民间迷信和民间信仰的内容和形式,这也是它影响最深的地方。谶纬之书以各种各样的形式,变化为不同类型的版本,它们与各种民间风俗、民间神话等融合,最终演变成民间信仰的基本内容之一。比如,著名的《烧饼歌》《推背图》等基本属于谶纬神学的范畴,时至今日,在民间依然有不少人在解读谶纬之书中预示的时局命运、重要事件等。另外,谶纬神学也对民众的社会行为、社会性格、社会心理和思维方式等产生了持久影响,是研究古代治理思想不可忽视的重要因素。

第二章
治理大道：儒家文化中的治理思想

在中华传统文化中，儒家文化是影响力最大且最深刻的。儒家文化直接影响甚至塑造了中华传统文化的鲜明特征和内在气质。春秋战国时期，中华传统文化进入一个崭新的开创期和繁荣期，儒家文化、道家文化、法家文化等纷纷登上了中国思想史的舞台，奠定了中华文化的基石，构筑了治理思想的基本命题，谱写了传统治理思想中最为璀璨夺目的篇章。在先秦形成的诸多流派中，儒家是无可置疑的主干和主流。儒家文化具有鲜明的理论特征，其务实、民本、仁义、礼治、中庸等思想对后世产生了极其深远的影响。可以说，儒家文化的主题始终围绕着治国理政展开，治理思想也成为儒家文化的核心内容之一。因此，研究传统治理思想，就不得不了解儒家文化中蕴含的治理思想。儒家文化的治理思想，长期占据着"一家独大"的主导地位，被历代国君视为治国理政的指导理论，可谓真正的"治理大道"。

第一节 孔子以"礼""仁"为核心的治理思想

孔子是儒家文化的主要奠基者和精神领袖，也是中华传统文化的灵魂人物之一，同时也是人类文化史上举足轻重的代表人物。孔子的思想主要集中在以"礼""仁"为中心构建的理论体系中，孔子的全部治理思想，基本上也是以这两个概念为核心展开的。

一、"天下有道"的治理理想

关于孔子的研究早已汗牛充栋、数不胜数，甚至《论语》中的每一个字都可能有成千上万种解读。对于孔子思想体系的核心,历来有不少争论:有的人认为其思想核心为"仁",其思想体系以"仁"为中心构筑而成;有的人认为其核心是"礼";也有人认为其核心应该是"忠恕之道"。从治理思想研究角度看,我们应该先从整体上把握孔子思想的核心目的与最高追求。"仁"固然具有逻辑优先性和理论深刻性,也最为广大研究者所认同。但是,孔子本人始终是一个非常务实且理性的思想家,这种"入世"的精神也是整个儒家思想的精神特质。因此,我们不难看出,孔子的思想主要是为了解决世俗社会治理中面对的各种问题或达到某种实践性的治理效果。从这个角度来看,孔子一生追求的目标绝不仅是创造一个逻辑上自洽、理论上完美的纯粹学说体系,而是一种具体且现实的社会理想。这种治理思想,孔子称之为"道"。也就是说,追求一个"有道"的社会,达到"天下有道"的治理效果才是孔子治理思想的核心目标。

为什么孔子如此热衷地追求"天下有道"的治理理想呢?主要是因为孔子生活的年代恰恰是一个礼崩乐坏、战乱频仍、思想混乱的"无道"时代。《史记》中曾说春秋时期"弑君三十六,亡国五十二,诸侯奔走不得保其社稷者不可胜数"[①]。孟子也说春秋时期"臣弑其君者有之,子弑其父者有之"[②]。可以说,西周时期的政治统治秩序正在迅速瓦解,已经彻底丧失了对现实政治的统摄力。与此同时,社会等级结构、经济结构、社会文化等各个方面都处于剧变之中。在"天下无道"的现实困境中,孔子为了实现自己的理想抱负而上下求索,最终形成了以"道"为目标的治理思想。

(一)"天下有道"治理目标

"天下有道"是孔子的治理理想,那么在孔子眼中什么样的社会才是"有道"的呢?主要有三个方面的判断标准。

首先,治理的道德风尚标准。"天下有道"的理想治理模式,首先应该是一个道德风尚良好的社会。孔子始终把社会道德看作政治治理的目标,他所追求的治理理想,是所有人都拥有良好的道德品质,进而营造整个社会高尚的道德氛围。在这样的社会中,每个人都或多或少拥有仁、义、礼、智、信等高尚的道德品质,人与人之间能够互相帮助、关爱,正所谓"己欲立而立人,己欲达而达

---

① 《史记》,文白译注,北京:北京燕山出版社,2007,第3619页。
② 《孟子》,宁镇疆译注,郑州:中州古籍出版社,2007,第123页。

人"①。不仅如此,统治者、臣下、君子等都要在治理实践中做到"修己以安百姓"②,以自己的道德风范来引领社会风气,将较高的道德标准贯穿于治理全过程,并实行安民、保民之策,最终达到道德彰显的理想治世。

其次,治理的社会结构标准。孔子眼中"天下有道"的治理理想有着明确的结构化标准,那就是严格的社会等级关系和大一统的治理秩序。孔子的"有道"治理,是一个高度严格的等级化治理结构。在这样的等级化结构中,每个人的言行都必须严格遵守相对应的身份等级,正所谓"君君、臣臣、父父、子子"③,就是要每个人都在严格的等级关系中找准自己的定位,并以此要求自己必须做跟身份相符的事情。

在这样的等级化社会中,最核心的便是权力结构的问题。在"有道"的治理社会中,有且仅能有一个权力中心,一切重大的治理事务都必须出自这个权力中心。在孔子看来,这个绝对的、唯一的权力中心是良好治理结构的根本保证,而"无道"的乱世,主要是因为偏离、违背了这一原则才导致秩序混乱。因此,孔子说:"天下有道,则礼乐征伐自天子出;天下无道,则礼乐征伐自诸侯出。"④由此可以想见,在孔子那个时代,诸侯、大夫之间的战争频繁发生,是一个非常"无道"失序的治理环境。

更具体一点,这个权力中心的代表便是国君。孔子所追求的"天下有道"的治理中,国君是整个等级结构的基石和最关键人物。国家的一切治理事务都必须由国君来决定,其他任何人不能专权干预国事。正所谓"天下有道,则政不在大夫。天下有道,则庶人不议"⑤,"有道"的治世,大臣绝对不可以违背身份等级干预国家事务,平民百姓也不会对国家治理议论纷纷、指手画脚。孔子对于这种高度等级化的社会结构极为重视,并树立了近乎苛刻的标准,要求在任何场合、任何事务、任何细节上都不能有丝毫僭越。这种僭越对于孔子来说,简直就是"是可忍,孰不可忍也"⑥。

最后,治理的社会关系标准。孔子追求"天下有道"的治理理想,实质上是礼与仁高度统一、外在和内在协调发展、各种关系高度和谐的社会。在孔子眼

---

① 《论语》,张燕婴译注,北京:中华书局,2006,第83—84页。
② 《论语》,张燕婴译注,北京:中华书局,2006,第227页。
③ 《论语》,张燕婴译注,北京:中华书局,2006,第177页。
④ 《论语》,张燕婴译注,北京:中华书局,2006,第253页。
⑤ 《论语》,张燕婴译注,北京:中华书局,2006,第253页。
⑥ 《论语》,张燕婴译注,北京:中华书局,2006,第25页。

中,理想的治理应该是君臣之间、君民之间、臣民之间、君子之间都能达到一个完满和谐的关系。君臣之间"君使臣以礼,臣事君以忠"①,给君臣关系定下了主基调;君民之间,君要爱民、护民,民才能尊君、顺从君主的意志;臣民之间也是如此,臣要替君将爱民的治理实践落到实处;君子之间关系则更为复杂,孔子提出了君子和小人之分,要求君子具备高尚的道德修养,时刻反省自己,远离小人,更要避免自己堕落为小人。

总之,孔子眼中"有道"的治理理想,本质上还是想恢复到西周社会那种相对简单、淳朴、有序的治理结构上来。这种治理理想一方面来自现实治理失序所带来的巨大混乱,此时急需找到一个稳定的治理结构;另一方面则是因为孔子也有整个时代固有的局限性,为了达到治理目标,他只能从夏商周三代中寻找依据,不可能提出没有任何现实基础的原创性治理结构。

(二)"道"与君主关系

孔子在论述关于"天下有道"的治理理想时,也把"道"与君主之间内在紧张关系展现了出来。这一紧张关系也成为我们所熟知的"道统"与"君统"的矛盾,这一矛盾也是历代以来君主治理和君臣关系治理中最核心的问题。

孔子提出"有道"的治理目标,实际上也是给君主提出了一项非常高的"绩效考核"标准,要求君主的一切治理实践都必须接受这一标准的检验。能够做到自然是"有道",可是如果君主违反了"有道"的治理标准,便是"无道"之君了。可以说,孔子给后世的历代君主提出一个极其严格但又不是完全不可能达到的考核标准。这一标准甚至成为历代君主们普遍认同和坚守的准则。不管实际状况如何,道统高于君统成了普遍共识并占据了话语主导权,成为某种程度上的"政治正确",这不仅带来了君主治理上的显著效果,也在一定程度上起到了限制君主权力、规范君主行为的作用。

孔子提出"有道"的治理目标还涉及另外一层关系,便是臣子如何面对和处理道统与君统之间的内在矛盾,也就是事道还是事君的问题。在这一问题上,孔子坚定地站在了道统一边,主张道统高于君统,道的命令高于君的命令,即从道不从君。孔子认为,"邦有道,则仕;邦无道,则可卷而怀之"②,"道不行,乘桴

---

① 《论语》,张燕婴译注,北京:中华书局,2006,第34页。
② 《论语》,张燕婴译注,北京:中华书局,2006,第234页。

浮于海"①。很明显,孔子把"道"看得比权力地位、功名利禄更为重要。孔子的这一观点,也成为儒家知识分子的一种特征,成为其经常自我标榜的行为准则。

那么,究竟如何才能达到"天下有道"的治理理想呢?对这一问题,孔子尽其所能作出了诸多论述,其中最主要的论述就是"礼"和"仁"。"礼"和"仁"可以看作实现"天下有道"治理理想的两大方面:"礼"是治理的外在规范,其中以德政为鲜明特点;"仁"是治理的内在精神,为孔子的治理思想提供了哲学基础和精神支撑。

二、礼治:以"礼"为治理的外在规范

"礼"是孔子治理思想的外在骨干框架。孔子"天下有道"的治理目标核心是等级化的社会结构,而维持这一社会结构并保证其稳固运作的便是"礼"。可以说,"礼"是高度等级化社会结构的行为准则和基本规范,即治理国家的根本。同时,"礼"也是解决礼崩乐坏、社会动荡的主要途径。孔子认为,只有恢复礼治,以"礼"规范和重建社会结构秩序,才能走出混乱、解决本时代的治理危机。由此,孔子将"礼"进一步系统化、规范化,扩展到社会生活的方方面面。

(一)礼治的第一步:"正名"

孔子把"正名"作为治理国家的第一步,足见其重要性。孔子在《论语》中指出:"名不正,则言不顺;言不顺,则事不成;事不成,则礼乐不兴;礼乐不兴,则刑罚不中;刑罚不中,则民无所措手足。故君子名之必可言也,言之必可行也。君子于其言,无所苟而已矣。"②"名"可以理解为"名分",以及由此构建的一整套秩序、规范等。"正名"就是行为必须符合"名"所要求的各种规范。毫无疑问,"正名"在治理中具有十分重要的地位,因为如果没有一定秩序和规范性的要求,一切治理活动就无从谈起。那么究竟应该如何正名呢?孔子眼中的"正名"是相当保守和教条的,他要求用传统中严格的等级秩序去正名,去纠正现实中一切不合名分的行为。

那么,谁可以负责"正名"呢?为此,孔子还提出了器与名必须由君主所掌握的观点。孔子认为,"唯器与名不可以假人"。也就是说代表名分的器物和名

---

① 《论语》,张燕婴译注,北京:中华书局,2006,第 54 页。
② 《论语》,张燕婴译注,北京:中华书局,2006,第 187 页。

分等级极其重要,只能由君主一个人掌握,其他任何人都不可以僭越。这其实也是孔子一贯的治理思想,就是既维护传统的社会结构,又将重点放在君主集权上。只有做到了这两点,礼治才能建立起来。

这种把传统名分视为不可动摇秩序的观念对后世治理产生了重大影响。一是"正名"思想为后世所普遍接受后,"名不正则言不顺"成为大大小小治理事务的首要任务,也成了论证治理合法性的前提条件,大到改朝换代、小到颁布普通政令,都要找到恰当的"名分"。二是名分以及名分的外在代表"器",它经过不断演变之后全面渗透到日常生活的方方面面,逐渐固化成独有的、外在形式与内在制度相结合的等级治理文化,建筑、道路、穿着、车马、座次、颜色、饰物,甚至笔墨纸砚和吃喝用度等一切事物几乎都受到其深刻影响,都在形式上代表了等级结构的差异,这种物化式等级文化至今仍在社会生活中发挥着不可忽视的作用。

(二)以"礼"为治理国家的基本手段

"名"必须通过礼才能实现,"正名"也就是践行礼,就是礼治的具体实施过程。在治理实践中要求用"礼"来规范秩序,这是儒家思想中最重要的治理理念之一。更进一步说,孔子的礼治,实质上就是以君君、臣臣、父父、子子为核心的等级制度。

以"礼"治理国家,就是要维护贵贱有别的等级制度。孔子把这种礼视为绝对不可冒犯的"红线"。孔子对治理中大多数方面都持有"执中"的理念,反对极端的观点,但是对于"礼",孔子却表现出了近乎偏执的坚守,不仅不作任何"中庸"式的解读,而且连谈都不能谈,也不允许自己的子弟提问关于礼的疑惑不解之处。可以说,孔子对于任何哪怕是微小细节方面违反礼的行为都不能容忍。

进一步说,"礼"在治理中有着明确具体的要求,其中的核心就是以礼规范君权和父权两大关系。在古代的等级结构中,君臣关系和父子关系是整个人际关系中最重要的基础;从治理思想角度来看,如何治理君臣关系和父子关系,是治国理政的基石。在处理这两种关系时,孔子坚持维护古典主义的等级制度。在君臣关系中,孔子认为要以礼为要,"君使臣以礼,臣事君以忠"[1]。孔子认为这种君臣关系是神圣而不可违背的。尽管对君主也提出了"礼"的要求,但是孔

---

[1] 《论语》,张燕婴译注,北京:中华书局,2006,第34页。

子主张的重心是批判臣子犯上作乱,因此在君臣关系上主要强调的是臣要以效忠于君;在父子关系上,孔子亦着重强调子从属于父,要求子无条件服从父。基于对君权和父权的重视,孔子提出了很多具体的礼治标准。比如,孔子认为要为亲者讳、为君者讳,后来发展到君主的名号、谐音都必须避讳。再比如孔子坚持三年之丧的礼仪,认为"三年之丧,天下之通丧也"[①]。孔子这种近乎执着的观点被后世视作不可更改的礼制而坚持下来,在后世也能看到许多围绕三年之丧的争论、攻击等。总之,孔子的以礼治国,便是以"礼"构建出以君权主义和父权主义为支柱的社会结构。

(三) 以"礼"治理个人言行思想

在中华传统文化中,"礼"与国家、君主、臣子、民众的治理都是一体的。孔子非常重视以"礼"来治理和规范个人言行,并认为个人言行是否符合"礼"的要求是治国理政的重要组成部分。孔子主张每个人处处、时时都要"约之以礼",并做到"非礼勿视,非礼勿听,非礼勿言,非礼勿动"[②]。这对人们的言行提出了很严格的要求,几乎把一个人言行举止的全部内容都囊括其中,人被完全限定在礼规定的范围之内。除了言行上的"四勿",孔子还强调思想上也不能超越礼的范畴。他提出"不在其位,不谋其政""思不出其位"[③](孔子弟子曾子言)等观点。在孔子的礼治思想下,人人都必须恰如其分、行合于名,这必然极大地限制了人的能动性和积极性,给人造成行为举止近乎"迂阔"的印象,这也成为人们心中儒家文化和儒家文人的典型形象。

三、仁治:以"仁"为治理的内在精神

"仁"和"礼"是孔子思想的两大支柱,其中关于"仁"的思想更是儒家文化中最核心的概念,提倡"仁"的观点也是儒家文化能够发扬光大的主要原因。如果说"礼"侧重于外在的规范,那么"仁"则侧重于内在精神的修养。孔子认为,"礼"仅仅是外在的形式,如果没有内在的精神就不能成为真正的"礼"。关于"仁"的确切定义、"仁"与"礼"的关系等,并没有固定答案,自古以来人们的看法便有很大的不同和争议。这些争论暂且不论,我们主要阐述"仁"中所蕴含的治理思想。

---

① 《论语》,张燕婴译注,北京:中华书局,2006,第 273 页。
② 《论语》,张燕婴译注,北京:中华书局,2006,第 171 页。
③ 《论语》,张燕婴译注,北京:中华书局,2006,第 219 页。

（一）"仁"是治理的精神基础

"仁"在《论语》中出现了100多次，孔子从不同角度充分阐述了"仁"的概念，赋予了"仁"全新的思想内涵。在儒家文化中，"仁"代表了人类文明的基本原则和追求目标，后世不少学者直接将孔子的思想概括为"仁学"，认为"仁"构筑起了儒家的整个思想体系。孔子一直强调要践行"仁"、行"仁"道，在政治实践中，"仁"堪称治理最重要的精神基础。

孔子关于以"仁"治国的思想集中体现在对"仁"的阐释上。孔子主要从三个方面强调仁治：一是"仁者爱人"，认为爱人是君主治理国家、处理好君臣以及君民关系的精神品质，只有具备爱人的仁者品质才能对国家进行有效的治理；二是"克己复礼为仁"，也就是对包括君主在内的每个人来说，都必须克制自己、提高自身修养，由内而外地达到礼的要求；三是由己及人，以自己为出发点，扩展到整个社会，进而达到"仁治"的目标。"仁"的提出，为儒家治理思想奠定了精神基础，赋予儒家治理思想深刻的道德内涵和哲学底蕴。

那么"仁"在治理中又有哪些具体的要求呢？孔子提出了修养这种自我治理的手段。自此以后，修身成仁成为儒家士人终生孜孜以求的事业。以修身为起点，孔子串联起了治国理政的各个方面。要言之，自我治理即国家治理，两者密不可分、融为一体。

（二）自我治理：修身以成仁

孔子认为，"仁"是一种内在的道德品质，是人参与社会事务、开展治理活动的基本前提。一个人是否能够具有仁的品质，决定着其能否在参与治理的过程中正确处理人与人、人与社会的关系。孔子认为"仁"必须通过个人道德修养的方式来获得。"为仁由己，而由人乎哉？"[①]"修己以安人""修己以安百姓"[②]。从这几句话可以看出，孔子对个人修养极为重视，认为仁应通过修养来获得，修养对于个人、社会、国家等各方面治理都具有重要意义。

那么，如何进行修养并提高修养水平呢？孔子提出了多种办法和标准。

第一，努力克己自戒。"克己复礼为仁"是"礼"与"仁"的中枢。成"仁"的第

[①] 《论语》，张燕婴译注，北京：中华书局，2006，第171页。
[②] 《论语》，张燕婴译注，北京：中华书局，2006，第227页。

一要义便是克己,实际上全部修养都可以看成克己的延伸。修养的第一步也是最重要的一步就是努力控制自己、约束自己,"以约失之者鲜矣"①。自戒就是要控制自己的欲望和情绪。孔子说:"君子有三戒:少之时,血气未定,戒之在色;及其壮也,血气方刚,戒之在斗;及其老也,血气既衰,戒之在得。"②可见修身自戒是一项终生的事业,从少到老都要时刻警惕防患。自戒要求慎言慎行、时刻控制好自己的言行,不能因一时冲动而犯错。自戒还要求控制自己的欲望,不与人争名夺利,这就是所谓的"君子无所争"。以入世的精神爱人,还要在入世中节制欲望,这是自戒很高的境界。最后,自戒体现到行动上表现为以忍让为美德,孔子提倡在名利面前、在处理人与人关系时,都以忍让为先。比如,孔子对泰伯三让天下推崇之至。

第二,不断自省自责。孔子认为,修身是一个不断反省自己的过程,需要不断地"自省""自责"甚至是"自讼"。实际上,这些同时也是克己的一种方式。《论语》中多次出现对自省的论述:"见贤思齐焉,见不贤而内自省也。"③"吾日三省吾身:为人谋而不忠乎?与朋友交而不信乎?传不习乎?"④(书中曾子言)"吾未见能见其过而内自讼者也。"⑤孔子认为通过自省可以不断地在道德层面和实践行为上检讨自己、提高修为,并且这种自省不是超越自身的而是面向社会的。这些具体的自省标准对如何提高修养水平作了详细规定,成为后世所有士大夫的修身准则。

第三,恪守忠恕之道。在《论语》中,孔子的学生曾参说:"夫子之道,忠恕而已矣。"⑥忠恕之道是儒家文化中的重要命题,"忠"指的是言行要与内心契合,真诚无私;"恕"的意思是指要推己及人,理解对方的情况,对待自己和对待他人保持一个态度。忠恕之道本质上要求对于自己要言行一致,为人坦荡荡,对于他人也要真诚相待,还要以己之心看待他人利益,要求别人能做到的事自己也能做到才行。在践行忠恕之道上又分为我们熟知的两大方向:"己欲立而立人,己欲达而达人"⑦"己所不欲,勿施于人"⑧。

---

① 《论语》,张燕婴译注,北京:中华书局,2006,第49页。
② 《论语》,张燕婴译注,北京:中华书局,2006,第256页。
③ 《论语》,张燕婴译注,北京:中华书局,2006,第47页。
④ 《论语》,张燕婴译注,北京:中华书局,2006,第3页。
⑤ 《论语》,张燕婴译注,北京:中华书局,2006,第66页。
⑥ 《论语》,张燕婴译注,北京:中华书局,2006,第46页。
⑦ 《论语》,张燕婴译注,北京:中华书局,2006,第83—84页。
⑧ 《论语》,张燕婴译注,北京:中华书局,2006,第171页。

第四,提升人生境界。孔子提倡克己,要求通过控制对名利的欲望来修身,进而提升人生境界。一是安贫乐道的人生境界。孔子十分赞赏安贫乐道的精神,认为应该把仁义道德作为人生境界的首要追求之一。孔子说道:"君子食无求饱,居无求安。"①"君子无终食之间违仁,造次必于是,颠沛必于是。"②在孔子看来,通过修身可以达到不在意衣食住行等物质条件、遇到坎坷磨难也能无怨无悔的境界,一旦达到这种境界近乎就是"圣人"了。二是追求有道的生存方式。士人与政治治理是密不可分的,修身的最高境界是寻求符合道义的治理理想。孔子提出了"邦有道,谷;邦无道,谷,耻也"③"邦有道,则仕,邦无道,则可卷而怀之"④"天下有道则见,无道则隐"⑤等观点。此处,孔子就士人如何面对道义和功利的两难选择给出了答案,认为在无道的国家从政是一种耻辱,最好的处理方式就是逃离、躲避、隐匿,绝不能助纣为虐。这一出世入世的标准犹如一体两面,成为后世几乎所有儒家士人都会面临的抉择。最后孔子还提出了修身的最高目标——"志士仁人,无求生以害仁,有杀身以成仁"⑥"士不可以不弘毅,任重而道远"⑦。

(三)治理的扩展:由己及人

孔子构建了以"仁"为核心和逻辑起点的治理思想。"仁"不仅可以提升自我修养,还可以由己及人、由内而外,直接扩展、影响到社会政治生活的各个方面。儒家文化内圣外王、修齐治平的思想都建立在"仁"的这一特点上。具体而言,孔子的"仁"由己及人,扩展到人与人、人与社会关系的方面,进而提出了一系列以"仁"为核心的治理思想。

第一,"仁"扩展到人与人关系就是仁者爱人。《论语》中记录樊迟问仁,子曰:"爱人。"⑧如何规范和处理人与人之间的关系是治理最核心的功能。孔子认为"仁"体现到人与人之间就是爱人,爱人是人类社会之所以能构成的前提,如果连爱人都没有,治理是不可想象的。从字面理解,"爱人"就是"泛爱众",爱

---

① 《论语》,张燕婴译注,北京:中华书局,2006,第9页。
② 《论语》,张燕婴译注,北京:中华书局,2006,第42页。
③ 《论语》,张燕婴译注,北京:中华书局,2006,第204页。
④ 《论语》,张燕婴译注,北京:中华书局,2006,第234页。
⑤ 《论语》,张燕婴译注,北京:中华书局,2006,第111页。
⑥ 《论语》,张燕婴译注,北京:中华书局,2006,第235页。
⑦ 《论语》,张燕婴译注,北京:中华书局,2006,第109页。
⑧ 《论语》,张燕婴译注,北京:中华书局,2006,第182页。

人就是爱一切人。这里的"爱人"是一个普遍的原则,超越了阶级等级的划分。如何实践"爱人"呢?孔子提出了"己欲立而立人,己欲达而达人""己所不欲,勿施于人"①这两个基本原则。这两句从积极和消极两个方面阐述了"仁"如何由己及人、进而扩展到处理人与人关系的方面。这是孔子治理思想中最著名和影响力最大的观点之一。尽管后世尤其是近现代对这两句话有着各种各样的解读,但是这些都是基于现代学术思维和研究者立场得到的结论。原始的真实语境本来难以复原,但就这两句话已成为多数普通中国人所了解、熟知的事实而言,"仁"已经最大化地拓展了概念的治理意义。

其二,"仁"扩展到社会伦理领域就是孝悌。孝悌自古便被历代君主视为治国理政的根本和不可撼动的核心治理理念。孝悌在古代早就超出了处理父子兄弟关系的范畴,甚至可以说孝悌就是政治本身。关于孝悌的论述、解释、具体案例以及围绕孝悌形成的孝文化在古代可以说蔚为壮观,但是从治理思想的角度看来,孝悌的本质,一言以蔽之:服从。孔子认为孝悌的本质要求是"无违",认为子必须无条件服从父,从内心到行动都不能有任何违背。由绝对服从父,自然就扩展到绝对服从君主,由孝悌也就扩展到了整个等级严明的社会秩序。至此,"仁"完成了由人性修养到社会秩序建构的全过程。

其三,行"仁"的具体标准。孔子论述了很多以"仁"为基础、君子在面对社会政治生活时的行仁标准。既有"杀身以成仁"的献身精神,也有"天下有道则见,无道则隐"的进退标准。另外,孔子还提出了"五美四恶"的标准:"五美"是"君子惠而不费,劳而不怨,欲而不贪,泰而不骄,威而不猛"②,"四恶"是"不教而杀谓之虐;不戒视成谓之暴;慢令致期谓之贼;犹之与人也,出纳之吝谓之有司"③。"五美四恶"对"仁"如何落实到具体方面提出了许多概念和标准。而且最值得称赞的是,孔子论如何行"仁"始终坚持了一个最主要的标准,那就是利民。他说道:"因民之所利而利之,斯不亦惠而不费乎?择可劳而劳之,又谁怨?欲仁而得仁,又焉贪?君子无众寡,无小大,无敢慢,斯不亦泰而不骄乎?君子正其衣冠,尊其瞻视,俨然人望而畏之,斯不亦威而不猛乎?"④以"仁心"始,以行"仁"终,将爱人与利民贯彻其中,这是孔子仁治的基本精神。

---

① 《论语》,张燕婴译注,北京:中华书局,2006,第171页。
② 《论语》,张燕婴译注,北京:中华书局,2006,第306页。
③ 《论语》,张燕婴译注,北京:中华书局,2006,第306页。
④ 《论语》,张燕婴译注,北京:中华书局,2006,第306页。

四、为政以德的治理方案

孔子"礼"和"仁"的治理思想贯彻到具体的治理实践中,体现在为政以德的治理理念以及由此拓展而形成的具体治理方案,主要包括以下四个方面。

一是经济治理上倡导富民利民政策。孔子一向比较重视民众的作用,在治理国家时主张采取富民利民的政策。"子贡问政。子曰:足食、足兵、民信之矣。"①治理的两大前提要素是足食和足兵,孔子认为民众衣食无忧是国家安定的基础。具体而言,孔子认为富民利民首先应要求君主做到不与民争利。孔子希望君主能够理解,自身稳固的统治地位与民富是相互依存的,所以他曾说过:"百姓足,君孰与不足?百姓不足,君孰与足?"②这也是古代治理思想中达成的普遍共识。另外,孔子还认为"不患寡而患不均,不患贫而患不安。盖均无贫,和无寡,安无倾"③,即治理成效还取决于社会财富的分配状况。从先秦时期起,统治者、政治家、士人深刻认识到国家发生战乱的一个根本性问题就在于财富分配过于悬殊,认识到财富的极端分化必将导致社会的崩溃动乱。实质上,孔子认为分配问题比富民还要重要,"不患寡而患不均"。毕竟在强烈的对比之下,国家治理的问题就会被急剧放大。孔子的均平主张在治理思想上具有深远影响,后世无数思想家都提倡施行以均平为目的的治理实践和治理改革。同时,均平问题也是悬在所有国家头顶的"紧箍咒"。基于人性、社会等原因,因贫富分化、土地兼并导致的乱世数不胜数,但要真正触动包括大多数思想家在内的统治者阶层利益去"均平"却难于登天。还要看到,由此导致的言行不一、思想和利益冲突等悖论也是古代士人阶层难以直面又无法否定的困境。另外,治理实践中存在的"伪善"现象、守旧问题、变法难题等也主要由这一悖论而起。

二是人才治理上主张举贤才。我国古代治理思想的主体承担者主要有两类:君主和臣下。臣下的治理能力以及君主如何治理臣下,两者对于治理效能而言至关重要,这其实就是人才治理的问题。如何选拔人才、使用人才和驾驭人才是历代统治者和思想家都十分关注的问题,这一问题也成了能否有效治理国家的关键所在。孔子认为治理国家的关键是君主能够选拔贤才,他主张的选拔标准是德才兼备。对于如何选拔人才,孔子在《论语》中曾说:"先有司,赦小

---

① 《论语》,张燕婴译注,北京:中华书局,2006,第 174 页。
② 《论语》,张燕婴译注,北京:中华书局,2006,第 176 页。
③ 《论语》,张燕婴译注,北京:中华书局,2006,第 250 页。

过,举贤才。"①他认为君主治理国家的三个主要举措是：以身作则,宽容治理,选拔贤才。对于贤才的标准、如何成为贤才,《论语》中多有论述,基本跟君子的德行修养要求一致。另外,《论语》中有一句十分著名的话："仕而优则学,学而优则仕。"②这一主张同样深刻影响了中国士人阶层的精神塑造过程,至今仍发挥着影响力。"学而优则仕"成为中国社会的某种普遍共识和精英阶层的一致追求。"学而优则仕"一句蕴含了双重内容：一是要求统治者重视学识,以此来选拔人才；二是提出并高扬人才们的使命意识,提倡鼓励人才的"入世"情怀,主张有学识的人才要满怀强烈的经世致用理念,努力做到"达则兼善天下"。

三是教育治理上的教化主张。孔子是一位伟大的教育家,他提出了许多影响深远的教育理念。首先,孔子本身就是伟大的教育实践者。他开办私学、收徒授课,据传"弟子三千,贤人七十"。私人办学对于中国古代思想的发展是一件大事,甚至可以说正是因为私学兴起,才直接激发并形成了先秦"百家争鸣"的"黄金时代"。中国古代治理思想上的活跃时刻都与办学之风有密不可分的联系。在教育实践中,孔子提出了"有教无类"的教育理念,在一定程度上突破了当时门阀贵族对知识的垄断,促进了士人阶层的崛起。其次,孔子认为教育的主要目的是教化。孔子教育的内容很多,但主要还是政治思想和伦理观念方面的内容,最终目的是教化,最终效果则是治理秩序的稳定与完善。孔子主张提升统治者和民众的教化水平,还提出了"志于道,据于德,依于仁,游于艺"③这样德才兼备的具体标准。当然,孔子教育主张的主要目的还是培养优秀的国家治理人才。最后,孔子的教化主张有严重的缺陷。其中最突出的是他认为"民可使由之,不可使知之"④,"唯上智与下愚不移"⑤。孔子认为接受教育的主要对象是中间层次的民众,而那些愚昧的底层民众很难教化。更进一步,对于治理来说,无知的愚昧状态反而有利于治理秩序稳定。尽管这些观点在理论界存在巨大争议,但是经典文本的字面意思其实就是大多数人的理解,这些观念已然在普通民众心中定型,便没必要做复杂解读。何况在孔子那个年代,这都是再正常不过的观念,本就无可厚非。

---

① 《论语》,张燕婴译注,北京：中华书局,2006,第186页。
② 《论语》,张燕婴译注,北京：中华书局,2006,第295页。
③ 《论语》,张燕婴译注,北京：中华书局,2006,第88页。
④ 《论语》,张燕婴译注,北京：中华书局,2006,第109页。
⑤ 《论语》,张燕婴译注,北京：中华书局,2006,第263页。

四是社会治理要处理好德与刑的关系。在社会治理方面，孔子主张以德治为本，反对严刑峻法。但是他也没有彻底否定刑罚的作用，认为应在治理中处理好德与刑的关系。首先，孔子的基本原则是"导之以政，齐之以刑，民免而无耻。导之以德，齐之以礼，有耻且格"①。孔子认为如果采用命令、刑罚方式治理国家，民就会"免而无耻"，只有以德为本，采用礼治方法才能取得最好的效果。其次，承认刑罚的必要性。孔子提道："听讼，吾犹人也，必也使无讼乎。"②意思是说每个人都会遇到诉讼、刑罚等事宜，不过这不是最终目的，诉讼和刑罚的最终目的是解决治理冲突，进而达到没有诉讼的结果。最后，孔子主张慎罚。在《论语·颜渊》中，季康子问孔子"如杀无道，以就有道，何如？"孔子回答道："子为政，焉用杀？"③意思很明显，就是治理国家不能靠刑杀。

孔子的治理思想蕴含了各个方面的内容而十分丰富，除此之外还有很多重要的治理思想在本书中没能进行阐述。比如，"其身正，不令而行；其身不正，虽令不从"的君主治理思想。再比如，以中庸为核心的治理方法论。此外，经过孔子删定的《诗经》《易》《春秋》等儒家经典著作中也蕴含着丰富的治理思想。

第二节　孟子以王道仁政为核心的治理思想

孟子是与孔子齐名的儒家圣人，他也是和孔子一样伟大的教育家和思想家，在儒家文化和中国思想史上具有重要地位。孟子继承了儒家"为政以德"的理念，以性善论为基础，通过强烈的现实取向和民本情怀这一基点，系统地提出了以王道仁政为核心的治理思想。

一、性善是治理的哲学基础

"性善论"是孟子王道仁政治理思想的理论出发点和哲学基础。孟子认为实现王道仁政的前提是要有"仁心"，而这个"仁心"的哲学基础是人性本善。孟子的几乎全部治理理念都从人性本善出发而主张施行仁政。

孟子认为人性本善，人人身上都有善根。这种善表现为"人皆有不忍人之

---

① 《论语》，张燕婴译注，北京：中华书局，2006，第13页。
② 《论语》，张燕婴译注，北京：中华书局，2006，第178页。
③ 《论语》，张燕婴译注，北京：中华书局，2006，第180页。

心",具体表现为"四心",即恻隐之心、羞恶之心、辞让之心和是非之心。人性本善支配人们的行为。"人性之善也,犹水之就下也"①,也就是说人性的善就像水向下流一样自然而然地发挥着作用。对这一观点孟子进行了多方面的论证:"人皆有不忍人之心。先王有不忍人之心,斯有不忍人之政矣。以不忍人之心行不忍人之政,治天下可运之掌上。所以谓人皆有不忍人之心者:今人乍见孺子将入于井,皆有怵惕恻隐之心;非所以内交于孺子之父母也,非所以要誉于乡党朋友也,非恶其声而然也。"②在孟子看来,善是人的本质属性,也是能够在治理中行"不忍人之政"的基础,也是最终能达到"治天下可运之掌上"治理效能的前提条件。

孟子把"四善端"学说与仁、义、礼、智四德联系起来。他认为:"恻隐之心,人皆有之;羞恶之心,人皆有之;恭敬之心,人皆有之;是非之心,人皆有之。恻隐之心,仁也;羞恶之心,义也;辞让之心,礼也;是非之心,智也。"③"恻隐之心,仁之端也;羞恶之心,义之端也;辞让之心,礼之端也;是非之心,智之端也。人之有是四端也,犹其有四体也。"④正是因为有了"四善端",才有可能经过修养而扩展到四德,而这四德是儒家文化中治理国家的基本规范。由此,孟子以性善为基础,打通了从行善到治理实践的各环节,为论证他王道仁政的治理思想提供了坚实的理论基础。

性善论隐含着一个十分先进的命题。既然所有人都具有善的本性,那么人与人之间在人性这一层面应该是平等的。孟子提出了一个在那个时代显得颇为"激进"的观点,也就是所有人本质都是一样的,无论是圣人、君主还是一般的民众,都没有本质区别,都是同一类人。《孟子》一书曾多次提到这种观点,比如,"圣人,于我同类者"⑤"彼,丈夫也;我,丈夫也,吾何畏彼哉"⑥。基于这样的人性论,孟子提出了对后世影响至深的一个命题:人皆可以为尧舜。我们普通人跟圣人在人性资质上是平等的,每个人都有发挥善的本性,进而达到圣人境界的机会和可能性。扩展到治理思想层面,就是要将善的本性贯彻到治理实践的层面。君主应在治国理政中彰显自己善的本性、大臣应该以善的本性辅助君

---

① 《孟子》,方勇译注,北京:中华书局,2010,第213—214页。
② 《孟子》,宁镇疆译注,郑州:中州古籍出版社,2007,第75页。
③ 《孟子》,宁镇疆译注,郑州:中州古籍出版社,2007,第199页。
④ 《孟子》,宁镇疆译注,郑州:中州古籍出版社,2007,第75页。
⑤ 《孟子》,宁镇疆译注,郑州:中州古籍出版社,2007,第200页。
⑥ 《孟子》,宁镇疆译注,郑州:中州古籍出版社,2007,第96页。

主、普通民众则可以在日常社会生活中充分发挥善的自觉,进而达到"治世"的效果。

但是在现实的治理实践中,人与人之间的差异很大,从国君到民众似乎都难以完全发挥出性本善的功效。那么,我们如何才能更好贯通善的本性和具体实践呢?孟子提出了一系列扩展本性的修养方法。"圣人之行不同也,或远或近,或去或不去,归洁其身而已矣。"[1]洁身就是修养,无论是君主还是民众,都应该通过加强后天修养以提升现实治理实践中的善。具体而言,应该做到四点。

一是要时刻保持自己的善心。孟子认为,"学问之道无他,求其放心而已矣"[2],"君子所以异于人者,以其存心也。君子以仁存心,以礼存心"[3]。能否保持自己的善心,是普通人与君子的本质区别,要成为君子,就必须"存心",就是时刻保持自己的善心。"存心"仍然主要是依靠传统的"礼"和"仁"两种办法来保持的。

二是努力克制个人欲望。孟子说:"养心莫善于寡欲,其为人也寡欲,虽有不存焉者,寡矣;其为人也多欲,虽有存焉者,寡矣。"[4]要培养自己的善心,最主要是跟欲望作斗争,要清心寡欲、克制欲望。如果一个人不努力克制欲望,自己的那些善心会快速流失。

三是不断培养和提升善心。这就是孟子著名的"养浩然之气"。浩然之气中彰显着善心,凝聚着道德力量和精神气魄,饱含着正义、正气、大道、忠义等品质。孟子认为人们应该加强修养,不断积累和提升浩然之气,练就"富贵不能淫,贫贱不能移,威武不能屈"的道德品格。

四是追求达到"尽心"的境界。"尽其心者,知其性也。知其性,则知天矣。存其心,养其性,所以事天也。夭寿不贰,修身以俟之,所以立命也。"[5]通过上述方法不断修身养性,人可以达到一种超越性的近乎天人合一的精神境界。人们的善心达到这种境界后,便充分实现了先天善性和人精神主观性的统一,可以由个人之性领悟到"天道"。当道德修养达到如此高的境界时,必然也会自然地在治理中推行仁政,进而造就太平治世。

---

[1] 《孟子》,宁镇疆译注,郑州:中州古籍出版社,2007,第174页。
[2] 《孟子》,宁镇疆译注,郑州:中州古籍出版社,2007,第205页。
[3] 《孟子》,宁镇疆译注,郑州:中州古籍出版社,2007,第155页。
[4] 《孟子》,宁镇疆译注,郑州:中州古籍出版社,2007,第261页。
[5] 《孟子》,宁镇疆译注,郑州:中州古籍出版社,2007,第229页。

孟子把治国理政的理念范畴与人性思考联系到一起,这在儒家文化思想史上具有极为重要的意义。儒家文化中的治理思想,充满了强烈的"入世"倾向和救世情结,具有鲜明的实践性特征,但相对于其他学说而言,其哲学深度还不够。孟子的性善论将儒家治理思想提升到人性论层面,极大提升了儒家治理思想的深刻性。

二、王道是治理之大道

孟子提出了一个中国思想史上争论不休的概念:王道和霸道。王道就是儒家倡导的以仁心仁政治国、以德为政的治理之道,霸道则是春秋战国时期以武力攻伐、以暴力和严苛刑法治理国家、谋求霸主地位的治理之道。王道和霸道之间的张力在上千年的治理实践中一直存在,同时这一张力也极大促进了治理思想的不断发展。

王道就是道义优先,反对以利治国。孟子本人包括大多数儒家人士,都明确地倡导王道,反对霸道。孟子极力倡导王道,把王道视为治国的要义和评判一国治理状况的核心标准。王道要求君主在治理国家时将道德仁义放在优先位置,反对追求个人欲望和利益的治理行为。而且,孟子不仅仅是一般意义上强调仁义,更是把义和利作为两极对立起来,认为追逐利益是亡国之道,治理国家坚决不能言利。如果以利治国,必然不能行仁政、不能得民心,自然就有亡国之危。因此,他说道:"王何必曰利,亦有仁义而已矣。王曰'何以利吾国',大夫曰'何以利吾家',士、庶人曰'何以利吾身'。上下交征利而国危矣。"[①]孟子认为以利为先,过分注重利的作用,会危害君臣、父子、兄弟等社会基本关系,必然造成国家混乱。他分析道:"为人臣者怀利以事其君,为人子者怀利以事其父,为人弟者怀利以事其兄,是君臣、父子、兄弟终去仁义,怀利以相接,然而不亡者,未之有也。"[②]总之,孟子将王道置于极高的地位上,认为治理国家必须道义第一,坚决反对"怀利"。由于这种道义远高于生命的价值,孟子十分赞赏"舍生取义"的行为。

王道的治理效能要通过德来实现。王道仁政作为治国之根本大道,究竟如何发挥其优势呢?孟子认为王道治理的关键是"以德服人",也就是依靠道德的

---

① 《孟子》,宁镇疆译注,郑州:中州古籍出版社,2007,第27页。
② 《孟子》,宁镇疆译注,郑州:中州古籍出版社,2007,第215页。

力量来治理国家,这样就能达到民众心悦诚服、自觉拥戴的治理效果。孟子不止一次宣扬自己的王道观点,数次向统治者表明,国君的最高境界就是以仁义治国,进而统一天下、四海皆服。孟子的观点主要是针对当时所盛行的"霸道"而言,他认为"霸道"治国强调"以力服人",用暴力手段和严苛的刑罚治理民众,使民众恐惧于暴政而不敢言,但是民众内心绝不会认同。在他眼中,施行"霸道"的国家只能依靠战争、压榨和剥削他人来维持霸主地位,这样的国家并非真正强大,迟早会"失道寡助"。孟子是一位政治上的乐观主义者,对自己的理论充满信心,哪怕当时的社会普遍追求"霸道",他还是不遗余力地批判了当时最为强盛的那些霸主。如果施行王道,哪怕是小国,孟子也高度赞赏,认为是"莫之能御"无敌于天下的"大国",将之视为"仁者无敌"在治理国家上的具体体现。

那么对于想实行王道的国君而言,应该如何落实到具体实践中呢?主要有两个方面:一方面是国君本身要有仁心、仁德,这是仁政的前提。在孟子眼中,治理天下的根本在于行仁政,对于国家而言,君主本人的"仁"便是根本,真正的国君必然是有仁德的人,有仁德才能够推行仁政。这就是孟子说的"君仁莫不仁,君义莫不义,君正莫不正。一正君而国定矣"[①]。另一方面,君主要遵守王道治理的核心原则,这个核心原则就是民。孟子说"保民而王,莫之能御也"[②],君主要以民为本、保民怀民,以德政让民众信服,从而得到民众支持。基于这个核心原则,孟子提倡以民为本,认为民贵君轻,并提出了一系列具体的治理方针。

孟子的王道治理思想在那个群雄争霸的时代无疑显得格格不入,对于忙于征战和扩张的国君而言更是迂阔不堪。那些霸主们纵然内心认同其思想,但在现实中也是万万不可能去践行的。但是不那么实际的王道治理思想,在道义和精神层面上却又提供了一种比较"实际"可行的衡量标准,成为评判国家治理、君主得失绕不开的话题。进一步而言,即便王道治理在现实中没有实现,但因为其理论得到了儒家及后世统治者的普遍认同,最终还是焕发出强大的思想力量,形成了不容小觑的道德约束力和精神感染力。

三、施行仁政的治理主张

在性善论的基础上,孟子提倡王道治理。王道治理的核心就是施行仁政。

---

① 《孟子》,宁镇疆译注,郑州:中州古籍出版社,2007,第141页。
② 《孟子》,方勇译注,北京:中华书局,2010,第11页。

孟子认为，仁政是治理国家的首要原则："三代之得天下也以仁，其失天下也以不仁。国之所以兴废存亡者亦然。①"从这句话可以看出，能否施行仁政已经成为判断国家治理成效的关键所在。在孟子的观念中，施行仁政在治理实践中具体体现为以民为本的治理原则和以"养民""保民"为重点的治理政策。

民本是治理的核心原则。孟子提出了一个振聋发聩的观点："民为贵，社稷次之，君为轻。"②在孟子看来，人民才是国家的主体，比社稷和君主都重要。孟子是第一个将人民的重要性提高到如此地步的思想家，并使这一观念成为儒家文化中民本思想的理论来源。民贵君轻的观点体现在治理思想上主要有三点：一是民是治理的合法性基础。在孟子思想中，天道与民心同样重要，"天听自我民听，天视自我民视"③。孟子将人民视为国家的根本，人民的利益与天命相一致，民心所向即天命所归，所以人民才是衡量国家治理合法性、君主统治是否正当的根本标准。因此孟子提出"是故得乎丘民而为天子"④，天子之所以是天子，是因为他的心中有民，得到了民众的拥戴。二是治理失败的根源在于失去民心。孟子说："桀纣之失天下者，失其民也；失其民者，失其心也。"⑤孟子将失去民心而亡国的案例反复告诫统治者，不施行仁政必然失去民心，失去民心则丧失治理资格，亡国自是理所应当。三是治理实践必须以民为本。孟子强调民本的最终目的还是劝诫统治者在治理实践中必须从民心民意出发，以民众的利益为核心。他说道："乐民之乐者，民亦乐其乐；忧民之忧者，民亦忧其忧。乐以天下，忧以天下，然而不王者，未之有也。"⑥可见孟子对君主提出了极高要求，要求君主与民同乐、与民"共情"，真正做到体察民生疾苦。

基于以推行仁政为核心的治理理念，孟子还提出了不少具体的治理政策。

第一，经济治理上提倡"制民之产"，主张给民以"恒产"。所谓"制民之产"就是民众能有恒产，拥有恒产是满足基本经济生活条件的保障，进而"有恒产者有恒心"。反之，若是民众没有恒产，则会"无恒产者无恒心"。如何才能使民众有恒产呢？孟子的解决办法是恢复井田制，提倡"正经界"，给民众以土地，还要明确土地的边界和所有权。他认为这是施行仁政的起点，即"夫仁政，必自经界

---

① 《孟子》，宁镇疆译注，郑州：中州古籍出版社，2007，第131页。
② 《孟子》，宁镇疆译注，郑州：中州古籍出版社，2007，第252页。
③ 《孟子》，宁镇疆译注，郑州：中州古籍出版社，2007，第170页。
④ 《孟子》，宁镇疆译注，郑州：中州古籍出版社，2007，第252页。
⑤ 《孟子》，宁镇疆译注，郑州：中州古籍出版社，2007，第134页。
⑥ 《孟子》，宁镇疆译注，郑州：中州古籍出版社，2007，第48页。

始"。站在现代人的角度看,我们都清楚地知道土地问题是上千年来影响着中国王朝治乱循环的核心原因,孟子敏锐地把握到了土地问题的重要性,并提出了具体的措施,证明了其治理思想的深刻性与实践性。

第二,主张轻徭薄赋,建立固定的税收之法。赋税是古代王朝维持治理最重要的支柱之一,也是民众身上最为沉重的负担。纵然民众有了恒产,如果依旧背负着重税,也难以有恒心。因此,孟子主张轻徭薄赋,不能肆意加重民众的赋税徭役。孟子还主张实行平等的赋税制度,建立固定的税法。除此之外,孟子还主张建立救济制度,帮助鳏寡孤独之人。

第三,反对用严刑峻法治理国家。孟子提倡君主要"省刑罚",主张要"老吾老以及人之老,幼吾幼以及人之幼",认为君主有教育百姓以提高其道德修养的责任,而非仅依靠惩罚来稳定秩序。另外,孟子还反对株连制度,认为官逼民反,施行株连不仅无益还会逼着更多人犯罪。

第四,提倡实施保护工商业的治理政策。孟子认为工商业对社会发展有促进作用,不应关闭工商贸易,也不应对工商课以重税。因此,他主张对工商业加以保护并免除税收,以此来促进经济发展。儒家的治理思想一贯重农轻商,实践中普遍主张施行抑制工商业的政策。孟子的这一观点堪称是实用且先进的,是站在民众利益一方而提出的治理政策。孟子的主张一定程度上超越了对工商业的偏见,这一点的确值得后世学习和反思。

第五,军事上,主张仁义之师,反对穷兵黩武。孟子认为当时的战争绝大多数都是不义之战,皆是"率土地而食人肉",认为"今夫天下之人牧,未有不嗜杀人者也"[1]。这些不义之战导致人民极度困苦。同时孟子并非反战主义者,他主张兴仁义之师。如果国君能施行仁义、行王道之治,成为天下民众翘首以待的国君,则可以"以天下之至仁伐至不仁"。

由于历史条件的局限,孟子的治理思想中有不少空想的色彩,他的仁政思想是难以实现的。不过,他的治理思想在一定程度上的确反映了民众的朴素愿望和要求,在当时的历史条件下具有十分积极的意义。而且孟子的仁政思想在理论上进一步完善了儒家的内圣外王之学,使儒家的治理理想变得更具可行性,变得不再那么可望而不可即,这深刻影响了其后两千年的政治思想的发展。

---

[1] 《孟子》,宁镇疆译注,郑州:中州古籍出版社,2007,第 34 页。

第三节 荀子以礼治为核心的治理思想

荀子的治理思想基本属于儒家文化范畴,但是他也吸收了诸子百家的观点,比较重视礼法的作用,强调"隆礼重法"和尊君主张,他的某些治理思想蕴含着法家特点,加之法家的代表人物韩非子和李斯都曾学习荀子的思想,进一步增强了荀子思想的复杂性和争议性。总的来说,荀子仍属于儒家,不过他的治理思想也融合了儒家之礼与法家之法,提倡礼法并用。实际上,在中国古代的治理思想发展进程中,儒法合流、相互借鉴融合是主流趋势,在现实中也早已被普遍接受。

一、性恶是治理的哲学基础

与孟子截然相反,荀子治理思想的逻辑出发点是性恶论。关于人性的讨论是中西思想史上共同的主流命题,荀子的人性恶思想不能从世俗意义上的恶来理解,而是必须通过系统把握他的思想观点才能理解其真意。荀子在《荀子·性恶》中直接表明了"人之性恶,其善者伪也"的观点,认为人本性之恶是天生的,现在看到的人性之善是后天努力教化的结果。

荀子在人性上是先天论者,认为人的本性是天生的,是一种自然本能。"凡性者,天之就也,不可学,不可事。"[①]荀子这句话意思是说人性是自然生成的,不是通过学习和教养而得来的。具体而言,这种天生之性可以理解为感性、欲望等更偏向"动物性"的某种特性。荀子就此说道:"今人之性,饥而欲饱,寒而欲暖,劳而欲休,此人之情性也。"[②]这个意思不难理解,人之性首先是温饱等生存需求之性。他还说道:"凡人有所一同:饥而欲食,寒而欲暖,劳而欲息,好利而恶害,是人之所生而有也,是无待而然者也,是禹、桀之所同也。"[③]这种本性不仅是天生的,而且从圣人、君主到平民概莫能外,大家都一样的。人性的欲望不仅是相同的,而且还是无止境的,这种无休无止的欲望最终导致人性恶和社会动乱。

---

① 《荀子》,方勇、李波译注,北京:中华书局,2011,第 377 页。
② 《荀子》,方勇、李波译注,北京:中华书局,2011,第 377 页。
③ 《荀子》,方勇、李波译注,北京:中华书局,2011,第 45 页。

从荀子的观点看,人性的欲望是天生,主要表现为动物性的自然需求,客观讲并非社会学意义上的善恶之分。荀子认为真正的恶是任由欲望的支配,进而导致恶不断膨胀升级。他说道:"今人之性,生而有好利焉,顺是,故争夺生而辞让亡焉;生而有疾恶焉,顺是,故残贼生而忠信亡焉;生而有耳目之欲,有好声色焉,顺是,故淫乱生而礼义文理亡焉。然则从人之性,顺人之情,必出于争夺,合于犯分乱理,而归于暴。"① 从这句话可以看出,如果不对人的本性欲望加以限制,必然会导致相互争夺、民众贫困乃至治理秩序的崩溃。可见荀子所反对的性恶并非天性之恶,而是不对天性加以限制、一味顺从天性而导致的恶。其实从荀子的论证可以看出,性恶论的核心并不是专注于纯粹之恶,而是对人性变恶的强调和重视。因此,这一论证过程也内设了控制性恶的必要性,为荀子以礼治理国家的观点提供了理论支持。

那么,如何控制人恶的本性,并使人向善转变呢?

荀子对这一问题的回答是"化性起伪"。"伪"的意思是人为的善,所谓"化性起伪",就是人通过自己的理智思考和行为可以控制和扭转性不断变恶的过程,以达到人类社会所需要的善。简言之,就是改恶从善。荀子说:"凡古今天下之所谓善者,正理平治也;所谓恶者,偏险悖乱也。是善恶之分也已。"② 从古到今,我们所谓的善,是指端正事理、安定社会秩序;所谓的恶,是指偏向邪恶、悖逆作乱。在这句话中荀子提到了"正理平治",因为这一思想观点,荀子被不少学者认为是中国古代首次完整提出治理的概念的思想家之一。

那么,怎么才能实现"化性起伪"呢?荀子认为既然人性之恶不会主动改变,那就必须用礼去纠治,必须建立规范化的礼去改恶向善。荀子提道:"故必将有师法之化、礼义之道,然后出于辞让,合于文理,而归于治。用此观之,然则人之性恶明矣,其善者伪也。"③ 荀子认为治理的根本目的就是通过礼仪之治实现"化性起伪",让人性向善,进而达到善治的效果。

尽管荀子和孟子选择了两条不同的路径,但是他们的目的其实是一致的,都是为了贯彻和实现儒家传统的治理理想。不同之处在于,孟子基于人性本善的理论认为应该通过道德教化来发掘人的善性而达到目的,而荀子则认为要建立一套规范的治理制度来控制恶的本性,使人性不断趋向善。客观地说,性恶

---

① 《荀子》,方勇、李波译注,北京:中华书局,2011,第375页。
② 《荀子》,方勇、李波译注,北京:中华书局,2011,第381页。
③ 《荀子》,方勇、李波译注,北京:中华书局,2011,第375页。

论并非对人性丧失了信心,而是要看到在思想史上的性恶论往往更为深刻、更为现实、更具有可行性。总之,荀子以性恶论为哲学基础和逻辑起点构建的治理思想,特别强调建立起以礼法为架构的社会治理规范。在这一理论基础上,荀子提出了隆礼重法、礼法并用的治理理念和由此衍生的一系列治理政策。

二、隆礼重法的治理理念

荀子从性恶论的观点出发,主张礼治,不过荀子的礼治与孔子、孟子都有所不同。孔孟的礼治归于德治,而荀子更侧重礼在具体实践规范和操作层面的治理作用,因此荀子并不过于排斥法的作用,而是主张把礼治和法治结合起来,提出了隆礼重法的治理理念。

(一) 隆礼的治理理念

荀子极为重视礼在治理中的作用。在《荀子》一书中,"礼"字一共出现了344次,其中《性恶》《礼论》《大略》三篇出现得最多,荀子如此频繁论及"礼",足见其对礼治的重视。荀子的礼治在治理思想上主要体现在以下几个方面。

第一,基于其性恶论人性观,荀子认为礼起源于人与人之间的恶或者欲望的冲突。他认为,为了解决人的欲望所造成的必然冲突,避免出现社会秩序彻底崩乱的局面,必须用礼来调解和制约冲突。在这个层面上,礼的重点是发挥着具体治理功能的制度措施,而且礼的这种具体功能还随着治理实践的发展而不断完善。荀子对礼的认识的理论意义在于,他把礼根源于治理实践,而不是某种"天命"下规定的亘古不变之秩序,这体现了荀子治理思想的现实深刻性。

第二,礼是国家治理的根本标准。荀子在《强国》中说:"国之命在礼。"[①]一个国家的命运取决于礼。一个国家是富强还是衰败、治理是仁政还是暴政,主要由礼来评判。在《大略》中,他说:"礼者,政之挽也,为政不以礼,政不行矣。"[②]如果治理国家不以礼为标准,必不能成功。荀子还论述了礼在国家治理中的四个重要作用,他认为"礼者,治辨之极也,强国之本也,威行之道也,功名之总也"[③]。"之极""之本""之道""之总",不用解释就知道礼在国家治理中的作用有多么重要了。接着荀子再次对礼的作用做了对比性阐述,"隆礼贵义者

---

① 《荀子》,方勇、李波译注,北京:中华书局,2011,第250页。
② 《荀子》,方勇、李波译注,北京:中华书局,2011,第437页。
③ 《荀子》,方勇、李波译注,北京:中华书局,2011,第242页。

其国治,简礼贱义者其国乱"①。君主在治理国家中如果能做到"隆礼",治国的效果就好;如果君主轻视礼义,那么其治理效果就会混乱不堪。最后,荀子还认为礼在治理国家中起到了基本准绳的作用。他说道:"国无礼则不正。礼之所以正国也,譬之:犹衡之于轻重也,犹绳墨之于曲直也,犹规矩之于方圆也,既错之而人莫之能诬也。"②礼是判断国家治理成效的准则,就像称重的秤和判断曲直的绳墨一样。

第三,礼是自我治理的基本准则。礼在自我治理方面有两个作用:一个是前述的"化性起伪"作用,"人无礼则不生",没有礼人就不能称其为人了,只有通过礼的改造,人才可以改恶变善;另一个作用是指礼是个人言行的准则。荀子认为"礼者,表也""礼者,人之所履也"。礼就是一种言行的外在标准,我们所有人都要遵循礼的规定。由人及社会,礼也就起到了规范社会治理的作用。与此相应,荀子也重视礼节的治理作用,认为人应遵守必要的社会礼节、礼仪、礼饰等,这些也是礼治的外在表现,对于营造"隆礼"的氛围具有重要作用。因此,荀子提道:"凡礼,事生,饰欢也;送死,饰哀也;祭祀,饰敬也;师旅,饰威也。"③

第四,主张恢复三代之礼。复古是儒家甚至中国传统文化中几乎所有流派的普遍倾向。在"隆礼"的倾向上,荀子主张"法后王""百王之道,后王是也"④。这里"后王"指的是夏商周三代的圣君明主,"法后王"意指礼治应遵照、恢复夏商周三代的治理制度。首先,荀子认为三代的制度是最完善的治理制度,所以要复古,要恢复三代之制。"王者之制,道不过三代,法不贰后王。道过三代谓之荡,法贰后王谓之不雅……夫是之谓复古,是王者之制也。"⑤其次,荀子认为现在治理效果不佳的根源不是三代治理制度不够完善,而应归咎于没有能够执行三代之制的圣君。如果能有像三代圣君一样的人来治理国家,天下必然大治。因此荀子说:"有乱君,无乱国;有治人,无治法。羿之法非亡也,而羿不世中;禹之法犹存,而夏不世王。"⑥最后,荀子认为复古就是要全面恢复三代具体的治理制度。三代之制在荀子眼中都堪称极为完善,无论是政治经济制度,还是祭祀礼仪制度都应该效仿,其中最重要的是要恢复或效仿三代的井田制和分

---

① 《荀子》,方勇、李波译注,北京:中华书局,2011,第231页。
② 《荀子》,方勇、李波译注,北京:中华书局,2011,第170页。
③ 《荀子》,方勇、李波译注,北京:中华书局,2011,第315页。
④ 《荀子》,方勇、李波译注,北京:中华书局,2011,第33页。
⑤ 《荀子》,方勇、李波译注,北京:中华书局,2011,第123页。
⑥ 《荀子》,方勇、李波译注,北京:中华书局,2011,第189页。

封制。荀子就此提出:"农分田而耕,贾分货而贩,百工分事而劝,士大夫分职而听,建国诸侯之君分土而守,三公总方而议,则天子共己而已矣。出若入若,天下莫不平均,莫不治辨,是百王之所同也,而礼法之大分也。"① 可以说,这又是一个"老生常谈"的治理问题和始终存在的治理主张了。治理之乱始于严重的两极分化,源于人类各个阶层追逐利欲且不肯割舍固有之利,如何解决这些问题?古代的很多思想家往往喜欢回到"想象"中的"三代",寄希望于从三代之制中得到答案。

(二)重法的治理理念

这里所说的法不是礼法之法,主要特指以暴力强制手段为基础的刑罚之法。与孔孟不同,法在荀子这里并非德治的补充和不得已的手段,而是具有了相当重要的地位。荀子认为"隆礼至法则国有常"②,并提出了"隆礼重法"、礼法并举的治理理念。

荀子提到的法主要有两层含义:一是前文所述的"先王之法""三代之法";二是政治经济社会等方面的治理政策和制度。第二个层面中的法与法家思想中对于法的理解比较接近。《荀子》一书中隆礼重法的观念、关于礼法关系的讨论,以及各种具体主张总体围绕着第二个层面而展开的。

荀子还认为以法治理的关键不在于法,而在于人。这也是荀子与法家的根本区别之一。荀子认为:"有乱君,无乱国;有治人,无治法。"③ 即便在治理中有了好的法,也需要有善于治理的人来实施法才行,人才是决定法治效果的关键因素。这就是"法不能独立,类不能自行,得其人则存,失其人则亡。法者,治之端也;君子者,治之原也"④。以礼为原则、以法为手段,最后还得以人为关键,人才是实现隆礼重法治理理念的关键所在。

(三)礼法并用的治理理念

因为荀子经常将礼和法一起论述,所以他的治理理念明显有融合礼法、德法并举的特征。

---

① 《荀子》,方勇、李波译注,北京:中华书局,2011,第173页。
② 《荀子》,方勇、李波译注,北京:中华书局,2011,第199页。
③ 《荀子》,方勇、李波译注,北京:中华书局,2011,第189页。
④ 《荀子》,方勇、李波译注,北京:中华书局,2011,第189页。

"隆礼重法"、礼法并用并不是将法置于和礼同等重要的地位。在荀子的治理思想中,礼具有更高、更普遍的意义,是治理的原则和标准,具有基础性地位;法不过是为了实现礼而采取的治理手段和治理政策而已。所以荀子认为"礼义者,治之始也"①"法者,治之端也"②。礼才是治理之本,法只是治理之末。礼是法的依据,法必须体现礼的精神,法是实现礼的手段和制度保障。因此,不能因为荀子重视法就将其思想视为法治为本,更不能将其归入法家行列。

尽管荀子非常重视法治,但绝不赞同法家主张的严刑峻法。他说道:"治之经,礼与刑,君子以修百姓宁。明德慎罚,国家既治四海平。"③礼治和刑法都是治理国家的基本手段,两者并用就能实现有效治理。与法家明显不同,他同时还认为必须明德慎罚。在具体实施过程中,荀子主张以礼来规制法:一是提倡先德后刑,认为应该先采用德治方法,如果德治的确没有效果了才能采取刑罚等强制手段;二是反对"不教而诛",认为"不教而诛,则刑繁而邪不胜;教而不诛,则奸民不惩"④,必须礼法并用才能实现更好的治理效果;三是法治标准要统一,认为以法治理必须做到"无恤亲疏,无偏贵贱""内不可以阿子弟,外不可以隐远人"⑤,绝不能因人执法。

最后,礼法并用意味着要在更深刻的治理层面上促进礼法融合。荀子认为:"明礼义以化之,起法正以治之,重刑罚以禁之,使天下皆出于治,合于善也。"⑥从治理思想层面看,礼法关系可以有诸多解释甚至争议,但如果从治理实践角度来看,礼法都是实现良好治理的"手段",两者相辅相成,均在治理过程中发挥着重要作用,只有真正融合起来综合运用才能实现最佳的治理效果。

三、以礼为核心的治理主张

荀子基于其治理理念,针对所面对的治理难题,还提出了具体的治理主张。

第一,在政治方面阐述了君主治理之策。与其他儒家学者一样,在君主治理上,荀子对君主本人提出了很高的要求。他认为实现礼治的关键在于人,而人中最关键的就是君主,历史上治理失败的主要原因在于没有"三代圣君"那样

---

① 《荀子》,方勇、李波译注,北京:中华书局,2011,第126页。
② 《荀子》,方勇、李波译注,北京:中华书局,2011,第189页。
③ 《荀子》,方勇、李波译注,北京:中华书局,2011,第404页。
④ 《荀子》,方勇、李波译注,北京:中华书局,2011,第153页。
⑤ 《荀子》,方勇、李波译注,北京:中华书局,2011,第203页。
⑥ 《荀子》,方勇、李波译注,北京:中华书局,2011,第381页。

的君主。他还认为积善可以为尧舜,君主应通过不断加强自身修养和在治理中推行善治、积累善行而成为圣君。在君主的职责方面,荀子认为君主有养人、治人、用人、育人四大责任,其具体治理政策也围绕这四个方面做了详尽论述。荀子提出君主要尚贤使能,要听取臣子的谏言和建议,要善于选择自己的辅佐大臣,还提出了如何驾驭臣子的具体方法(如监视、情报等)。在君民关系上,荀子认为"天之生民,非为君也;天之立君,以为民也"[1],并提出了著名的"君舟民水论",强调君主在治理中必须爱民、养民、利民。

第二,在经济方面论述了富国富民的治理之策。荀子并没有过分强调富国和富民的某一端,而是将富国和富民结合在一起,认为两者的目的是一致的,富国的前提是富民。荀子认为治理国家最重要的职责是富国富民,并提出了具体治理之策:"足国之道,节用裕民而善臧其馀。节用以礼,裕民以政,彼裕民,故多馀。裕民则民富,民富则田肥以易,田肥以易则出实百倍。上以法取焉,而下以礼节用之。馀若丘山,不时焚烧,无所臧之。"[2]在这段论述中,荀子详细阐述了财富生产、分配和消费等过程。具体而言:一是提倡通过节制欲望使社会财富更加充裕。二是提倡"开源节流",主张富国先富民,认为增加民众的财富十分重要,同时强调治国中还要节约开支。三是提出了一系列重农抑商的治理政策,主张"省工贾,众农夫",要运用强制手段限制工商业和惩治不从事劳动的士大夫阶层。荀子极为重视农业生产,提出了农业要因地制宜、利用自然资源、种植多种作物、兴修水利、精耕细作等一系列具有操作性的方法。四是荀子主张减轻税负,认为"轻田野之税,平关市之征,省商贾之数,罕兴力役,无夺农时,如是,则国富矣。夫是之谓以政裕民"[3]。可以看出,荀子非常注重治理的实用性,是儒家学派中少有的从利益与实用的角度出发提出治理主张的思想家,这一点值得我们学习。

第三,在任用人才方面提出了尚贤使能的治理之策。正如前文所言,荀子认为治理国家中用人极为重要,能否尚贤使能关乎治理成败和国家存亡。在人才标准上,荀子认为应重点选拔德才兼备之人,认为"无德不贵,无能不官",其中德是人才的首要标准。他还提出了人才之德的具体表现:"朋党比周之誉,君子不听;残贼加累之谮,君子不用;隐忌雍蔽之人,君子不近;货财禽犊之请,君

---

[1] 《荀子》,方勇、李波译注,北京:中华书局,2011,第453页。
[2] 《荀子》,方勇、李波译注,北京:中华书局,2011,第140页。
[3] 《荀子》,方勇、李波译注,北京:中华书局,2011,第141页。

子不许。"①在人才使用上,荀子主张"论德而定次,量能而授官,皆使人载其事而各得其所宜"②,即根据不同的德能来授予官职。荀子还提出态臣、篡臣、功臣、圣臣四种标准,提出了四种臣下的治理方法:"用圣臣者王,用功臣者强,用篡臣者危,用态臣者亡。态臣用则必死,篡臣用则必危,功臣用则必荣,圣臣用则必尊。"③除此之外,荀子还在治理上提出了不少在儒家看来"不入流"的用人用权之术和为臣为官之术。这些都为后世关于荀子治理思想的巨大争议埋下了伏笔。

孔子、孟子、荀子的治理思想基本构筑了儒家文化治理思想的骨架,后世儒家文化的发展变迁基本没有跳出他们三位构建的话语体系和理论框架。除了前文已经论述的三人的治理思想外,不少儒家经典著作中也蕴含了深刻的治理思想和治理智慧,对后世产生了深远影响。比如,《礼记》中的大同思想、《大学》《中庸》中的修齐治平思想、《周礼》中所阐述的国家治理制度等,都值得进一步深度挖掘与研究。

---

① 《荀子》,方勇、李波译注,北京:中华书局,2011,第 220 页。
② 《荀子》,方勇、李波译注,北京:中华书局,2011,第 197 页。
③ 《荀子》,方勇、李波译注,北京:中华书局,2011,第 209 页。

第三章
隐匿的显学：法家文化中的治理思想

法家是诸子百家中对传统治理思想影响最大的学派之一。自人类有政治活动以来，就必然伴随着以强制性为特征的刑罚治理模式，这是法家文化产生的现实基础。春秋战国时期，政治格局发生了剧烈变化，旧的治理秩序已经崩坏，新的治理格局尚未成型，在混乱与变革的历史背景下，积极主张君主专权、以法治国、富国强兵理念的法家学派应运而生。

法家理论在先秦诸国的治理实践中发挥了重要作用。然而，法家否定和放弃了德治主张，单方面将法治中君主专制、严刑峻法、权谋诡计的一面推向了极端，导致在国家治理中产生了严重的负面影响。在秦二世而亡后，尤其是在汉朝独尊儒术的思潮下，古代思想家们几乎一致将秦朝覆灭的历史教训归咎于法家，从而导致秦亡后法家声名狼藉，彻底失去了思想上的合法性，它作为一个流派已经消失于政治思想的舞台。尽管法家学派几乎消亡，但是法家思想尤其是法家提出的很多治理理念和治理主张，已经实际运用于各项治理活动中，对后世产生了持续且深远的影响。从治理实践看，从君主到臣下乃至民间，都在不断地运用法家治理中的很多主张，现实中不少人对"君人南面之术"、权力制衡之术、驭臣之术、权谋诡计等津津乐道、深信不疑。因此，法家流派已亡，法家文化仍存，法家影响经久不衰，法家治理思想可称为"隐匿的显学"。正因如此，如今不少学者将"儒外法内"视为秦朝以后中国古代政治的主流思想。毫无疑问，法家文化对中国古代治理思想的塑造是关键性的，探析古代治理思想本质的过程中绝不能忽视其影响。

第一节　法家治理思想的理论基础

法家治理思想的理论基础主要体现为人性好利的人性观、分期变化的历史观和富国强兵的实力观。

一、人性好利的人性观

法家治理思想的出发点和哲学基础是人性好利的人性观。商鞅和韩非等法家思想家对人性好利的人性观作了深刻阐述,并由此出发构建了自己的治理思想体系。

商鞅认为,好利是人的一种先天本能,人的全部言行均出于"逐利"的动机,都可以从"利"字上找到根据。在《商君书》中,他认为:"民之性:饥而求食,劳而求佚,苦则索乐,辱则求荣,此民之情也。"[①]好利的本性首先是一种自然的生理需求,人的生存本能决定了好利的本性。在利弊之间,人的生存就必然"度而取长,称而取重,权而索利"[②],每个人都会趋利避害,发自本能地做出有利于自己的选择。人更甚于动物的地方是人不仅逐利,还逐名,"故民生则计利,死则虑名"[③]。对名利的追逐是人与生俱来的本能和目标,人之一生都在追逐名利的道路上奔走,"名利之所凑,则民道之"[④]。追逐名利不休不止,至死方休,"民之欲富贵也,共阖棺而后止"[⑤]。商鞅通过观察人性和分析人类社会,得出了人性好利的基本观点。在此基础上,他又得到两点认识:一是礼法、道德无法有效约束人好利的本性,更不可能改变本性,"民之求利,失礼之法;求名,失性之常"[⑥];二是对人性好利持中性甚至"理论乐观"的态度,认为人性好利并非丑恶现象,并没有什么对错之分。商鞅进一步认为,人性好利不仅是思考治理问题的基本出发点,而且还是民众更便于被管理的某种"优点"。商鞅以人性好利的人性观为基础,提出了诸多具体治理措施。他认为"明君慎观三者,则国治可

---

① 《商君书》,石磊译注,北京:中华书局,2022,第 59 页。
② 《商君书》,石磊译注,北京:中华书局,2022,第 64 页。
③ 《商君书》,石磊译注,北京:中华书局,2022,第 60 页。
④ 《商君书》,石磊译注,北京:中华书局,2022,第 60 页。
⑤ 《商君书》,石磊译注,北京:中华书局,2022,第 127 页。
⑥ 《商君书》,石磊译注,北京:中华书局,2022,第 59 页。

立,而民能可得"①,还认为"主操名利之柄而能致功名者,数也"②。商鞅治民、法治、术治、耕战等思想皆源于此。

韩非也持有人性好利的观点,他的观点与商鞅基本一致。韩非认为人性好利出于人的生理本能和生存需要,毕竟人"以肠胃为根本,不食则不能活,是以不免于欲利之心"③。不过韩非的人性观更为具体、深刻、露骨,他以人性好利论详细分析并解释了各种社会关系和社会行为的功利动机,解构了大多数人类社会中最基本的伦理关系、道德标准和人性观念。韩非认为人永远都是"计利而行"的动物,哪怕是父子、君臣也是如此。对此他说道:"父母之于子也,产男则相贺,产女则杀之,此俱出父母之怀衽,然男子受贺,女子杀之者,虑其后便,计之长利也。"④重男轻女,贺生男而杀产女,源于利益计算,反之亦然。对于父子关系,他说道:"人为婴儿也,父母养之简,子长而怨,子盛壮成人,其供养薄,父每怒而谯之。子父,至亲也,而或谯或怨者,皆挟相为而不周于为已也。"⑤也就是说哪怕是在父子之间,其本质上也不过是计算利益得失的交换关系,这就彻底解构了儒家以孝治国的理论基础。父子尚且如此,遑论君臣关系!韩非认为:"臣尽死力以与君市,君垂爵禄以与臣市。君臣之间,非父子之亲也,计数之所出也。"⑥君臣关系相比父子关系差得更远了,那就是赤裸裸的利益交换和利益博弈关系,他认为君臣关系中所谓的忠、义、仁、信只不过是为了获取利益而采取的必要手段罢了。

韩非不仅解构了伦理道德、三纲五常等古代社会最基本的治理基础,还将人性好利的观点扩展到人具体而微观的层面上,甚至是潜意识、无意识层面的言行上。他认为人所表现出的全部行为,哪怕看起来是发自本心、超越利益的,实质上仍是利在起着主导作用。比如他认为:"医善吮人之伤,含人之血,非骨肉之亲也,利所加也。故舆人成舆,则欲人之富贵;匠人成棺,则欲人之夭死也。非舆人仁而匠人贼也,人不贵则舆不售,人不死则棺不买,情非憎人也,利在人之死也。"⑦不管是君主表现出来的亲民爱民,还是臣子表现出来的忠诚之心,

---

① 《商君书》,石磊译注,北京:中华书局,2022,第 64 页。
② 《商君书》,石磊译注,北京:中华书局,2022,第 60 页。
③ 《韩非子译注》,张觉等译注,上海:上海古籍出版社,2016,第 242 页。
④ 《韩非子》,高华平、王齐洲、张三夕译注,北京:中华书局,2015,第 183 页。
⑤ 《韩非子》,高华平、王齐洲、张三夕译注,北京:中华书局,2015,第 4 页。
⑥ 《韩非子》,高华平、王齐洲、张三夕译注,北京:中华书局,2015,第 146 页。
⑦ 《韩非子》,高华平、王齐洲、张三夕译注,北京:中华书局,2015,第 46 页。

抑或是医生、匠人等各种职业表现出来的种种行为,归根结底都是追逐利益的动机在支配着他们。韩非的这些观点对后世影响很大,今天我们熟知的许多典故事例,比如吴起为士兵吸脓疮、刘备摔阿斗等,都在后世不止一次地被作了功利式、腹黑式的解读。现代社会中常说不要随便考验人性,人性是经不起考验,如果经得起,那一定是考验条件还没到位。其实韩非早就持有这一观点了,他认为"夫陈轻货于幽隐,虽曾、史可疑也;悬百金于市,虽大盗不取也"①。可见,韩非肯定不认可儒家"慎独"的主张,实际上在他眼中,道德的好坏并不重要,关键是要建立能够禁止作恶的强制性制度,也就是他所倡导的法治。

由此可见,法家诸子对人性作了最"恶意"、最不堪的假设,在他们眼中,人甚至连禽兽都不如。这种人性观无疑是非常深刻的。一方面,人性好利的观点有其合理性,而且与现代经济学中的"理性人"假设颇为相似,这对深刻认识社会发展和权力运行的底层机理有很大作用;另一方面,在古代政治治理高度伦理化的背景下,这种分析不仅动摇了儒家思想的根基,实际上也动摇了法家自身思想的根基。因为彻底否定了伦理道德价值的同时也就否定了包括君主在内的一切人的存在价值,毕竟把人类社会彻底倒退至"物竞天择、适者生存"和弱肉强食的动物世界也是不现实的,这也正是法家理论的困境所在。总的来说,法家的人性观足够深刻但又过于片面,这也是法家治理思想最终失去合法性的根本原因。

二、分期变化的历史观

法家历史观为法家治理思想提供了理论基础。法家的历史观非常务实,甚至含有一些原始朴素唯物主义的因素。法家历史观有两大特征:一是认为人类社会历史是不断发展变化的,所以对国家的治理模式也要随之变化、变革;二是对历史发展的各个阶段进行了分期式的研究和总结。

为了理解人类社会的历史发展变化趋势,法家依据自己的观点对历史发展阶段进行了划分,并分析了各个阶段的特点及对应的治理方式。

商鞅把人类历史划分为上世、中世、下世三个时期,他分析道:"天地设而民生之。当此之时也,民知其母而不知其父,其道亲亲而爱私。亲亲则别,爱私则险。民众,而以别、险为务,则民乱。当此之时也,民务胜而力征。务胜则争,力

---

① 《韩非子》,高华平、王齐洲、张三夕译注,北京:中华书局,2015,第185页。

征则讼,讼而无正,则莫得其性也。故贤者立中正,设无私,而民说仁。当此时也,亲亲废,上贤立矣。凡仁者以爱利为务,而贤者以相出为道。民众而无制,久而相出为道,则有乱。故圣人承之,作为土地、货财、男女之分。分定而无制,不可,故立禁;禁立而莫之司,不可,故立官;官设而莫之一,不可,故立君。既立君,则上贤废而贵贵立矣。"①商鞅经过上述分析认为"上世亲亲而爱私,中世上贤而说仁,下世贵贵而尊官"②,其实就是论证了当今治理结构的合理性,认为法治并非历史的倒退,也不是落后的治理模式,而是时代发展的必然结果。

韩非则更进一步,把历史分为上古、中古、近古和当今四个时期,并以物质条件为基础分析了四个时期的特点和治理方式:在上古之世,环境上是"茹毛饮血"的原始状态,"人民少而禽兽众""民多疾病",于是在政治上"有圣人作,钻燧取火,以化腥臊""构木为巢,以避群害";在中古之世,客观环境是"天下大水",于是政治上"鲧、禹决渎";在近古之世,主要特点是"桀纣暴乱而汤武征伐";在当今之世,主要特点是土地兼并、诸侯争霸、崇尚权势。最后,韩非对各个时期的治理特征进行了概括,即"上古竞于道德,中古逐于智谋,当今争于气力"③。

法家论述历史发展分期变化的目的在于论证其基本观点:不同时代拥有不同的治理模式,不能厚古薄今,一味要求效法古代之治,而是要针对时代特点不断调整"变化",构建与时代相符合的治理模式。首先,韩非认为时代发生了重大变化。一方面,客观物质条件和发展环境发生了变化。他认为上古之世,"丈夫不耕,草木之实足食也;妇人不织,禽兽之皮足衣也。不事力而养足,人民少而财有余"④,那个时候物质丰富人却不多,而如今"今人有五子不为多,子又有五子,大父不死而有二十五孙,是以人民众而货财寡,事力劳而供养薄"⑤。另一方面,人口增长太多,既使物质资源没有变化,社会关系也必然因此而发生变化。其次,与客观物质条件相对应,国家治理方式也发生了变化。他提出了一个令人印象深刻的观点:"轻辞古之天子,难去今之县令。"⑥他认为尧、舜、禹当天子的时候,"茅茨不翦,采椽不斫;粝粢之食,藜藿之羹""身执耒臿,以为民

---

① 《商君书》,石磊译注,北京:中华书局,2022,第69页。
② 《商君书》,石磊译注,北京:中华书局,2022,第69页。
③ 《韩非子译注》,张觉等译注,上海:上海古籍出版社,2016,第789—790页。
④ 《韩非子》,高华平、王齐洲、张三夕译注,北京:中华书局,2015,第200页。
⑤ 《韩非子》,高华平、王齐洲、张三夕译注,北京:中华书局,2015,第200页。
⑥ 《韩非子》,高华平、王齐洲、张三夕译注,北京:中华书局,2015,第201页。

先"①,就是天子这个级别的物质待遇跟当今的小吏差不多。而当今的县令,所拥有的社会物质财富,远远超过古代的天子,"一日身死,子孙累世絜驾"②。用今天的话讲,那就是当县令就能实现家庭世世代代"财富自由"了。因此,韩非认为今世县令的权势比古时天子还要大。人性好利,面对如此巨大的物质财富诱惑,世人必然会激烈争抢,所以上古讲辞让,当今尚争夺。最后,韩非认为"事因于世,而备适于事"③。不同时代有不同的治理方式,这是由时代发展的客观条件所决定的,并没有什么进步与倒退之别,我们只能立足于现实条件来开展治理实践。因此,韩非认为不能被先王之道所束缚,"是以圣人不期修古。不法常可,论世之事,因为之备"。他还把儒家对先王的一味效法称为"非愚即诬"的愚蠢行为。

法家的历史观立足于现实物质条件,蕴含着朴素唯物主义的思维方式,这一点的确值得古代其他流派的思想家学习。但也应看到,法家的历史观具有明显目的性,其根本目的无非就是进一步论证法家治理思想的合理性,从而导致法家思想存在十分严重的倾向性和片面性。比如,法家经常批判儒家厚古薄今,可是并不代表儒家思想本质上就是"复古主义"的,其实在多数情况下,各个流派中厚古薄今的主张都是借古喻今。另外法家理论内部也存在许多悖论。比如,法家在历史时期论述中认为当今之世"人民众而货财寡",人均财富本来就变少了,一个小小的县令竟然还能"子孙累世絜驾"。法家不去解释和研究如此巨大且不公平、不合理的现实反差和两极分化,反而将其视为无可置疑、理所当然的客观现实条件,除了其理论本身"缺德",实在是难以解释。

三、富国强兵的实力观

法家历来主张通过法治来实现富国强兵的治理效果,其理论始终贯穿着实用主义治理理念,主要体现在三个方面。

第一,实力至上。法家最重权势,坚持实力至上的原则。在诸侯争霸、混战不断的春秋战国时代,大家心里都明白实力是现实政治中最重要的因素,但许多思想家甚至君主却耻于言"力"。法家诸子则普遍认为,实力才是这个时代最重要的东西,才是国家强大的根本和君主最大的依靠。"自此观之,国之所以

---

① 《韩非子》,高华平、王齐洲、张三夕译注,北京:中华书局,2015,第 200 页。
② 《韩非子译注》,张觉等译注,上海:上海古籍出版社,2016,第 787 页。
③ 《韩非子译注》,张觉等译注,上海:上海古籍出版社,2016,第 787 页。

重,主之所以尊者,力也。"①关于什么是实力,法家也有论述。一是在实力与道德的关系上,法家认为实力高于道德,而不是实力源于道德。商鞅认为:"力生强,强生威,威生德,德生于力。"②离开实力去谈道德是软弱的,只有拥有足够强大的实力才能施行仁义道德,这是对儒家仁义至上观点的根本颠覆。韩非也十分强调实力原则,认为"力多,则人朝;力寡,则朝于人;故明君务力"③。二是法家认为实力源于民众,蕴藏于民众之中,"圣君之治人也,必得其心,故能用力"④,"死力者,民之所有者也"⑤。法家认为治民是为了得民心,得民心是为了能用民众的力,君主治理的目的就是充分调动和利用民众的力。

第二,强调斗争。法家人性好利、实力至上等观点,注定其对现实社会的理解是你死我活的残酷斗争。法家非常强调矛盾、对立,认为人类社会充满了各种激烈的斗争。韩非认为矛盾双方是根本对立的,斗争十分激烈。他认为"害者,利之反也""乱者,治之反也"⑥,其中最著名的是韩非把君臣关系形容为"一日百战"⑦的对立关系。斗争原则认为矛盾双方势不两立,必须彻底打倒另一方才能解决问题。在治理实践上,法家反对调和、中庸、折中等办法,认为斗争双方实力相当不分上下才是治理混乱的根源。因此,法家主张采取一切可能手段绝对地打倒对方。强调斗争的原则体现于法家治理思想的各个方面,尤其是在治民、治臣等主张中体现得淋漓尽致。

第三,鼓励耕战。法家认为实力至上,要求富国强兵,富国强兵的关键在于鼓励耕战。商鞅认为"国待农战而安,主待农战而尊"⑧,"兵农怠而国弱"⑨。耕战是国家强盛的基础,它直接决定了国家政治、经济和军事实力,也直接决定了国家的安危和君主的权势,只有把耕战做好,才能真正实现富国强兵。基于鼓励耕战的思想,商鞅提出了一系列具体观点:一是"利出一孔"的主张。为了达到鼓励耕战的目的,商鞅认为君主应该想方设法把民众引导到耕战上来,让民

---

① 《商君书》,石磊译注,北京:中华书局,2022,第172页。
② 《商君书》,石磊译注,北京:中华书局,2022,第52页。
③ 《韩非子译注》,张觉等译注,上海:上海古籍出版社,2016,第826页。
④ 《商君书》,石磊译注,北京:中华书局,2022,第103页。
⑤ 《韩非子译注》,张觉等译注,上海:上海古籍出版社,2016,第855页。
⑥ 《韩非子》,高华平、王齐洲、张三夕译注,北京:中华书局,2010,第660页。
⑦ 《韩非子译注》,张觉等译注,上海:上海古籍出版社,2016,第72页。
⑧ 《商君书》,石磊译注,北京:中华书局,2022,第28页。
⑨ 《商君书》,石磊译注,北京:中华书局,2022,第151页。

众的主要活动都服从于耕战的需要,"入令民以属农,出令民以计战"①。法家的主张,向来都是优先采取惩罚性、否定性措施,因此鼓励耕战首先想到的就是把耕战以外的所有途径都堵死,这就是"利出一孔"主张。通过这一措施,达到"民之欲利者,非耕不得;避害者,非战不免"②的目的。商鞅提出了许多现在看来较为极端的举措。比如"劫以刑",就是通过惩罚性措施,让除了务农之外的其他行业都更加辛苦,这样就会让百姓不仅不觉得务农辛苦,反而当成乐事,甚至还生出"职业优越感"了。二是以耕养战、使农为兵。在耕战思想中,务农与战争并不矛盾,而是相辅相成、相互促进的关系。农耕可以养战,为战争奠定物质基础,农民也可以转化为战士。商鞅尤其注重使农为兵,并作了详细论述:农民本身的特性对耕战非常有利,而且农民也可以转化为优秀的战士。他认为农民有三个特点:朴,也就是愚昧无知;穷,也就是十分贫困,吃苦耐劳;怯,就是胆小懦弱、贪生怕死。针对这三个特点,商鞅认为:"夫民之情,朴则生劳而易力,穷则生知而权利。易力则轻死而乐用,权利则畏罚而易苦。易苦则地力尽,乐用则兵力尽。夫治国者,能尽地力而致民死者,名与利交至。"③农民因为愚昧而容易被利用,因为穷而更容易被威逼利诱进而选择耕战,因为胆小懦弱而害怕被惩罚。商鞅十分满意这些特点,认为这是其耕战主张能够取得成功的良好条件,必须加以有效利用,而利用的主要手段无非就是法家最惯用的赏罚制度。"以刑治民,则乐用;以赏战民,则轻死"④,"赏多威严。民见战赏之多则忘死,见不战之辱则苦生。赏使之忘死,而威使之苦生"⑤,这些都是鼓励耕战的具体主张。三是主动调节耕与战。商鞅把耕称为"生力"、把战称为"杀力","生力"和"杀力"需要保持一定平衡,任何一方太多了都不好。对此,商鞅认为"力多而不用,则志穷;志穷,则有私;有私,则有弱。故能生力,不能杀力,曰自攻之国,必削"⑥,还认为"国富而不战,偷生于内,有六虱,必弱"⑦。农耕发展到一定程度,就要通过战争消耗民力财力,消耗到贫穷状态就可以促使农民继续农耕,开启新一轮耕战循环。总之就是必须交替使用耕与战,使农民永远处于被威逼

---

① 《商君书》,石磊译注,北京:中华书局,2022,第60页。
② 《商君书》,石磊译注,北京:中华书局,2022,第172页。
③ 《商君书》,石磊译注,北京:中华书局,2022,第58页。
④ 《商君书》,石磊译注,北京:中华书局,2022,第151页。
⑤ 《商君书》,石磊译注,北京:中华书局,2022,第158页。
⑥ 《商君书》,石磊译注,北京:中华书局,2022,第52页。
⑦ 《商君书》,石磊译注,北京:中华书局,2022,第100页。

利诱的状态,这才是最有利于君主治理国家的模式。

第二节 势治:以"势"为根本的治理思想

势治思想亦即治势思想,主要指拥有势、掌握势、使用势的理念和主张。法家重势,普遍认为君主之所以为君主的根本原因就是势。

一、势治思想的内涵

关于"势"这一概念的定义、起源和内涵,目前有多种解读,一般认为"势"字起源于兵书,后来被法家用来研究君主的权力运行机制。尽管法家诸子对"势"的定义不尽相同,但是都高度重视"势"的地位和作用。法家学派中"势"主要指的是君主拥有的地位、权力、势力、势位等。完全还原古代"势"这一概念的含义既无必要也无可能,实际上就是将"势"理解为今天常用的"权势"一词,后文也主要以权势来解读势治思想。

慎到重势,他也是第一个系统研究势治思想的法家人士。慎到认为:"贤而屈于不肖者,权轻也;不肖而服于贤者,位尊也。尧为匹夫,不能使其邻家;至南面而王,则令行禁止。由此观之,贤不足以服不肖,而势位足以屈贤矣。"[1]因此权势才是最重要,有了权势,贤者也不得不屈服于不肖之徒,如果尧舜没有权势,纵然才能卓越,照样只是普通人罢了,连自己身边的人也指挥不了,尧舜是因为得到了权势,才能施行政令,才有了目前的历史成就。总之,法家与儒家、墨家的观点截然相反,认为权势乃一切之首,道德、仁义、才能之类只是它的附庸而已。当然,道德才能和权势的问题本来就难以厘清,角度不同则见解自然不同。如果是没有一点才能的傻子也很难保住权势。不同之处是,法家的逻辑起点是君主,更为注重权势的结果和状态,法家强调君主如何保势,至于如何拥有君主之权势或者说具备什么品质能力才能成为君主,这一点并不在法家的视野内。

韩非给势下了几个定义:"势者,胜众之资也"[2]"势重者,人主之爪牙

---

[1] 《慎子集校集注》,许富宏撰,北京:中华书局,2013,第249页。
[2] 《韩非子译注》,张觉等译注,上海:上海古籍出版社,2016,第767页。

也"①"威势者,人主之筋力也"②"有材而无势,虽贤不能治不肖"③"主失势而臣得国"④等。显然,韩非也极为重势,把权势视为君主之所以是君主的根本条件。韩非对于"势"的解读更为深刻具体:一方面,韩非将"势"进一步具体化,区分了自然之势和人为之势。韩非提道:"此自然之势也,非人之所得设也。若吾所言,谓人之所得势也而已矣"⑤。对君主而言,自然之势不是最主要的,人为之势才是真正的势,它可以通过人为的办法去掌控。这一划分的意义是将权势全部归入君主一人手中,进一步突出了势治的主观能动性。另一方面,韩非侧重于论述势的动态变化和具体功用,而不是静态地研究权势的特点。因此,韩非特别强调权势是可以变化的,既可能加强,也可能削弱,所以势治的首要任务是保住势,使权势永远掌握在君主手中。韩非还特别关注权势的具体功用,认为君主应该充分利用其权势去治理臣民。韩非对势的理解决定了他对法治和术治的基本倾向,最终构建了其法、术、势兼用的治理思想体系。

二、势治与法治、术治的关系

势、法、术都是法家治理思想中的核心概念。势治主要指关于权势的治理主张,法治主要指以法令条文等规范性制度为主的治理方式,术治则是指君主以权术、诡计等驾驭臣下的治理手段。法家诸子对这三个概念各有侧重,一般认为,慎到重势、商鞅重法、申不害重术、韩非主张三者兼用。韩非作为法家思想的集大成者,他对势、法、术作了深刻阐述,推动了法家治理思想的完善和深入。为了更深入了解法家治理思想,首先有必要厘清势、法、术三者的内在关系和地位作用。

首先,势治是法治、术治的前提条件和基础。治理本质上是一种权力行为,法家的一切思想都不能脱离权力运行的逻辑。在法家治理思想中,势治即拥有权势,是其他一切治理实践的前提;法治的运行有赖于以君主为中心的权势,否则没有强制力;术治有赖于君主本人的权势,否则无法驾驭群臣。因此,这三者中势治处于顶层位置,在法家的理论结构中地位高于法治、术治。

---

① 《韩非子》,高华平、王齐洲、张三夕译注,北京:中华书局,2015,第222页。
② 《韩非子》,高华平、王齐洲、张三夕译注,北京:中华书局,2015,第222页。
③ 《韩非子》,高华平、王齐洲、张三夕译注,北京:中华书局,2015,第98页。
④ 《韩非子》,高华平、王齐洲、张三夕译注,北京:中华书局,2015,第32页。
⑤ 《韩非子译注》,张觉等译注,上海:上海古籍出版社,2016,第692页。

其次，法治、术治是维护君主权势的手段。势治不仅是治理的前提和基础，还是治理之目的。在法家思想体系中，法治、术治只不过都是加强君主权势的手段而已，一切主张的根本目的都是为了保证君主的大权独操。诚然，法治、术治都具有稳定治理秩序、解决冲突矛盾、推动社会发展的作用，但是这种治理效果仍旧是加强君主权势的手段。设想一下，如果治理混乱能加强权势，如果战争能够加强权势，如果兼并土地导致民不聊生能加强权势，法家绝对会毫不犹豫地支持它们。毕竟，"弱民"本来就是法家的基本主张，就此法家还建议君主应想办法让民众在贫富之间不断转化。"治国之举，贵令贫者富、富者贫。贫者富，国强；富者贫，三官无虱。"①这句话的意思是君主治国要想方设法使民众变贫穷。对这样的理论我们难道还能心存幻想吗？还能期待它能有什么真正的利民之策吗？

再次，势治、法治、术治相辅相成、缺一不可。韩非认为："国者，君之车也；势者，君之马也。无术以御之，身虽劳，犹不免乱；有术以御之，身处佚乐之地，又致帝王之功也。"②对君主来说，法、术、势三者的关系表现为：势治最终要体现到法治和术治上，离开了法治和术治，势治也就无从谈起了；法治确保了治理的规范性、强制性和稳定性，没有法治将导致国家混乱，也会影响势治和术治；术治起到了制约臣下的作用，如果不能驾驭臣下，限制群臣的权力，必将会削弱君主的权势。只有综合运用势治、法治、术治，才能实现法家的治理效果。

最后，三者统一于君主至上的理念。势、法、术作为核心概念架起了法家治理思想的基本框架，而这一治理模式又在更高一级的即君主至上逻辑统摄之下，三者不过都是依附于君主、服务于君主、为君主所操控的工具罢了。这也是法家治理思想最致命的问题：一是君权的绝对至上性与法家的制度建构理念存在根本冲突，法家追求建立某种强制的规范化治理模式，但是君主本人能力水平就是不规范且有限的，根本无法保证其治理的稳定规范。二是法家的治理思想体系是单向性的，缺乏足够的理论平衡。古代政治思想发展的历史早已证明，任何一种政治思想，首先要考虑是如何制约君权，哪怕是用诸如"天命""道义"之类的"弱制约"理论"吓唬"、威慑一下君主也行。可是法家连这些"弱制约"都抛弃了，最终导致其理论体系变得简单而僵化，没有足够的韧性和转圜的余地。

---

① 《商君书》，石磊译注，北京：中华书局，2022，第51页。
② 《韩非子》，高华平、王齐洲、张三夕译注，北京：中华书局，2015，第6页。

三、势治的治理主张

法家认为,势对于君主而言是最重要的。一旦失去势,君主就难以收回大权,自身将面临巨大风险,"人主失其势重于臣而不可复收也"①。失势就是大权旁落,这是任何君主都不可容忍之事。法家的势治主张可以总结为四个方面。

(一)"尊势":不尚贤与不尚忠

所谓"尊势",就是以势为尊,以势为超过其他一切因素的首要目的。在势面前,儒家推崇的德治、礼治、仁义、忠义、名节等主张都不重要。

法家普遍尊势且极力反对尚贤。比如慎到认为"势位之足恃,而贤智之不足慕"②,势位才是最重要的,所谓贤与智并不值得夸奖。贤与智非但不重要,还是一种危害,此害体现为"立君而尊贤,是贤与君争,其乱甚于无君"③。韩非也反对尚贤,认为"废常上贤则乱,舍法任智则危。故曰:上法而不上贤"④。为什么法家极力反对尚贤?这是因为法家认为君主之势和贤才能力之间存在着不可调和的根本矛盾,而贤才的能力势必会削弱君主的权威。首先,法家认为尚贤会损害君主的威望,使老百姓尊贤而不尊君;其次,法家认为尚贤是一种人治方式,不具有法治的规范性和稳定性,贤才能力再强也无法治理好偌大的国家,因此尚贤不利于维护治理秩序;最后,法家不是反对一切贤才,而是反对儒家眼中的贤才。在法家眼中,绝对服从君主、坚决执行君主命令、绝无二心、不尚名利的人才是真正的贤才。一言以蔽之,就是保住君主的势位稳固而绝不侵犯的才是贤才。实际上,不尚贤的核心还是为了确保君主之势不受任何削弱。按照这一观点,也许只有宦官才能满足法家的标准了,这也有助于理解中国历史上宦官专权长期以来屡禁不止的原因。

法家不尚忠。法家向来把君主和臣下的关系视为敌我关系、虎狼关系,认为君臣之间"一日百战",所以法家并不提倡忠君思想。首先,法家基于人性好利说认为君主压根就不要奢望臣下尽忠。"人莫不自为也,化而使之为我,则莫可得而用矣"⑤,人都应该是自私自利的,如果让臣下一心为君主,这岂不是反

---

① 《韩非子译注》,张觉等译注,上海:上海古籍出版社,2016,第419页。
② 《慎子集校集注》,许富宏撰,北京:中华书局,2013,第12页。
③ 《慎子·太白阴经》,徐福宏译注,北京:中华书局,2022,第43页。
④ 《韩非子》,高华平、王齐洲、张三夕译注,北京:中华书局,2015,第220页。
⑤ 《慎子集校集注》,许富宏撰,北京:中华书局,2013,第24—25页。

人性了？反而要怀疑其动机了。因此应该"用人之自为,不用人之为我"①。其次,法家认为忠对于治理国家没有直接关系,甚至认为没什么用。"乱世之中,亡国之臣,非独无忠臣也；治国之中,显君之臣,非独能尽忠也。"②这句话说明法家认为治乱兴衰与臣下是否尽忠并没有直接关系,所谓忠臣往往无法救国,甚至可能亡国。最后,法家还是基于绝对尊势重法的理念,认为忠臣有损于法治原则和君主威势。正所谓"忠臣不生圣君之下"③,圣君需要的是绝对服从的、没有任何主见、没有任何思想的臣下,而忠臣显然不符合这个条件。

(二)"正势"：名与合法性

所谓"正势",主要是从正面的建设性、生成性等角度谈论如何拥有势、保住势的主张。所以"正势"的主张,类似于"正名"和合法性的主张。在法家看来,君主取得了合法性地位和民众支持,自然就拥有了权势,这是权势的根本来源。韩非说道："徭役多则民苦,民苦则权势起,权势起则复除重,复除重则贵人富。苦民以富贵人,起势以藉人臣,非天下长利也。故曰：徭役少则民安,民安则下无重权,下无重权则权势灭,权势灭则德在上矣。"④从这段可以看出,君主的权势离不开民众的支持,只有在民众中有威望,臣下才无法生乱,君主才能保住权势稳固。如何做到"正势"呢？一是君主要重视民众,努力提高在民众中的威望和支持度；二是要利用自身合法性的权势和在民众中的威望来限制、驾驭臣下；三是臣下绝不能在民众中建立威望,而是要以职责为本,绝不能去干"沽名钓誉"的事情,这就跟术治的一些主张和诡计相通了,下文会另有论述。法家对君、臣、民三者的关系分析得非常透彻,也找到了君主权势的终极来源,这对于我们理解古代权力运行和生成机制具有重要意义。

(三)"反势"：赏罚与专权

所谓"反势",主要是从反面的强制性、威慑性等角度讨论如何拥有势、保住势的主张。势就是一种巨大的权力,权力的特性就是人身的强制性。法家认为,势的表现形式就是赏罚的权力。赏罚是权力的直接来源,即谁拥有了强制

---

① 《慎子集校集注》,许富宏撰,北京：中华书局,2013,第25页。
② 《慎子集校集注》,许富宏撰,北京：中华书局,2013,第40页。
③ 《慎子集校集注》,许富宏撰,北京：中华书局,2013,第42页。
④ 《韩非子》,高华平、王齐洲、张三夕译注,北京：中华书局,2015,第163页。

和威慑他人的力量,谁就拥有了权力。如何运用"反势"呢?其核心主张就是君主要大权在握、独操专权,绝不能分散手中的权力。具体而言:一是赏罚权力只能由君主掌握,臣下不能拥有这种权力。二是君主的权力必须是一元的,绝不能分权,更不能制衡君主。"权者,君之所独制也""权制独断于君则威"①,也就是说权力必须由君主独操才能有威、有势。法家认为,人类历史上就没有君主分权能把国家治理好的先例。因此,法家对任何分散君主权力的行为都非常敏感,一再告诫君主自己的权力一丁点都不能分,否则后果不堪设想。"偏借其权势,则上下易位矣"②。三是君主要善于运用赏罚来制衡臣下,进一步加强自身的权势。对此,韩非认为"赏罚者,邦之利器也。在君则制臣,在臣则胜君"③,还认为"人主自用其刑德,则群臣畏其威而归其利矣"④。总之,法家的势治就是君主要极力拥有绝对一元化的权势。

(四)"用势":君无为与臣有为

所谓"用势",主要指君主如何在治理实践中运用手中之势的一系列主张和具体措施。在法家的治理思想中,"用势"的核心原则是君无为而臣有为。法家普遍主张君主"无为而治",认为君主的职责主要是发挥臣下的作用。对此,慎到提出"臣事事,而君无事;君逸乐,而臣任劳"⑤的观点,即认为君主每天高高兴兴吃喝玩乐就行,主要是能够坐收臣下有为之利。韩非对这一主张的论述极为详细:"明君之道,使智者尽其虑,而君因以断事,故君不穷于智;贤者敕其材,君因而任之,故君不穷于能;有功则君有其贤,有过则臣任其罪,故君不穷于名。是故不贤而为贤者师,不智而为智者正。臣有其劳,君有其成功,此之谓贤主之经也。"⑥这是一种更高的"用势"境界,要求君主不仅要无为而治,还要善于发挥臣下能力,主张君主在无事之中灵活运用赏罚权力,在进一步发挥臣下能力的同时保证最后独占其功。如果将"用势"的主张进一步细化,就是赤裸裸的术治了,在"术治"部分会专门阐述。

---

① 《商君书》,石磊译注,北京:中华书局,2022,第105页。
② 《韩非子》,高华平、王齐洲、张三夕译注,北京:中华书局,2015,第51页。
③ 《韩非子译注》,张觉等译注,上海:上海古籍出版社,2016,第264页。
④ 《韩非子》,高华平、王齐洲、张三夕译注,北京:中华书局,2015,第12页。
⑤ 《慎子集校集注》,许富宏撰,北京:中华书局,2013,第32页。
⑥ 《韩非子》,高华平、王齐洲、张三夕译注,北京:中华书局,2015,第1页。

第三节　法治：以"法"为原则的治理思想

法家普遍强调法对于治理国家的重要意义，他们普遍提倡依法治国，认为法是治理国家最重要的手段，一切治理行为都应以法的形式明确规范下来，主张赏罚分明，使"天下之吏民无不知法者"[①]，进而达到天下大治的效果。

一、法治思想的渊源

法家对于法的定义各不相同，但其目的有相似性。商鞅关于法的定义是："法令者，民之命也，为治之本也，所以备民也。为治而去法令，犹欲无饥而去食也，欲无寒而去衣也，欲东而西行也，其不几亦明矣。"[②]商鞅认为法是治理的根本。慎到认为"法者，所以齐天下之动，至公大定之制也"[③]，还认为"事断于法，是国之大道也"[④]。这些主张都强调了法治的重要意义。管仲对法论述道："尺寸也、绳墨也、规矩也、衡石也、斗斛也、角量也，谓之法。"[⑤]管仲的论述指出了法具有公平、公正、规范的特性。韩非论述道："法者，宪令著于官府，刑罚必于民心，赏存乎慎法，而罚加乎奸令者也。"[⑥]着重强调了法对于加强君权、防止奸险之徒的作用。

在研究古代法家思想时，并不需要执着于具体概念的细微演变。何况法治概念本身在上千年的思想流变和近现代法治思想的影响下已不可能完全还原其本真语境。不过，古代法治思想关于法的重要性、强制性、规范性、公开性、实用性等特征基本一致，也应该是我们研究的基本共识。

在探讨关于法家流派中法治思想渊源和内涵的问题时，还应该注意几点：一是认清法治与人治的关系。法家流派普遍强调法治，认为人治不足以治国，但是法家又将全部希望寄托于君主一人身上，这是法家思想的一大悖论，也是古代各个治理思想流派都存在的问题。二是认清法治的目的性和规范性之间的关系。法家思想家非常重视规范性，尤其是慎到极为强调把治理实践规范

[①] 《商君书》，石磊译注，北京：中华书局，2022，第177页。
[②] 《商君书》，石磊译注，北京：中华书局，2022，第178页。
[③] 《慎子集校集注》，许富宏撰，北京：中华书局，2013，第108页。
[④] 《慎子集校集注》，许富宏撰，北京：中华书局，2013，第66页。
[⑤] 《管子》，李山、轩新丽译注，北京：中华书局，2009，第58页。
[⑥] 《韩非子》，高华平、王齐洲、张三夕译注，北京：中华书局，2015，第173页。

化。但古代法治规范化的意义与现代不同,他们心中并未形成现代意义上法具有独立性和神圣感的形象,在法家理论中规范化永远会屈从于目的性要求,因此法家也不可能发展为现代意义上的法治理念。不管是着眼国家的富国强兵、重本抑末、耕战主张,还是着眼君主的君权至上、防奸除恶、抑制权贵等,这些都是法家的目的性主张而非规范性要求。难以厘清目的和规范的关系是法家思想中存在前后矛盾、难以自圆其说的主要原因。三是认清法治和礼治的关系。尽管儒家反对严刑峻法,法家"鄙视"儒家仁义道德,但是从治理实践的角度看,法治和礼治之间并没有本质的差异,所谓"出于礼则入于法"就是这个意思。在古代治理高度伦理化的现实环境中,礼治与法治的主要区别是指导思想不同、程度存在差异,但是具体的实施原则、主张和标准经常难以区分,甚至儒家所倡导的礼治在不少地方比法家倡导的严刑峻法还要残酷不少。两者的不同之处主要在于,法家思想过于赤裸、不懂得变通、不去缓和理论与人性之间的张力,没有给人留下一丁点"脸面",也许这正是法家思想衰落的一大原因。

二、法的治理意义

法在治理实践中发挥着重要作用,法家普遍将法视为维持治理秩序的主要手段。法在治理中最大的作用就是"依法治国"。

首先,法是全体臣民的言行准则和基本治理的规范。"一民之轨,莫如法"①,在法的治理下,全体臣民就能有一个统一的行动标准了。管仲认为:"法者,天下之程式,万事之仪表也"②。法给全民的行为提供了一套程序化的行动规范,如果大家都按照这个规范言行,必然全体行动一致,治理有序。法家还认为最好的状态是人们的一切行为,无论大小巨细,全部能通过法来规范,用法彻底代替礼乐仁义等治理方式,或者用法的形式去规范德治。

其次,法是治理国家的主要途径。法家诸子非常重视法在稳定治理秩序中的作用,认为只有施行法治,治理才能简单容易。管仲认为"虽圣人能生法,不能废法而治国"③;商鞅认为"背法而治,此任重道远而无马、牛,济大川而无舡楫也"④;韩非认为"释法术而任心治,尧不能正一国;去规矩而妄意度,奚仲不

---

① 《韩非子译注》,张觉等译注,上海:上海古籍出版社,2016,第53页。
② 《管子》,李山、轩新丽译注,北京:中华书局,2009,第900页。
③ 《管子》,李山、轩新丽译注,北京:中华书局,2009,第297页。
④ 《商君书》,石磊译注,北京:中华书局,2022,第153页。

能成一轮;废尺寸而差短长,王尔不能半中;使中主守法术,拙匠守规矩尺寸,则万不失矣"①。只要按照法的原则治理国家,不需要多么英明的统治者就能把国家治理得井井有条,如果不依法治理,就会背道而驰,注定不能稳定。

最后,法是防止治理混乱的根本手段。国家与国家、阶层与阶层、个人与个人之间都存在无数冲突矛盾,如果没有办法去解决矛盾、遏制冲突,势必陷入混乱局面,这时候只有法治才能快速且有效地解决纠纷、避免冲突。韩非对此说道:"法分明,则贤不得夺不肖,强不得侵弱,众不得暴寡。"②在治理中,法最直接的功能就是惩治犯罪、维持社会治安、创造安定环境。韩非说:"明主之法,揆也。治贼,非治所揆也;治所揆也者,是治死人也。刑盗,非治所刑也;治所刑也者,是治胥靡也。故曰:重一奸之罪而止境内之邪,此所以为治。重罚者,盗贼也;而悼惧者,良民也。欲治者奚疑于重刑?"③总之,法家认为法在国家治理中发挥着至关重要的作用,是治国安民、实现天下大治的唯一途径。

三、实行法治的具体主张

讨论法治、制定法规、变革法典都不算最难,法治的最难点在于如何贯彻实施,法家在这个问题上有一整套具体主张。

（一）明法利民、明分尚公

知法才能守法。只有依靠公开的明法才有利于民众。明法利民是指在实行法治的过程中要制定并颁布全民知晓、简单明白的法令条文。法治要得到执行,首要就是要普法。关于明法利民,商鞅说道:"古之明君错法而民无邪,举事而材自练,赏行而兵强。此三者,治之本也。夫错法而民无邪者,法明而民利之也。"④商鞅认为实施法治要先使"天下吏民无不知法"⑤,通过全民"普法教育",就能提高民众的法治观念,进而使大家都成为守法之人,进而达到"吏不敢以非法遇民,民不敢犯法以干法官也"⑥的效果。对于明法的重要性,韩非也说道:

---

① 《韩非子译注》,张觉等译注,上海:上海古籍出版社,2016,第348页。
② 《韩非子译注》,张觉等译注,上海:上海古籍出版社,2016,第343页。
③ 《韩非子译注》,张觉等译注,上海:上海古籍出版社,2016,第746页。
④ 《商君书》,石磊译注,北京:中华书局,2022,第81页。
⑤ 《商君书》,石磊译注,北京:中华书局,2022,第177页。
⑥ 《商君书》,石磊译注,北京:中华书局,2022,第177页。

"故明主之国,无书简之文,以法为教;无先王之语,以吏为师。"①也就是指普法教育和优秀的执法官吏是法治最重要的两个方面。要实现明法利民需要做到四点:一是法令必须简单明了,哪怕是愚昧之人只要听一遍就能迅速理解,"故圣人为法,必使之明白易知,名正,愚知遍能知之"②;二是明法要合乎民情民意,就是法律条文要合乎人情,尊重民众的合理欲望和一般认知水平,只有这样才能深入人心;三是法要尽量详细、具体、可操作性强,最好能达到一切治理事务都能由法处理的程度,正所谓"明主之法必详尽事"③;四是执法者要懂法用法,正所谓"为置法官,吏为之师,以道之知"④,意思就是各级执法的官吏要非常熟悉法令条文,要向普通民众宣传、解释法令条文。

明分尚公,指的是实行法治要有明确的标准。法家主张公私分明,要求法治实行中将公置于首位。首先,在法治实施中必须公私分明。商鞅认为"君臣释法任私必乱。故立法明分,而不以私害法,则治"⑤,还认为"名分定,势治之道也;名分不定,势乱之道也"⑥。要达到法治效果,首先,要把公和私分清楚,如果公私不分,势必以私危害公,这是治乱之道。其次,在处理公私关系上,法家认为公的地位远高于私,实行法治要求以公为先。在实践中,法家普遍提倡"任公不任私""立公废私"的主张。法治实践中的公私关系很重要也很复杂,一般来说,法家认为君主的利益是绝对的公,民众的私利、臣下的利益等都属于私的行列。最后,要认识到明分尚公具有重要意义。一方面,明分尚公的观点至少划分了公与私,也算给了民众一点满足私利的空间,而不是绝对无任何个人利欲的依附;另一方面,立公废私的主张指向了当时的门阀权贵,不仅有利于加强君主权力,同时也起到了限制权贵兼并土地、缓和社会矛盾的作用。

(二) 刑无等级、法不阿贵

"刑无等级,法不阿贵"的观点,近似于现代社会"法律面前人人平等"的观念。公是法治的基本精神,法必须为全体臣民所遵守,无论任何人,都不能违背法的规定,都必须接受法的制裁。在法面前,没有等级之分,没有权贵特权,一

---

① 《韩非子》,高华平、王齐洲、张三夕译注,北京:中华书局,2015,第205页。
② 《商君书》,石磊译注,北京:中华书局,2022,第180页。
③ 《韩非子译注》,张觉等译注,上海:上海古籍出版社,2016,第762页。
④ 《商君书》,石磊译注,北京:中华书局,2022,第180页。
⑤ 《商君书》,石磊译注,北京:中华书局,2022,第105页。
⑥ 《商君书》,石磊译注,北京:中华书局,2022,第179页。

且违法,必须受到惩罚。当然,只有一个人除外,那就是君主。

对于法律面前人人平等的观点,法家诸子都有不少精彩论述。商鞅提道:"壹刑者,刑无等级,自卿相将军以至于大夫庶人,有不从王令、犯国禁、乱上制者,罪死不赦。"[①]在法前面,从王侯将相到普通民众,都不能例外。而且,商鞅还认为"有功于前,有败于后,不为损刑;有善于前,有过于后,不为亏法"[②],功是功,过是过,两者不可相抵,只要违法,就必须依法惩治。对这一观点韩非也提道:"法不阿贵,绳不挠曲。法之所加,智者弗能辞,勇者弗敢争。刑过不避大臣,赏善不遗匹夫。"[③]任何人都不能枉法,法不会因为权贵大臣而有所变通。

即便以现代人的眼光阅读法家著作,这些话依旧能够激荡人心。但是,法家还有一个终极难题没有解决,那就是君主与法的关系。法家对君主如何更好推行法治提出了很多具体要求,这些要求固然能够起到一些督促君主、限制君主的作用,但是在法家思想体系中,一切法治主张不过都是为了君主服务,法对君主本人几乎没有任何实质性的约束。在法家理论中,不仅没有其他学派常用的"吓唬"、威慑等手段,反而还不断鼓励和怂恿君主玩弄法治。那么,所谓刑无等级、法不阿贵,当然也可以被君主随意使用了。这是无解的难题,可此题不解,前面的一切主张都要打个问号了。

(三)重刑厚赏、轻罪重罚

在刑罚方面,法家主张严刑峻法、轻罪重罚,以重罚防止犯法。法家的治理理念就是法必须使人畏惧,以严苛的刑罚来消除犯法行为。商鞅认为:"立君之道,莫广于胜法;胜法之务,莫急于去奸;去奸之本,莫深于严刑。"[④]必须使用严刑才能去除奸恶。这就是所谓的"以刑去刑"理念。对此,商鞅详细论述道:"是故,兴国罚行则民亲,赏行则民利。行罚,重其轻者,轻者不至,重者不来。此谓以刑去刑,刑去事成。罪重刑轻,刑至事生,此谓以刑致刑,其国必削。"[⑤]他还认为"故以战去战,虽战可也;以杀去杀,虽杀可也;以刑去刑,虽重刑可也"[⑥]。简而言之,为了达到目的,必须轻罪重罚以威慑之。韩非同样提倡轻罪重罚,认

---

① 《商君书》,石磊译注,北京:中华书局,2022,第 124 页。
② 《商君书》,石磊译注,北京:中华书局,2022,第 124 页。
③ 《韩非子》,高华平、王齐洲、张三夕译注,北京:中华书局,2015,第 5 页。
④ 《商君书》,石磊译注,北京:中华书局,2022,第 75 页。
⑤ 《商君书》,石磊译注,北京:中华书局,2022,第 103 页。
⑥ 《商君书》,石磊译注,北京:中华书局,2022,第 131 页。

为"夫严刑者,民之所畏也;重罚者,民之所恶也。故圣人陈其所畏以禁其邪,设其所恶以防其奸,是以国安而暴乱不起"①。也就是提倡以其所重禁其所轻,认为只有严酷的法才能让人战栗恐惧,才能起作用。

另外,还有一个思路值得注意,就是"行刑,重其轻者,轻者不生,则重者无从至矣,此谓治之于其治也"②。如果轻罪就被处死了,重罪就不会出现了,最起码被处死的人就不会再犯更重的罪了吧。法家理论这种"反人类"的清奇思路的确让人"无话可说"。

假如以这样的逻辑推导下去,那么即使没有犯罪也可以惩罚了。这还真的就是商鞅的观念!他对此论述道:"刑加于罪所终,则奸不去;赏施于民所义,则过不止。刑不能去奸而赏不能止过者,必乱。故王者刑用于将过,则大邪不生;赏施于告奸,则细过不失。"③这就是商鞅"刑将于过"的法治主张,他认为可以对没有犯罪事实、仅有犯罪苗头或犯罪动机的人实施惩罚。这种无边界、无底线的法治主张的确令人不寒而栗。

除了重刑,法家还提倡厚赏。在法家思想中,厚赏一般与重刑对应。说实话,纵观法家典籍,厚赏最大的用处之一就是在文字中跟重刑一起使用,显得法家著作的语言工整流畅,至于到底如何实施厚赏、何种行为、奖励多少等具体细节讲得不多。我们都熟悉商鞅"立木为信"的故事,勉强可以算法家厚赏理念的例子,不过"立木为信"这种不具有普遍性的孤例更应被归于术治诡计的行列。总之,法家以严苛著称,主张以刑罚为主,赏赐只是辅助手段。比如,商鞅认为"王者刑九赏一,强国刑七赏三,削国刑五赏五"④。若是按照商鞅的逻辑演绎下去,如果"刑十赏零",那岂不是比王者还厉害了?

第四节 术治:以"术"为主体的治理思想

势治和法治的思想不是法家流派所独有的,其他流派对势治和法治也都有不同的阐述和见解,但术治却是法家独树一帜的主张。法家的坏名声很大原因

---

① 《韩非子译注》,张觉等译注,上海:上海古籍出版社,2016,第157页。
② 《商君书》,石磊译注,北京:中华书局,2022,第50页。
③ 《商君书》,石磊译注,北京:中华书局,2022,第74页。
④ 《商君书》,石磊译注,北京:中华书局,2022,第41页。

也是由于其玩弄群臣、阴谋诡计、腹黑权术等术治主张。这也导致术治在后世其他学派中或鲜有提及、或猛烈批判、或耻与为伍。但不可否认,术治的不少观点经久不衰,长期隐匿于正统学说主流之下并发挥着作用。

一、术治的治理目的

术是专门用于探讨如何处理君臣关系的理论,确切地说,是君主如何驾驭臣下、防范臣下的一系列具体策略和实践方法。

(一) 术的含义

术的含义是什么呢?《韩非子》一书中对术作了阐释:"术者,因任而授官,循名而责实,操杀生之柄,课群臣之能者也。此人主之所执也。"[①]很明显,术就是君主用来治理权臣的方法。商鞅对术的看法是:"主操名利之柄,而能致功名者,数也。圣人审权以操柄,审数以使民。数者,臣主之术,而国之要也。"[②]此处术和数的意思相近或相通,都表达了君主要学会使用这种术数来加强统治。综合上述说法不难看出,术的含义就是君主独操的治理臣下的方法。

术与法、势不同。韩非认为:"人主之大物,非法则术也。"[③]他还认为:"术者,藏之于胸中,以偶众端而潜御群臣者也。故法莫如显,而术不欲见。"[④]由此可见,术有三个不同特点:一是从形式上看,法是公开的,而术则是隐秘不能让人看到或知晓的;二是从治理对象看,法是面向所有人的,而术所面向的对象主要是臣下;三是从使用主体看,法由统治阶层共同使用的,而术只能由君主一个人使用。

术对于治理而言非常重要,实际上先秦时期对术的讨论十分积极,属于真正的"显学"。儒家荀子曾谈过术的治理,道家学说尤其是朴素辩证思维方法更是术治的思想鼻祖。在治理实践层面,术的确有其可用之处且必不可少,所以我们大可不必谈术色变,认为这是心术不正、道德败坏的标志。秦亡之后,关于术和术治的讨论基本从"书面的"思想领域消失了,这也导致古代治理思想中的内容多数都是原则性的理念,缺乏操作性、实践性的治理主张,尤其是缺乏关于

---

① 《韩非子》,高华平、王齐洲、张三夕译注,北京:中华书局,2015,第173页。
② 《商君书》,石磊译注,北京:中华书局,2022,第60页。
③ 《韩非子》,高华平、王齐洲、张三夕译注,北京:中华书局,2015,第158页。
④ 《韩非子》,高华平、王齐洲、张三夕译注,北京:中华书局,2015,第158页。

权力运行的心理较量、制衡机制、博弈之术等方面的研究成果。因此，谈论术治的主张和影响，是对研究古代治理思想十分有益的理论补充。

(二) 术的治理目的

术治的目的就是加强君主专制权力，防范来自臣下的威胁。

法家认为，权力对于君主而言至关重要，因此必须不断加强君主权力，极力消除对君主权力的威胁。威胁来自何处？韩非认为君主最大的威胁来自内部、来自臣下。韩非纵览历史上亡国的教训史，认为"其臣弑君而取国者众矣"①，因此君主的首要任务是治理好臣下。

韩非还对臣下的威胁做了具体论述。他说道："乱之所生六也：主母，后姬，子姓，弟兄，大臣，显贤。"②对君主而言威胁最大的敌人，或者说乱国的根源来自六类人：君主母亲、后妃、儿子、兄弟、大臣以及显贵门阀。这些人无不觊觎君主的权力，他们也是最有能力和机会篡权夺位的人，因此必须严加防范。可以说，法家的理念十分赤裸且冷血，把君主与其他所有人的定位都归为敌我关系、虎狼关系，认为君主在处理与臣下关系时绝不能有任何同情和侥幸心理。韩非对此还说道："臣主之间，非兄弟之亲也。劫杀之功，制万乘而享大利，则群臣孰非阳虎也？事以微巧成，以疏拙败。群臣之未起难也，其备未具也。群臣皆有阳虎之心，而君上不知，是微而巧也。"③在这里可以看出，韩非把君臣关系彻底对立起来，认为臣下都有阳虎之心，内心都想着要犯上作乱。他认为无论现在看起来多么忠心、多么服从的臣下都不能信任，他们之所以表现出服从之心，只是因为犯上作乱时机还未成熟，一旦时机成熟，他们必然会蠢蠢欲动，暴露真实面目。所以韩非认为，君主绝对不能信任臣下，"人主之患在于信人，信人，则制于人"④，如果信任臣下就会受制于臣下。所以真正的君主要明白，君臣不同才是王道，君臣共事必是祸端，"知臣主之异利者王，以为同者劫，与共事者杀"⑤。

从上面的论述可以看出，这是多么残酷的君臣关系。但是更为残酷的是，长久以来的经验教训和政治实践一次次明确地告诫君主，这才是现实的君臣关

---

① 《韩非子译注》，张觉等译注，上海：上海古籍出版社，2016，第 723 页。
② 《韩非子译注》，张觉等译注，上海：上海古籍出版社，2016，第 770 页。
③ 《韩非子》，高华平、王齐洲、张三夕译注，北京：中华书局，2015，第 160 页。
④ 《韩非子译注》，张觉等译注，上海：上海古籍出版社，2016，第 188 页。
⑤ 《韩非子译注》，张觉等译注，上海：上海古籍出版社，2016，第 770 页。

系。因此君主也就不得不采取术治来驾驭臣下,以防范威胁。

二、术治的治理主张

关于君主如何具体实施术治来愚弄臣下,法家认为其要义就是深藏不露、不可捉摸、威不可测,"故明主之行制也天,其用人也鬼"①。法家对此有着详细的论述,尤其是《韩非子》一书中将术治阐述得淋漓尽致、极为露骨。在《韩非子》中,术处于主体地位,一大半篇幅都用来讲述如何运用术治。毫不讳言地说,古代君臣阅读法家著作,包括当今我们去阅读《韩非子》,也会不自觉地把兴趣和关注点放在术治部分,并想从中获得某些功利性的启示和助益。

(一) 驾驭臣下之术

第一,循名责实。法家把"循名责实"视为君主"课群臣之能"的主要手段。对此韩非说道:"人主将欲禁奸,则审合刑名。刑名者,言与事也。为人臣者陈而言,君以其言授之事,专以其事责其功。功当其事,事当其言,则赏;功不当其事,事不当其言,则罚。"②循名责实之术主要有两类:一是循名,即根据能力授予官职;二是责实,即要求严格限定臣下的职责范围,以职位、职责去责成臣下,要求臣下绝对不能有任何逾越职责的言行。用现代的眼光看,"循名责实"与人才使用和考核制度颇为相似,主要目的就是根据臣下的能力和水平授予相应的官职,再考察他们的言行是否相符,履职是否尽责等情况,进而根据实情来实施赏罚,以达到治理臣下的目的。

第二,参验群臣。法家强调"循名实而定是非,因参验而审言辞"③。参验群臣主要是指君主考察、辨别、愚弄、控制臣下的一整套治理方法。韩非认为治理臣下要"听其言必责其用,观其行必求其功"④,还要求官位和职责相对应,以其职责的完成情况来评定功过得失,尤其是要做到言行一致,不兼任他事,不越位办事。考察臣下要注重他们的实际贡献,而不能仅仅是听其言观其行,还要看有没有作出真实功绩。参验群臣之术主要分为正反两种:一种是正面的,即考评官员任职情况的常规治理手段,能起到监督和督促的作用;另一种则属于

---

① 《韩非子译注》,张觉等译注,上海:上海古籍出版社,2016,第767页。
② 《韩非子》,高华平、王齐洲、张三夕译注,北京:中华书局,2015,第6页。
③ 《韩非子译注》,张觉等译注,上海:上海古籍出版社,2016,第148页。
④ 《韩非子译注》,张觉等译注,上海:上海古籍出版社,2016,第751页。

阴谋诡计层面,即用术来考察臣下是否为奸臣。韩非提出了许多参验群臣的办法,比如"握明以问所暗,诡使以绝黩泄。倒言以尝所疑,论反以得阴奸。设谏以纲独为,举错以观奸动"①等,这些阴谋之术会在下面单独论述。

第三,孤立群臣。法家认为:"朋党相和,臣下得欲,则人主孤;群臣公举,下不相和,则人主明。"②如果臣下结成党羽,意见一致,就孤立了君主,只有使臣下之间充满矛盾,他们最后只能依靠君主做决断,这样做才能加强君主的权威。因此,法家认为君主治臣,必须孤立群臣,隔断臣下与民众的联系以及臣下之间的联系,使臣下既不能在民众中形成威望,也不能相互勾连,最后只能依赖于君主。这是一种惯用的治理手段。韩非还认为,君主要独占美名,臣下绝不能去博得名誉。《韩非子》一书中,韩非借孔子之口说道:"天子爱天下,诸侯爱境内,大夫爱官职,士爱其家,过其所受曰侵。今鲁君有民而子擅爱之,是子侵也,不亦诬乎!"③臣下只能爱其官职,如果臣下去博得民众的爱戴,那就是超过了职责限定范围的侵犯行为了。更进一步,如果君主能让臣下尽职尽责,充分发挥其能力同时还能让民众憎恶他们,那就是再好不过的君臣关系了。因为如此一来,臣下不仅失去了反抗君主的合法性和民众的基础,反而还给了君主处置臣下并赢得美誉的把柄和机会,实在是一举多得之事。

第四,严控重臣。法家认为,门阀贵族、权臣操纵是春秋战国时期治理混乱的主要原因。君主为了加强统治,必须对重臣、权臣严加控制,因此法家提出了抑制重臣的治理之术。一是严格控制分封,从经济上削弱重臣的实力。韩非对分封割据的危害如此说道:"凡人主之国小而家大,权轻而臣重者,可亡也。"④韩非认为分封是臣下作乱最主要的原因,因此提倡君主限制分封,尽量不分封赏赐,或者仅给予适当的封赏,"欲为其地,必适其赐"⑤。二是限制重臣权力,臣下不能专擅兵权、财权、人权、刑赏之权。这些权力都应该由君主独操,不能让臣下独掌,否则就是壮大臣下的力量。三是限制私党,禁止私朝。韩非认为"欲为其国,必伐其聚"⑥,必须防范臣下相互结交成为私党,如果发现必须

---

① 《韩非子译注》,张觉等译注,上海:上海古籍出版社,2016,第774页。
② 《韩非子译注》,张觉等译注,上海:上海古籍出版社,2016,第509页。
③ 《韩非子》,高华平、王齐洲、张三夕译注,北京:中华书局,2015,第128页。
④ 《韩非子译注》,张觉等译注,上海:上海古籍出版社,2016,第165页。
⑤ 《韩非子译注》,张觉等译注,上海:上海古籍出版社,2016,第72页。
⑥ 《韩非子译注》,张觉等译注,上海:上海古籍出版社,2016,第72页。

立即下狠手处理,也就是"散其党,收其余,闭其门,夺其辅,国乃无虎"①。至于战国时期盛行的私朝、家朝之风,更是不可宽恕的,必须立即取缔。总之,就是要通过抑制重臣的经济和政治实力,达到"强本弱枝"的目的。

(二) 深藏不露之术

法家术治的精髓要义便是深藏不露,"用术,则亲爱近习莫之得闻也"②。术治的特性在于看不见、摸不着,只能藏在君主一个人心中,绝不能为外界知晓,只有深不可测,才能加强君主一人之权威。

第一,喜怒不形于色。韩非曾说:"若地若天,孰疏孰亲,能象天地,是谓圣人。"③法家认为,君主应该隐藏自己的喜怒爱好,让任何人都不知道自己的真实想法,还要故意使自己显得高深莫测,这才是圣君该有的表现。更具体而言,"君无见其所欲,君见其所欲,臣自将雕琢;君无见其意,君见其意,臣将自表异。故曰:去好去恶,臣乃见素;去旧去智,臣乃自备。"④君主一旦流露自己的喜怒爱好,臣下就会故意迎合、就会琢磨君主的心意而钻营。因此君主只有要隐藏好自己的好恶,才能让臣下无机可乘。韩非还说:"君见恶,则群臣匿端;君见好,则群臣诬能。"⑤其实表达的都是相同的意思。更进一步,韩非还认为君主不应给臣下任何揣测观察的机会,而是应该尽量隔绝自身与臣下的关系,即使是自己的夫人、后妃也要多加防备,甚至建议君主要"独寝",以免说梦话暴露自己内心想法,可见此深藏不露之术多么夸张。更引人深思的是,古代君主多数情况下也真的就是"独寝"的,后妃一般仅是"侍寝"少有过夜。尽管君主"独寝"的惯例与韩非之间并没有直接关系,但也足见其观点的深远影响。

第二,假装无为而治。法家也提倡无为而治,此无为与道家的无为亦有不同,主要内容还是要求君主深藏不露,装作无事、无为、无欲,对任何事情都不表态,尽量做到"见而不见,闻而不闻,知而不知"的程度。当然我们都知道,这并非真正意义上的无为,一切不过都是假装的,主要是为了深藏不露,让臣下无法判断君主的真实意图。假装无为的目的还是有为,有为则主要是为了便于观察

---

① 《韩非子译注》,张觉等译注,上海:上海古籍出版社,2016,第39页。
② 《韩非子》,高华平、王齐洲、张三夕译注,北京:中华书局,2015,第159页。
③ 《韩非子译注》,张觉等译注,上海:上海古籍出版社,2016,第70页。
④ 《韩非子》,高华平、王齐洲、张三夕译注,北京:中华书局,2015,第1页。
⑤ 《韩非子译注》,张觉等译注,上海:上海古籍出版社,2016,第60页。

和愚弄臣下。

第三,暗中观察臣下。韩非认为假装无为的目的是"道在不可见,用在不可知。虚静无事,以暗见疵"①。可见,君主处心积虑地伪装自己,目的是在暗处观察臣下的一举一动,保证君主能够在监察臣下的同时而不被臣下监察,这就是术治之道。反之,君主假装无为,臣下却绝不能假装无为,不仅不能装,还必须表态发言,连缄口不言都不能允许,唯有如此才能彻底使臣下进退两难,无所依托,最后只能选择成为君主的奴才。

(三) 聪明独断之术

术治之目的是加强君主集权,因此君主在运用术治的时候还应该专权独断以彰显其英明。"今大臣执柄独断,而上弗知收,是人主不明也。"②君主必须独断,臣下则绝不能有这种权力。《韩非子》中专门分析了申不害的一句话:"独视者谓明,独听者谓聪。能独断者,故可以为天下王。"③至于如何做到聪明且独断,法家也有论述。

第一,重视情报。君主要聪明独断,首先要重视情报的收集工作,尤其是要注重发挥耳目的作用,以各种手段尽可能掌握详细且全面的信息,以利于掌控全局。韩非说道:"故身在深宫之中而明照四海之内,而天下弗能蔽弗能欺者,何也?暗乱之道废而聪明之势兴也。"④君主如何做到身在深宫而知晓四海之事,如何才能不被天下蒙蔽呢?就必须多方收集情报,还要让包括臣下在内的各种人士积极向自己汇报情况,以至整个天下都不得不为君主所监视。另外,法家还要求君主在听取臣下汇报时要做到兼听则明,"听无门户""忠言拂于耳,而明主听之,知其可以致功也"⑤。这一主张还是有一些积极作用的。

第二,显露聪明。除了广泛收集情报使自己真的聪明外,还可以用一点小手段使自己显得聪明,这也是术治的一种。比如,《韩非子·内储说上》记载了一个"周主下令索曲杖"⑥的小故事,就是君主故意让臣下办一件办不好的事,

---

① 《韩非子译注》,张觉等译注,上海:上海古籍出版社,2016,第 38 页。
② 《韩非子译注》,张觉等译注,上海:上海古籍出版社,2016,第 122 页。
③ 《韩非子译注》,张觉等译注,上海:上海古籍出版社,2016,第 566 页。
④ 《韩非子译注》,张觉等译注,上海:上海古籍出版社,2016,第 150 页。
⑤ 《韩非子译注》,张觉等译注,上海:上海古籍出版社,2016,第 465 页。
⑥ 原文如下:"周主下令索曲杖,吏求之数日不能得。周主私使人求之,不移日而得之。乃谓吏曰:'吾知吏不事事也。曲杖甚易也,而吏不能得,我令人求之,不移日而得之,岂可谓忠哉!'吏乃皆悚惧其所,以君为神明。"

自己去办却能很快完成,以显示自己的英明而贬低臣下的无能。这是典型的诡计,也最容易被掌握并使用的办法,所以翻阅史书,会发现很多君主显露个人聪明才智的例子。实际上,这一术治效果依然存疑,毕竟君主很难判断臣下对其聪明的赞誉或畏惧是出自真心还是"看破不说破"的故意迎合。而且,如果君主天天装聪明装久了,很可能会完全失去自知之明,最终变成愚蠢的君主了,历史上这样的例子也有不少。

第三,强迫臣下。聪明独断之术重在独断,其中突出的一点是君主强迫臣下发言表态。韩非对此论述道:"主道者,使人臣必有言之责,又有不言之责。言无端末、辨无所验者,此言之责也;以不言避责、持重位者,此不言之责也。人主使人臣,言者必知其端以责其实,不言者必问其取舍以为之责,则人臣莫敢妄言矣,又不敢默然矣,言、默则皆有责也。"① 这一术治手段的确比较厉害,直接将臣下逼到进退两难的境地:如果发言表态,不知道表态能否令君主满意;如果一言不发,也会受到责罚。君主威严不可测,最后臣下只能将表态的后果、个人的命运寄于君主身上,臣下岂能不战战兢兢、惶惶不可终日?

（四）阴谋诡计之术

法家的术治思想中有很多阴谋诡计,其中尤以《韩非子》中最多,书中还介绍了倒言反事、挟知而问、挑拨离间、事后算账、疑诏诡使等诡计。

第一,倒言反事,正反互用。倒言反事类似于现代的"钓鱼执法",指的是故意做错事来检验臣下是否尽忠尽责。《韩非子》有一个"事关市以金"的著名例子,大意就是卫嗣公让自己心腹过关,在遇到刁难时就给官吏行贿,事后卫嗣公能详细说出此事,斥责官吏,官吏不知所以,大受震惊,认为卫嗣公明察秋毫,无所不知。倒言反事还可以正反互用来"钓鱼",既可以正话反说,也可以反话正说。比如本来赞同某事,君主却表态反对,然后让臣下发言,以观察他们的反应和态度,检验臣下的忠诚度。反之亦然。

第二,挟知而问,明知故问。挟知而问其实就是明知故问,明明已经知道了真相实情却假装不知,然后再问让臣下来回答。挟知而问有多重效果,一是可以检验臣下是否知情不报、是否如实调查、是否尽忠职守;二是臣下上报后,君主随时可以根据自己业已掌握的实情来审核、纠正臣下,如此便可以彰显自己

---

① 《韩非子译注》,张觉等译注,上海:上海古籍出版社,2016,第406—407页。

明察秋毫,有鬼神不测之功。

第三,挑拨离间,鼓励揭发。术治强调臣下绝不能相互勾连结为朋党,为了达到这一目的,还主张君主采取挑拨离间、相互揭发的办法以制造矛盾。君主利用个人权势制造、引发臣下之间的矛盾,使其互生嫌隙、相互攻讦,这一诡计跟孤立臣下、严禁结党基本是一个路数。韩非还鼓励"告奸",鼓励臣下相互检举,还要奖赏揭发之人,"赏告奸、困末作而利本事"①。挑拨离间、鼓励揭发实是术治中最为歹毒、最坏人心的手段,彻底破坏了人与人之间基本的信任,而且容易被利用成为诬陷他人、打击报复对手的下流手段。无奈的是,君主出于对不可知或偶然性的恐惧,又极为依赖揭发、告密这样的下流手段。

第四,事后算账,防不胜防。事后算账是前述强迫臣下发言表态的后续手段。既然已经强迫臣下表达个人看法了,就必然涉及核验其对错。如果臣下的表态与相关事情后续结果契合,就给予奖励。如果建议或意见最后与事情发展不相符,那就要追加罪责了。治国理政本就千头万绪,处理治理难题更无标准答案,臣下陈词也不可能千篇一律,总有相异之处,如果事后算账,那么无论什么事情、什么情况,君主注定可以责罚一批人,注定能够找到一批臣下"背锅"。如此治理,臣下岂能不惶恐。

第五,疑诏诡使,故意刁难。疑诏诡使指的是君主采取一些迷惑性的政令,使臣下不知所措、疑心重重,最后暴露真实情况或真实想法。这一术治的精髓是不按套路出牌,比如明升暗降、剥夺实权、调离属地等都属于疑诏诡使。这一方法必然让臣下惶惶不安、相互猜测。与之对应,君主还使用故意刁难之术,这有点类似于"激怒法"或西方军事思想中的"切香肠战术"。比如可以赏赐厌恶之物或剥夺喜好之物来激怒、刁难臣下,以此检验臣下的忠诚程度。这一术治历史上也屡见不鲜,比如汉景帝请周亚夫吃肉,不给筷子也不给切肉,故意刁难以观察其细微反应来判断周亚夫能否成为托孤重臣。当然,君主的诡计也有极大可能被臣下识破而反被利用,历史上这样的例子也有不少。

第六,使用特务,刺探情报。设置特务机构,广布耳目刺探情报是君主的惯用手段。韩非主张"阴使时循以省衷"②,就是要派遣耳目监视臣下,最好能够做到全天候无死角监控,让臣下的一举一动、一言一行全能被君主知晓。《韩非

---

① 《韩非子译注》,张觉等译注,上海:上海古籍出版社,2016,第 150 页。
② 《韩非子译注》,张觉等译注,上海:上海古籍出版社,2016,第 774 页。

子》中曾举例说,卫嗣公派出的特务监视臣下,甚至连臣下睡觉用什么席子都一清二楚。实际上这种特殊手段是其他术治的基础和前提,聪明独断、挟知而问、挑拨离间等手段都依赖于这种情报系统。

第七,使用人质,设法暗杀。韩非还主张使用人质的办法,把重臣的妻儿作为人质来进行控制和约束臣下。如果用了这么多办法还是不能消除威胁,韩非还提出了暗杀的办法。韩非主张"生害事,死伤名,则行饮食"①,就是指食物里面下毒暗杀的意思。此外,除了暗杀,韩非还主张明杀,只要有机会直接除掉有威胁的重臣也行。甚至,君主还可以滥杀,以无理由的杀伐彰显其鬼神莫测之威。实际上,法家的术治思想发展到这个地步,它与法家的法治思想已经产生直接冲突。可惜法家一切治理思想的根本目的是君主,并无意解决自身的理论冲突,这也注定了其学派在思想理论领域的衰败命运。

总之,通过这么多阴谋诡计,就是要达到治理臣下、加强君权的目的。韩非对这一目的总结道:"不任典成之吏,不察参伍之政,不明度量,恃尽聪明劳智虑而以知奸,不亦无术乎?且夫物众而智寡,寡不胜众,智不足以遍知物,故则因物以治物。下众而上寡,寡不胜众者,言君不足以遍知臣也,故因人以知人。是以形体不劳而事治,智虑不用而奸得。"②

三、术治思想的演变与影响

法家的术治思想堪称阴狠毒辣、变幻莫测、无所不用其极,如今看来依然令人"叹为观止"、心有余悸。

但不得不说,术治的演变和影响是极为深远的。

首先,术治在治理实践中一直未曾断绝,且呈现出不断蔓延扩大化的趋势。君主为了驾驭群臣、治理国家,必然会使用管理、考核、赏罚等手段,这些措施本来与术治难舍难分,因此术治思想不可能根绝。同时,君主本人出于稳固地位的需要,也必然会使用术治手段。

值得注意的是,在法家眼里,术治是君主独操之术,仅君主一人能够使用,外人绝对不能知晓。但出乎法家意料的是,术治非但没有绝密,反而成了"公开的秘密",后来更是发展到连民间贩夫走卒、老弱妇孺都知晓其存在的地步。更

---

① 《韩非子译注》,张觉等译注,上海:上海古籍出版社,2016,第771页。
② 《韩非子译注》,张觉等译注,上海:上海古籍出版社,2016,第666页。

进一步,术治的方法不断向各个层级蔓延,臣下治理下属可用,族长治理宗族可用,商贩经营亦可用,乃至家庭伦理关系中都可见其端倪。所以,术治对古代社会的影响不可小觑。

其次,术治带来了极为严重的负面影响。术治与愚民之术并无二致,且危害更甚。术治在驾驭群臣的同时导致了臣下以及民众彻底的人身依附和心理依附,也极大地损害了臣民的人格和心理,影响了健全人格的发展和健康心理的形成,在很大程度上遏制了生命活力和思想创造力,对中华民族的整体性格产生了不良影响。

最后,术治的治理效果陷入了两难的悖论。术治在治理效果上存在两大悖论:一是驾驭与反叛的悖论。术治用尽手段驾驭和愚弄臣下,采取很多办法将臣下置于两难境地,逼迫臣下选择反叛以求生,最终谁因谁果都难以判断。比如,历史上因皇帝无故召见重臣而引发叛乱的事件数不胜数。二是利用与被利用的悖论。所谓道高一尺魔高一丈,君主聪明,臣下同样聪明,甚至大多情况下臣下更加聪明。因此,君主使用的所有术治办法都存在被臣下识破并进而加以利用的可能。落实到实践中,诡计接着诡计、套路连着套路,彼此预判着对方的预判,真真假假眼花缭乱,能否达到法家期待的治理效果实在难以判断。

客观地说,术治思想的出现有其现实基础和历史必然。术治是古代权力构架下钩心斗角、尔虞我诈的反映,而且术治对于加强君主权力、稳定治理秩序的确具有一定效果。另外,术治也是对古代君臣治理关系的一种总结性阐述。可以说,不是法家发明了术治,而是这些术治本来就存在,法家只是从政治实践和政治现象中发现并总结出了术治。法家的问题在于过于强调君主至上,却忽略了君主治理国家的根本目的,如此发展下去,法、术、势都会偏离其本质意义。

第四章
无为无不为：道家文化中的治理思想

先秦诸子百家在治理思想的创始期，从不同的思想根基、社会视域和政道立场阐释了各自的治理思想。其中道家文化在中华传统文化中有着重要地位，对中国古代的哲学思想、政治理念，对人们的自然观、伦理观、人生观都产生了巨大影响。其中以老子、庄子为代表的思想家开启了道家文化治理思想的序章。自此之后，道家文化、儒家文化、法家文化同为国家治理思想的主要来源。道家文化蕴涵着丰富的治国之道，对后世尤其是两汉、唐等朝代的治理实践产生了重大影响。道家文化的治理思想主要是以"无为无不为"为核心的治国、治民、治天下之道和以朴素辩证思维为核心的治理方法论。另外，因为道家理论的思辨性、超越性等特点，道家还成为世人思索形而上学之道以慰藉心灵、逃避现实、寻求精神解脱的文化支撑。

第一节　老子无为而治的治理思想

关于老子其人、其事、其书一直争议不休，我们主要从《老子》（《道德经》）一书中探究他的治理思想。老子一般被认为是道家的创始人，是道家之鼻祖与正统流派的代表。老子本人的治理思想以"道法自然"为基础，提出了无为而治的治理主张、小国寡民的治理理想和柔治天下的治理方法论。

一、道法自然：老子治理思想的哲学基础

老子治理思想的哲学基础是"道法自然"。"道"是道家文化中居于最高地位的核心概念和最高范畴。老子乃至全部道家文化中丰富的政治思想和治理

思想都可以归于"道"这个概念的统摄之下。"道"不仅集中反映了老子的自然观、社会观、人生观,还揭示了老子治理思想的内在依据。因此,首先必须理解"道"的思想,才能建立起与治理实践的内在联系,并厘清老子的治理主张。

《老子》开篇就提出了"道"的概念:"道可道,非常道,名可名,非常名。无名,天地之始;有名,万物之母。"[1]老子思想中的"道"是一个十分抽象、难以描述的概念。"道"这个字的起源可概括为:出于人类语言特性和交流便利,不得已而"强为之名",即勉强起了"道"这个名字。在老子眼中,"道"可以理解为现实世界的本体论根据,"道"在逻辑上、时间上都优先于物质世界,正是由"道"才产生了物质世界。他说:"有物混成,先天地生,寂兮寥兮,独立而不改,周行而不殆,可以为天地母。吾不知其名,字之曰道,强为之名曰大。"[2]"道"为天下之母、万物之源。

在本体论方面,"道"生万物。老子提道:"天下万物生于有,有生于无。"[3]"道生一,一生二,二生三,三生万物。万物负阴而抱阳,冲气以为和。"[4]世界起源于"道",正是这个本质上"无"的道孕育产生了全部为"有"的大千世界。从哲学层面看,老子的"道"超越了商周时期以阴阳、五行的概念来理解世界,发展出了更为抽象的形而上学观点和本体论思维方式。这种具有超越性且带有终极意义特点的概念,成为中国古代所有思想流派都不可逃避,甚至是不得不"屈从"的逻辑在先性概念。所以关于"道",自古便有"道为天下裂"的说法,即诸子百家各个流派都由"道"演变而来,都能从"道"上找到根源。实际上,不论是先秦各流派还是后世的宋明理学等,不管是著名思想家还是普通的文人士大夫,基本上都会阐述其关于"道"的理解。

老子认为"道法自然"。"道"还是一种先天的、完美的、"自然"的宇宙普遍法则,这一基本法则是如此和谐圆满、自然而然,不需要去争论和辨析。在道家理论中,"道"被认为是世界万物发展变化和人类社会实践所必须遵循的根本法则,"道"于我们而言最本质的属性是"自然"。因此,最理想的治理必然是与"道"相符合的,治理必然遵循自然而然的法则。于是,"道"也就成为判断治理善恶的首要标准。

基于"道"的哲学基础和"道法自然"的理念,老子在治理思想中强调"道常

---

[1] 《老子》,汤漳平、王朝华译注,北京:中华书局,2014,第 2 页。
[2] 《老子》,汤漳平、王朝华译注,北京:中华书局,2014,第 95 页。
[3] 《老子》,汤漳平、王朝华译注,北京:中华书局,2014,第 154 页。
[4] 《老子》,汤漳平、王朝华译注,北京:中华书局,2014,第 165 页。

无为无不为",主张要在治理实践中贯彻和弘扬自然无为的原则。老子提出"人法地,地法天,天法道,道法自然"①,人之道即治之道,即意味着治理必须遵守"道"的精神。只有按照道,也就是自然无为的原则来治理国家,才能建立真正完善的政治秩序,实现完美至上的治理效能。这就是老子所说的:"道常无为,而无不为。侯王若能守之,万物将自化。"②"无为无不为"可以理解为老子治理思想的精髓要义,其治理主张、治理方法基本以此为理论前提。

二、"无为无不为"的治理主张

老子的治理主张是"无为而无不为"。他认为治理之乱象都源于"有为",无为而治才是最高的治理境界,只有彻底贯彻了这一主张,才能达到无不为的目的。老子的治理主张主要围绕着如何控制有为和贯彻无为而展开。具体来说,主要体现在治君和治民两个层面。

在治君层面,老子对君主的治国实践提出了具体的治理主张。

第一,君主要尽量减少治理活动,"以无事取天下"③。君主只要能做到无为,少生事务,少扰民,就可以"取天下",即达到治理天下的目的。而如果治理活动过多,以多而繁之杂政治国,则必难达到治理效果。这就是"取天下常以无事。及其有事,不足以取天下"④。老子认为君主过于"有为"的治理方式会导致天下混乱,只有无为才能成功,也就是:"天下多忌讳,而民弥叛;民多利器,国家滋昏;人多知而奇物滋起;法令滋章,盗贼多有。是以圣人之言曰:我无为,而民自化;我好静,而民自正;我无事,而民自富;我无欲,而民自朴。"⑤具体而言,就是要求君主按照三个原则行事:"是以圣人去甚,去奢,去泰。"⑥

第二,君主要注重减轻税赋徭役。老子对苛捐杂税进行了激烈批评,他说:"朝甚除,田甚芜,仓甚虚,服文采,带利剑,厌饮食,财货有余;是谓盗夸。"⑦在老子看来,收税与强盗无异。他还认为:"民之饥,以其上食税之多,是以饥;民之难治,以其上之有为,是以难治;民之轻死,以其求生之厚,是以轻死。"⑧治理

---

① 《老子》,汤漳平、王朝华译注,北京:中华书局,2014,第95页。
② 《老子》,汤漳平、王朝华译注,北京:中华书局,2014,第138页。
③ 《老子》,汤漳平、王朝华译注,北京:中华书局,2014,第231页。
④ 《老子》,汤漳平、王朝华译注,北京:中华书局,2014,第191页。
⑤ 《老子》,汤漳平、王朝华译注,北京:中华书局,2014,第231页。
⑥ 《老子》,汤漳平、王朝华译注,北京:中华书局,2014,第113页。
⑦ 《老子》,汤漳平、王朝华译注,北京:中华书局,2014,第211页。
⑧ 《老子》,汤漳平、王朝华译注,北京:中华书局,2014,第286页。

之难在于治民,而民之难治归因于国家税收过多。另外,老子还反对在治理实践中采取严苛的刑罚手段,他认为出现犯罪行为恰恰源于法令的过分严格,何况"若民横且不畏死,奈何以杀惧之也"[1]。其实,刑罚的治理方式本来就存在着因果互证的逻辑悖论,老子的主张值得我们思考。

第三,主张慎战。老子认为"天下无道,戎马生于郊"[2]。他认为任何时候战争都不符合"道"的要求,都是无道之行为。因此他提倡慎战,反对基于争夺利益权势而肆无忌惮地相互攻伐,即"兵者不祥之器,非君子之器,不得已而用之"[3]。因此,必须谨慎对待战争,通过战争不可能得到天下,更不要妄谈治理天下了。老子还认为"大军之后,必有凶年"[4]。战争对治理的伤害是深刻的,必须高度重视。

在治民层面,老子提出了使民无为的治理主张。

老子主要站在统治者的立场,提出了使民无为的愚民治理主张。他说道:"不尚贤,使民不争;不贵难得之货,使民不为盗;不见可欲,使民心不乱。是以圣人之治,虚其心,实其腹,弱其志,强其骨,常使民无知无欲。使夫知者不敢为也。为无为,则无不治。"[5]这段话全面总结了老子的治民之术,就是要民众无知、无欲,进而不争、不盗,以达到治理目的。

第一,治民要感知民心、顺应民心。老子认为:"圣人恒无心,以百姓之心为心。善者善之,不善者亦善之,德善也。信者信之;不信者亦信之,德信也。"[6]这段话充分表明了君主在治理中要注重民心、多行善治。当然,在老子眼中,"爱民治国,能无以智乎"[7],顺民也是"手段"而不是目的,老子最终还是强调以顺应民心来达到使民无知无为的目的。

第二,取消一切礼法、仁义、知识、德政的治理主张。老子认为:"绝圣弃智,民利百倍;绝仁弃义,民复孝慈;绝巧弃利,盗贼无有。此三者以为文不足,故令有所属:见素抱朴,少私寡欲。绝学无忧。"[8]老子认为礼法、仁义、道德等非但不利于治理安定,反而是社会混乱的根源,也就是所谓的"智慧出,有大伪"。

---

[1]《老子》,汤漳平、王朝华译注,北京:中华书局,2014,第283页。
[2]《老子》,汤漳平、王朝华译注,北京:中华书局,2014,第181页。
[3]《老子》,汤漳平、王朝华译注,北京:中华书局,2014,第119页。
[4]《老子》,汤漳平、王朝华译注,北京:中华书局,2014,第116页。
[5]《老子》,汤漳平、王朝华译注,北京:中华书局,2014,第12页。
[6]《老子》,汤漳平、王朝华译注,北京:中华书局,2014,第193页。
[7]《老子》,汤漳平、王朝华译注,北京:中华书局,2014,第36页。
[8]《老子》,汤漳平、王朝华译注,北京:中华书局,2014,第73页。

第三,使民无知、无欲、不争的治理主张。老子认为社会物质财富的诱惑、尚贤氛围下名利的诱惑等都是刺激民众欲望,使民众产生争夺之心、盗抢之心、名利之心的根源。因此,必须在治理中不尚贤、不贵难得之货,以此来杜绝民众的欲望之源,使人不会也不敢有任何欲望和智慧。所以老子提出了"罪莫大于可欲"的治理主张,主张惩罚这些"有为"的行为。

三、"小国寡民"的治理理想

什么样的社会才是老子眼中完美的治世呢?

老子将其治理理想称为"小国寡民"。他如此描述道:"小国寡民。使有什伯人之器而不用,使民重死而不远徙。虽有舟舆,无所乘之;虽有甲兵,无所陈之。使民复结绳而用之。甘其食,美其服,安其居,乐其俗。邻国相望,鸡犬之声相闻,民至老死,不相往来。"[①]

可以看出,"小国寡民"的治理理想有四个特征:一是在人口规模和国土面积上都比较小,主要在小型的"理想国"中自足自给,既不在乎生产力的发展,也不相互迁徙交流;二是在生产方式上回到原始朴素的状态,不再使用目前的生产工具;三是在生活方式和生活态度上回到没有思想、没有欲望、没有知识的状态,人们的物质生活和精神状态都保持着自然质朴的安乐状态,对衣食住行等一切生活方式都非常满意;四是国与国之间保持隔绝状态,最好老死不相往来。

为什么老子认为"小国寡民"是最理想的治理状态呢?可以从以下三个方面理解。

第一,"小国寡民"是无为而治的必然结果。老子推崇的无为而治强调"不以智治国",要求"绝圣弃智""绝仁弃义""绝巧弃利"。在老子看来,物质性的兵器和物品、制度性的礼仪、精神性的仁义道德,它们都是"有为"的治理方式和对自然之道的破坏。无为而治在实践中一步步完善升级,必然会发展到放弃一切"有为"治理的程度,这势必将回到某种完全不需要传统治理方式的原始状态。所以说,"小国寡民"是无为而治理念所导致的必然结局。

第二,"小国寡民"是对现实治理混乱的一种"反动"思潮。老子经历了那个时代治理的无序崩溃,深刻认识到了社会存在的严峻问题,他迫切希望去改变治理动荡的现实,让国家回到以"道"为原则的理想治理模式上来。所以,"小国

[①] 《老子》,汤漳平、王朝华译注,北京:中华书局,2014,第299页。

寡民"一方面是对春秋乱世批判性思考的结果,另一方面也是基于现实境况而产生的无可奈何之理论设想。毕竟任何思想家都囿于时代局限,不可能"天马行空"式地原创或编造治理理想。

第三,"小国寡民"并非治理理想的绝对倒退。大家普遍认为,"小国寡民"思想是一种倒退的历史观,回到原始状态更是与时代发展趋势和基本人性相悖。可是,在老子否定了当时几乎一切的治理方式之后,最好的结局只能是带着满腔的"道"论进行批判性思考后的无可奈何,并再次回到一无所有的原始状态。回到过去,一切都没有变化,一切也都变化了,原始状态孕育了再次创新治理模式的可能。

四、柔治天下的治理方法论

《老子》中蕴含着极为丰富的治理方法论。老子把朴素的辩证法思维与治理现实结合起来,提出了许多有实践意义的方法论原则。其方法论基本内容可以概括为"反者道之动,弱者道之用"[①]。老子十分重视"柔""弱"的作用,认为从中可以发现"道"的基本规律和运行法则,并提出了以柔弱为特征的治理方法。《老子》一书尽管提倡无为,但是这些精妙的方法论却被视为"人君南面之术"而饱受争议。实际上,不管是权力争夺还是国家治理,包括后世的为人处世、经商创业、修身养性,无不从老子的方法论中汲取了营养成分。

老子对以柔弱治理天下的方法论有很多阐述,此处主要介绍以下三种。

第一,以柔弱胜刚强。老子的治理方法的基本立场是站在相对弱势的一方,认为柔弱的力量超乎常人理解,是最为有力的。所以在治理实践中一定要处理好柔弱和刚强的辩证关系。他认为:"弱之胜强,柔之胜刚,天下莫不知,莫能行。"[②]天下人都知道柔弱中蕴含着巨大力量,但现实中却没人去实践。为了论证自己的观点,老子提出了极为著名的"上善若水",认为"天下莫柔弱于水,而攻坚强者莫之能胜,以其无以易之"[③]。反之,老子还认为刚强的特征是脆弱且容易死亡,而柔弱的特征则有助于成长,这就是"故曰坚强者死之徒,柔弱者生之徒"[④]。基于此,老子认为柔弱胜刚强的意义在于,治理实践中要懂得守

[①] 《老子》,汤漳平、王朝华译注,北京:中华书局,2014,第154页。
[②] 《老子》,汤漳平、王朝华译注,北京:中华书局,2014,第294页。
[③] 《老子》,汤漳平、王朝华译注,北京:中华书局,2014,第294页。
[④] 《老子》,汤漳平、王朝华译注,北京:中华书局,2014,第289页。

"弱"用"柔",待机而动。只有采取柔弱治理的方法才对国家最为有益且能使国家强大。他说道:"天下之至柔,驰骋天下之至坚,无有入于无间,吾是以知无为之有益。"①这句话正是在论述这一观点。

第二,以仁慈节俭治国。老子十分倡导采用仁慈、节俭的方式来治理国家。他说道:"我恒有三宝,持而宝之:一曰慈,二曰俭,三曰不敢为天下先。夫慈故能勇;俭故能广;不敢为天下先,故能为成器长。"②尽管没有直接阐述仁慈的治理方式,但是老子在很多地方都表达了对于民众疾苦的同情之心,所以他的基本治理方法是用慈,而且老子在治民、治兵等方面都表达了用慈的重要作用。节俭被老子视为"大德",他认为只有节俭治国才能实现长治久安。他为此说道:"治人事天,莫若啬。夫唯啬,是以早服;早服谓之重积德;重积德则无不克;无不克则莫知其极;莫知其极,可以有国;有国之母,可以长久。是谓深根固柢,长生久视之道。"③从这段话可以明显看出,老子把节俭治国视为固本强基、长治久安之策。

第三,不争之争。从老子以柔弱治国的逻辑出发,必然推导出"不争""不敢为天下先""委曲求全"等一系列治理方法。老子曾有名言:"夫唯不争,故天下莫能与之争。"④这就是老子提倡的以不争为争的方法。他认为治理国家以及处理各种治理关系时要不争、忍让,即使地位相差很大,彼此也都应以谦让为先,这就是所谓的"大邦不过欲兼畜人,小邦不过欲入事人,夫两者各得所欲,则大者宜为下"⑤。因此以不争为争,是老子方法论中非常高的境界和极为精妙的策略,后来还演变出许多诸如深藏不露、暗藏利器、以曲为直、守弱治弱等权谋心术、腹黑之学,这同样值得我们深思。

第二节　庄子自然而超越的治理思想

庄子的治理思想与老子具有内在传承性和一致性,道家学派通常将两人的治理思想并称为"老庄之学"。庄子治理思想以自然主义的人性论和政治理念

---

① 《老子》,汤漳平、王朝华译注,北京:中华书局,2014,第172页。
② 《老子》,汤漳平、王朝华译注,北京:中华书局,2014,第263页。
③ 《老子》,汤漳平、王朝华译注,北京:中华书局,2014,第237页。
④ 《老子》,汤漳平、王朝华译注,北京:中华书局,2014,第86页。
⑤ 《老子》,汤漳平、王朝华译注,北京:中华书局,2014,第243页。

为基础,其相关论述很少,内容则大多数都是以激烈批判和否定的面目而出现的。但是从庄子的哲学世界观及其对现实政治的讽刺批判中也能探析其关于治理的主要见解。另外,《庄子》一书以其瑰丽的想象、脱俗的境界和天人合一的追求等,对作为古代中国治理实践主要承担者和治理思想主要传承者的士人阶层的精神世界产生了持久而深远的影响。本节主要阐述庄子治理思想的哲学基础、治理主张和治理理想。

一、自然而超越：庄子治理思想的哲学基础

庄子治理思想的哲学基础是自然主义世界观和人性论。

在世界观上,庄子认为"道"是世界的本原。在"道"的世界观中,天地为万物之母,阴阳变化而孕育大千世界。"道"在庄子眼中就是自然之道,他认为世界之一切都是自然赋予、自然生成、自然而然的,没有神秘主义主宰,也没有条条框框的约束,一切联系变化发展都是本于自然、合于自然的。再进一步而言,人、人类社会以及人类的一切实践活动都是自然的一部分,都应该是自然而然的。庄子的观点是思想史上的重大突破,因为在庄子的理论中,自然主义思想既突破了"天""神""命"等早期神学因素的障碍,又超越了人文主义思想下以人的活动为中心而形成的仁义、礼法、等级、刑罚等理念的束缚。基于自然主义世界观,人类的治理活动理应也要回到自然主义视野中进行重新评判、重新建构。

在人性论上,庄子亦是以自然性来论述人性。庄子认为人性的本质就是自然性,而且这种自然本性是天生就有的,人后天所有的主观意识、意志以及任何外在的力量并不能改变和支配其自然性。既然如此,怎么才能展示这种本性呢？对此庄子认为应从几个方面入手：一是主张排除一切社会关系,去过完全没有目的的自然生活,这就是"天放"生活："彼民有常性,织而衣,耕而食,是谓同德。一而不党,命曰天放。"[1]二是主张全形养神,注重保全自然意义上的形体生命,避免"有为"的社会规束及相关思想伤害自然之身体与生命。因此庄子还提倡通过无欲、清静、恬淡等养神方式以达到目的。受此观点影响,后世对庄子的解读可谓"五花八门",既有哲学思想、政治理念之解读,也有精神慰藉之法、养生长寿之道等方面的解读。

在自然主义基础上,庄子提出了"齐物外生"的精神境界。

---

[1] 《庄子》,方勇译注,北京：中华书局,2015,第143页。

庄子十分强调自然性,他经常用野鹿、牛马等禽兽来阐释人性。但是庄子思想并不是纯粹从动物性角度来解读和认识人类社会的,而是追求一种更高层次的精神境界。老子的"道法自然"更多是一种客观性描述,不管是人还是动物都是属于"道"这一概念下的自然产物。而到了庄子这里,道就是自然,自然就是道,道、世界万物、人三者的关系是同一的,客观性、主观性、心灵、精神等等都是同一的,这是一种天人合一、万物合一的精神境界。有了这一基础,人就可以挣脱羁绊,达到万物于我为一的自由境界,这就是庄子"齐物外生",物我同一的观点。

《庄子》一书中有很多这方面的论述,对塑造和提升人的精神境界起到了重要作用。比如他说道:"以道观之,物无贵贱;以物观之,自贵而相贱;以俗观之,贵贱不在己。以差观之,因其所大而大之,则万物莫不大;因其所小而小之,则万物莫不小。"①可以说,道与纷繁万物同一,等量齐观。他还说道:"自其同者视之,万物皆一也。"②一就是万物,万物就是一,人与自然也在一与万物同一中。在这样的境界里,"道—物—人"三者相互贯通,你中有我,我中有你,"无往而非我",有我也是无我,无我也是有我,我与物相互观照,彼此贯通。庄子还提出了"不知周之梦为胡蝶与,胡蝶之梦为周与"③这一著名隐喻,引人入胜,不可尽言。

庄子还认为,"齐物外生"的最高境界是"无"。只有达到无我、无物,才真正达到了天人合一、万物合一的境界。"忘乎物,忘乎天,其名为忘己。忘己之人,是之谓入于天。"④到了这样的境界,无我即有我,无物即有物,此"有"乃是超越世俗理解的"物"之后的"物"。如此,便能上天入地,齐一贯通,"物物而不物于物"。

从庄子的哲学思想出发,自然而然地就衍生了他的治理思想。一是坚决批判分离"道—物—人"一体的观点和行为,对人类有史以来的一切"有为",包括圣人之治、君主之治、伦理道德等进行了辛辣的讽刺与否定。二是表露了其以无为为核心的治理理念。比如,庄子认为:"以此事上,以此畜下,以此治物,以此修身,知谋不用,必归其天,此之谓大平,治之至也。"⑤他还认为:"知道者必

---

① 《庄子》,方勇译注,北京:中华书局,2015,第260—261页。
② 《庄子》,方勇译注,北京:中华书局,2015,第77页。
③ 《庄子》,方勇译注,北京:中华书局,2015,第42页。
④ 《庄子》,方勇译注,北京:中华书局,2015,第189页。
⑤ 《庄子》,方勇译注,北京:中华书局,2015,第208页。

达于理,达于理者必明于权,明于权者不以物害己。"①这些论述中均蕴含了庄子无为而治的治理思想。这种自然无为的治理之道才是庄子的追求,也唯有如此才能达到天下大治的效果。对此,庄子说道:"天道运而无所积,故万物成;帝道运而无所积,故天下归;圣道运而无所积,故海内服。"②

二、自然无为的治理主张

庄子的治理主张主要分为治君、治民、治天下三个方面。

(一) 君主无为的治理主张

我们也可以从庄子和庄子后学的解释中探究其治理主张。尽管庄子对有为的治理进行了深刻批判,但是并不代表要彻底否定治理,毕竟人类社会总要存在一定形式的治理才能维持。庄子认为圣人和君主"有为"的治理是天下混乱的根源之一,因此他主张君主应该顺应自然、无为而治。

首先,君主要奉无为而治之道。"夫帝王之德,以天地为宗,以道德为主,以无为为常。无为也,则用天下而有余;有为也,则为天下用而不足。故古之人贵夫无为也。"③从这句话可以看出,君主治理应顺应天地自然之道,以无为为原则,只有奉行无为治理,才能"用天下而有余"。《庄子·天地》中说:"古之畜天下者,无欲而天下足,无为而万物化,渊静而百姓定。"④庄子跟老子一样,也喜欢把治理国家跟畜牧业联系到一起,认为无为治理是符合天道的,奉行之就能达到万物自化、秩序安定的治理效果。

其次,君主要修养自身虚静之心。"夫虚静、恬淡、寂漠、无为者,万物之本也。"⑤庄子认为君主虚静恬淡就能体会到世界万物的本质。这个道理就像照镜子一样,当水平静之时,就能看到事物完整、细微的倒影。因此他说道:"水静则明烛须眉,平中准,大匠取法焉。"⑥"水静犹明,而况精神?圣人之心静乎!天地之鉴也,万物之镜也。"⑦无为并非什么都不做,自然之道也要与世界万物

---

① 《庄子》,方勇译注,北京:中华书局,2015,第 262 页。
② 《庄子》,方勇译注,北京:中华书局,2015,第 206 页。
③ 《庄子》,方勇译注,北京:中华书局,2015,第 207 页。
④ 《庄子》,方勇译注,北京:中华书局,2015,第 178 页。
⑤ 《庄子》,方勇译注,北京:中华书局,2015,第 207 页。
⑥ 《庄子》,方勇译注,北京:中华书局,2015,第 206 页。
⑦ 《庄子》,方勇译注,北京:中华书局,2015,第 206 页。

联通才行。君主要具备无为而治的能力,就必须提升自身修养、培育虚静恬淡之心,如此便可明鉴自然之道而天下大治。

最后,君主无为而臣下有为。庄子主张"君臣不同道",认为君主与臣下在治理上的职责不同,治理之道也必然不同。简言之,无为主要是针对君主而言,臣下则不能无为。庄子这段话集中阐释了他的观点:"上无为也,下亦无为也,是下与上同德,下与上同德则不臣;下有为也,上亦有为也,是上与下同道,上与下同道则不主。上必无为而用天下,下必有为为天下用,此不易之道也。"① 如果君主与臣下都无为,便是上下同道了,同道而治哪还有什么君臣之分? 君主也就不是君主了,庄子认为"君臣不同道"是不能变化的基本原则。

(二) 顺应民情的治理主张

在治民上,庄子与老子的观点基本一致,都强调以无为治民,认为治理民众应顺应民性民情。这一主张可以从正反两个方面理解。

正的方面,庄子认为顺应民性民情是治民的关键。民众具有朴素的天性,如果能保持这种朴素天性,彻底摒弃了技巧与智慧而无私无欲生活,那就是"至德之世"了。庄子曾把治民比作种庄稼,认为应跟种地一样顺着物种的本性耕作才能有收获;更多的时候庄子把治民比作牧马,认为治民与牧马一样,最关键的方法是彻底去掉马的束缚,让马在草地上自由奔跑、自由觅食。

反的方面,庄子深刻地论述了不顺应民情的危害。庄子还是以马作比喻,批判了伯乐识马的理论,认为伯乐识马违背了马的本性,如此治理将导致大量马匹死亡。实际上,这是庄子论证其理念的一贯特点,即仁义、礼乐等治理手段改变了人的本性,是导致其他问题产生的根本原因。

基于顺应民情的治理主张,庄子在具体的治理实践中提倡尽量无为治民,既不给民增加负担,又不让民拥有智慧。一是应该帮助弱势群体,"老弱孤寡为意,皆有以养,民之理也"②;二是要满足民众基本的物质需求,认为要"以事为常,以衣食为主,蕃息畜藏"③,只有满足民众的基本物质需求才能达到"配神明,醇天地,育万物,和天下"的治理效果;三是反对严刑峻法,认为奖赏和惩罚都不能成为治理天下的主要手段,不赏不罚反而效果更好,"昔尧治天下,不赏

---

① 《庄子》,方勇译注,北京:中华书局,2015,第 207 页。
② 《庄子》,方勇译注,北京:中华书局,2015,第 568 页。
③ 《庄子》,方勇译注,北京:中华书局,2015,第 568 页。

而民劝,不罚而民畏。今子赏罚而民且不仁,德自此衰,刑自此立,后世之乱自此始矣!夫子阖行邪?无落吾事!"①

(三)"在宥天下"的治理主张

庄子"在宥天下"的治理主张体现在这段话中:"闻在宥天下,不闻治天下也。在之也者,恐天下之淫其性也;宥之也者,恐天下之迁其德也。天下不淫其性,不迁其德,有治天下者哉?昔尧之治天下也,使天下欣欣焉人乐其性,是不恬也;桀之治天下也,使天下瘁瘁焉人苦其性,是不愉也。夫不恬不愉,非德也。非德也而可长久者,天下无之。"②所谓"在宥天下"就是指国家和社会本来就不该有治理,应该让天下万物自由发展。从这句话可以看出,庄子是非常反对治理的,他将三代以来的所有治理方式都批判了一遍。其实"在宥天下"本身也蕴含着治理主张。庄子认为"在宥天下"的治理应放弃一切智慧和巧妙技艺,这是实现天下大治的第一步。对此庄子还做了论证:"圣人不谋,恶用知?不斫,恶用胶?无丧,恶用德?不货,恶用商?"③知、胶、德、商四个方面一环接着一环,证明了不用技巧治国,才是善治。实际上,庄子本不反对善治,主要是在现实中不仅看不到善治,而且看到各种"有为"治理造成的恶果,既然往往适得其反,还不如彻底放弃任何治理方式。

三、"返璞归真"的治理理想

以上论述了庄子治理思想的哲学基础和治理主张。如果按照庄子的理念去实践,将会达到什么样的理想境界呢?庄子也描述了他眼中的理想社会,就是以"返璞归真"为特征的"至德之世""至治之世""无何有之乡"。

庄子对这一理想治世作了极为精彩的描述:"故至德之世,其行填填,其视颠颠。当是时也,山无蹊隧,泽无舟梁;万物群生,连属其乡;禽兽成群,草木遂长。是故禽兽可系羁而游,鸟鹊之巢可攀援而窥。夫至德之世,同与禽兽居,族与万物并。恶乎知君子小人哉!同乎无知,其德不离;同乎无欲,是谓素朴。"④在这样的至德之世,已然看不到什么人类物质文明的痕迹,人们的生活

---

① 《庄子》,方勇译注,北京:中华书局,2015,第186页。
② 《庄子》,方勇译注,北京:中华书局,2015,第158—159页。
③ 《庄子》,方勇译注,北京:中华书局,2015,第90页。
④ 《庄子》,方勇译注,北京:中华书局,2015,第143页。

回到了与鸟兽同居、与万物一体,浑然自得而不知的状态。

从这段文字中也可以看出庄子眼中"至德之世"的特点:一是这种理想社会和老子的设想一样,即向往回到一种原始质朴的社会形态。二是庄子比老子的"小国寡民"思想更为激进。"小国寡民"尚且有国、有民、有人类独有的物质文化生活,而庄子的"至德之世"已经看不到太多"人"的因素了。在"至德之世",人类区别于其他物种所独有的文明痕迹被消解殆尽,人类的生产、生活、精神都已不复存在,人就如同自然界的普通动物一般,无知无欲地生活在这纯自然的世界上。

因此,庄子治理理想的核心特征是"返璞归真"。阅读庄子的文章,能体会到"返璞归真"的"至德之世"有三重境界。

第一重是动物境界。动物境界是庄子文本中对理想社会表达最多的形象描述。人类社会像极了一幅壮阔优美的"动物世界"纪录片,我们站在原野上,看到蓝天白云,青草树林,牛羊野兽等各种动物在草地上悠然自得地生活着。在这样的场景中"民如野鹿"①,与动物没有什么区别,那么自然就"民愚而朴,少私而寡欲"②"不知义之所适,不知礼之所将"③。实际上,一旦到了这样的境界,人们的愚昧和私欲、仁义与礼法早就失去任何意义了,庄子大可连谈都不谈。这种动物境界是完全融入且没有任何违和感的,在那里,可能连原始人类那种茅草屋和石器都不存在了。

第二重是生命境界。人与自然万物统一,那么生命的意义也就有了质的不同。单个人的或者动物的生命已然与天地万物完全融合。个人的生命融于万物之中,万物之中亦有智慧生命的元素。庄子说:"泉涸,鱼相与处于陆,相呴以湿,相濡以沫,不如相忘于江湖。与其誉尧而非桀,不如两忘而化其道。"④相濡以沫固然令人感动不已,但相濡以沫仍是有我、有人、有他人这三有之牵挂。严格来说,哪怕是最纯粹无私的人类情感,本质上与欲望、与庄子批判的礼教也只有一纸之隔。所以"相濡以沫"也不是最高境界。如果达到了生命境界,生与死的界限和意义都已经消失,此时"鱼相忘乎江湖,人相忘乎道术"⑤。有人认为这样的社会人与人没有交往,没有任何社会关系。实际上,交往已经失去其存

---

① 《庄子》,方勇译注,北京:中华书局,2015,第198页。
② 《庄子》,方勇译注,北京:中华书局,2015,第320页。
③ 《庄子》,方勇译注,北京:中华书局,2015,第320页。
④ 《庄子》,方勇译注,北京:中华书局,2015,第100页。
⑤ 《庄子》,方勇译注,北京:中华书局,2015,第112页。

在意义,即使有交往也绝不是我们所能理解的任何一种方式了。

第三重是自由境界。人之不自由无非是两大原因——自然的限制和社会的束缚。在庄子的至德之世,人不与自然对抗,在纯粹自然之天下生活,与自然万物融为一体,彻底挣脱了外物的依赖,或者说,人再也没有利用、对抗、改造世界的想法了,如此自然就不会感受外在之物的限制。至于社会束缚,早已在生命境界层面就被解除了。这种自然而自由的境界,庄子作了极为诗意辽阔而不可尽言的描述:"若夫乘天地之正,而御六气之辩,以游无穷者,彼且恶乎待哉!故曰:至人无己,神人无功,圣人无名。"①在论及"无何有之乡"时,庄子说:"今子有大树,患其无用,何不树之于无何有之乡,广莫之野,彷徨乎无为其侧,逍遥乎寝卧其下;不夭斤斧,物无害者,无所可用,安所困苦哉。"②在自由境界中,庄子并不是消解了一切价值和意义,反而这种摆脱了一切世俗理解的价值或者意义才是真正最大的价值所在,也只有在这种境界中,人与万物才能实现真正最高境界的价值。

庄子眼中的"至治之世""无何有之乡",实际上早已是彻底的无治理社会了,或者说国家、治理、社会本身已不存在了。《庄子》一书中出现的这些词汇也只是为了表达思想不得不使用罢了。

但是庄子治理思想的意义又是什么呢?也许包括他自己在内的人都很清楚,这种彻底脱离了社会关系和伦理人性的世界是不可能存在的,如果真的存在,人类就不能称之为人类了。设想一下,如果真的到了"无何有之乡",一定会跟庄子所描述的一模一样吗?人们在阅读和深入了解庄子思想时感受到的诗意、想象、魅力,这些感受难道是"原始社会"的本真呈现吗?庄子看似什么也没有做,却把动物化的自然世界变为了诗化的自由世界,这个诗化的世界早已超出了传统治理因素的约束。也许这正是人类社会所追求的终极意义,也是人类治理思想的终极追求,不过这种理想也许只能存在于诗意中。

第三节 黄老之学的治理思想

正所谓物极必反,老子以"道"论推演出"道法自然"进而提出无为而治的治

---

① 《庄子》,方勇译注,北京:中华书局,2015,第 3 页。
② 《庄子》,方勇译注,北京:中华书局,2015,第 12 页。

理思想,这一思想在理论演进中分化为两条看似截然对立的路径:一路主张道法自然,寻求在自然中实现万物与我的统一,追求绝弃一切社会因素的生命自由;另一路则融合先秦诸子的政治思想,充分发掘道家朴素辩证思维中的治理方法,发展为"君人南面之术",进而形成了在治国实践中产生重要影响的黄老之学。反对约束的自由与不可示人的政治权谋之术都在道家治理思想的土壤中成长起来,并对后世产生了持续不断的深远影响,这种双重复杂性是我们学习与研究道家文化治理思想的基本理论背景。

黄老之学本身也具有其复杂性、综合性、争议性的特点,在研究中又可分为两大方面内容:一是先秦黄老之学,主要以齐国稷下学宫为代表的稷下黄老之学,随着黄老帛书的出土,南方黄老之学即"楚地黄老学"也迅速发展起来;二是秦汉之际,道家思想直接介入政治实践之后的黄老之学,其中以《吕氏春秋》和《淮南子》为代表。黄老之学内部虽有所不同,但整体上拥有基本一致的思想来源、理论特征和治理主张。一般而言,学术界较为公认《淮南子》为综合总结和阐述黄老之学思想的代表著作,所以这里也主要以《淮南子》为基础文本,阐述其中蕴含的治理思想。

《淮南子》又名《淮南鸿烈》,是由刘邦之孙、淮南王刘安(前179—前122)召集其门客所著。全书分为内外两篇,今仅存《内篇》二十一篇。全书以道家思想为宗旨,充分借鉴并融合了先秦以来儒、法、墨、阴阳等各派的思想内容。全书主要目的是为君王提供一套治理国家的理论基础和治理方案。对此,书中《要略训》一篇中认为:"夫作为书论者,所以纪纲道德,经纬人事,上考之天,下揆之地,中通诸理。"[1]"故著书二十篇,则天地之理究矣,人间之事接矣,帝王之道备矣。"[2]《淮南子》被认为是黄老道家之集大成者,它提供了丰富的治理之术,充分阐述了全书所追求的"四海之内,一心同归"[3]之治理效果。其书的思想倾向、渊源、派别等争议颇多,此处仅以文本本身为基础,阐述其中蕴含的治理思想。

一、清静无为的治理主张

研究黄老之学的治理思想,首先要理解其哲学基础和基本主张。

---

[1] 《淮南子》,陈广忠校点,上海:上海古籍出版社,2016,第527页。
[2] 《淮南子》,陈广忠校点,上海:上海古籍出版社,2016,第533页。
[3] 《淮南子》,陈广忠校点,上海:上海古籍出版社,2016,第516页。

《淮南子》在本体论方面主要继承了道家的哲学原理,以道为核心解释世界万物和人类社会发展的关系。与"道法自然"观一致,黄老道家的治理思想也在无为而治的基础上提出了"无为无不为"的治理主张。

首先,提倡清静无为的治理主张。其书认为:"是故清静者,德之至也;而柔弱者,道之要也。虚无恬愉者,万物之用也;肃然应感,殷然反本,则沦于无形矣。"[①]清静是治理的根本,柔弱是治理的基本特征,因此清静无为才是治理大道,正所谓"达于道者,反于清静;究于物者,终于无为"[②]。可见,无为才是合乎道家要求的基本治理理念。不过,《淮南子》一书则更进一步,认为此无为并非抽象意义的无为,而是有具体要求的无为,为此还提出了一系列可操作的"虚君"之术。

其次,《淮南子》辩证看待无为之治。无为不是绝对寂然不动的消极无为,而是要顺应自然之道、因循万物成长之理。《淮南子》批判了消极的无为观念,认为"无为者,寂然无声,漠然不动,引之不来,推之不往"[③]这样的无为绝非真正的无为,而是对无为而治的片面理解,对于治理而言有害无益。真正的无为是深谙无为之道、行无为之治,自然就达到国治民安的效果,犹如目的与手段相统一,于无为中有为,于有为的治世中忘我忘身。正如书中所言:"若吾所谓无为者。私志不得入公道,耆欲不得枉正术;循理而举事,因资而立,权自然之势,而曲故不得容者,政事而身弗伐,功立而名弗有,非谓其感而不应,攻而不动者。"[④]可见,循道而为才是真正的无为;当成就有为之功时仍能保持清静无为之心才是真正的无为。所以说:"天下之要,不在于彼而在于我,不在于人而在于我身。身得则万物备矣。"[⑤]无为而无不为的治理思想在这里达到了全新的境界。

最后,治理理念的精髓在于"变"。黄老之学最大的特征是非常注重法与时变、礼与俗化的治理理念。《淮南子》中的一个重要主旨就是"观天地之象,通古今之论,权事而立制,度形而施宜"[⑥]。时势在变化,治理理念也应发生变化,要根据时势变化而变革治理之术,这才是符合道的。如果因循守旧,坚持"以一世

---

① 《淮南子》,陈广忠校点,上海:上海古籍出版社,2016,第17页。
② 《淮南子》,陈广忠校点,上海:上海古籍出版社,2016,第11页。
③ 《淮南子》,陈广忠校点,上海:上海古籍出版社,2016,第477页。
④ 《淮南子》,陈广忠校点,上海:上海古籍出版社,2016,第481页。
⑤ 《淮南子》,陈广忠校点,上海:上海古籍出版社,2016,第24页。
⑥ 《淮南子》,陈广忠校点,上海:上海古籍出版社,2016,第536页。

之度制治天下"的做法恰恰是违反自然之道的。所以《淮南子》中提道:"故圣人事穷而更为,法弊而改制,非乐变古易常也,将以救弊扶衰,黜淫济非,以调天地之气,顺万物之宜也。"①这段话意思就是变化与无为并不矛盾,反而正符合无为而治的要求。实际上,在《淮南子》一书中,具体的治理主张与儒法已无根本差异,主要差异是指导理念的不同,这也反映了那个时代诸子百家的思想在政治实践中已经开始走向逐步融合的道路。再进一步而言,因为我国古代治理思想基本遵循着人文主义路线,现实考量和思维方式都决定了其很难发展出相对脱离现实而独立运行的西方式思想体系,所以因时而变的治理理念也成了各个派别的基本认识。

二、注重实践的治理之术

黄老之学的治理思想主张无为清静为本,《淮南子》基于无为思想提出了不少具体的治理之术。

(一)"虚君"之术

"虚君"之术主张君主要无为而治,要求君主在治理国家中行无为之事,认为君主坚持以无为之原则治国就可以达到"不言而治"的效果。

第一,君主在治理中要以清静无事为先。《淮南子》十分强调君主清静无为的重要性,认为君主修养身心,做到少私寡欲,以自身之无为拓展到治国之无事才是治理天下的前提保证。全书中有很多这方面的论述,如:"君人之道,处静以修身,俭约以率下。静则下不扰矣,俭则民不怨矣。下扰则政乱,民怨则德薄;政乱则贤者不为谋,德薄则勇者不为死。"②从中可以明显看出,君主在治理中要以身作则,尤其要节俭治国,不能奢靡享受,否则注定会"失其国""丧其家"。在黄老之学中,无为之治已经不单是一种思想,而是有了具体可操作、可检验的标准,这是其理论的一大进步。

第二,君主在治理中应善于纳谏而用众人之智。君主无为不代表什么也不做,《淮南子》主张的无为体现为要求君主善于运用众人的智力去治理国家,还要求君主不能专任独裁行事,而是要善于纳谏和重视以法治理。《淮南子》中说

---

① 《淮南子》,陈广忠校点,上海:上海古籍出版社,2016,第 510 页。
② 《淮南子》,陈广忠校点,上海:上海古籍出版社,2016,第 212 页。

道:"乘众人之智,则无不任也;用众人之力,则无不胜也。"①还说道:"古者天子听朝,公卿正谏,博士诵诗,瞽箴师诵,庶人传语,史书其过,宰彻其膳,犹以为未足也,故尧置敢谏之鼓也,舜立诽谤之木,汤有司直之人,武王立戒慎之鞀。"②可见圣君治理国家,必须依靠众人的智慧和力量,要十分重视纳谏的作用,而且还要时刻以这些原则来监督自己。

(二)君臣治理理念

君臣关系是古代治国的关键因素。在君臣关系上,《淮南子》主张"君制臣,臣事君"的治理理念。

首先,要处理好君臣各自职责的关系。《淮南子》中是这样表达这一观点的:"主道员者,运转而无端,化育如神,虚无因循,常后而不先也。臣道员者,运转而无方者,论是而处当,为事先倡,守职分明,以立成功也。是故君臣异道则治,同道则乱。各得其宜,处其当,则上下有以相使也。"③君臣治理首先就是明确君臣有不同的治理之道,要职责分明,君守君道、臣行臣事,两者必须各行其道,不能僭越。如果君臣异道,就会治理成功;如果君臣同道,则会天下大乱。"是故圣人使人各处其位、守其职,而不得相干也。"④

其次,君主要善于驾驭臣下。君主无为主要指君主要尽量不要直接介入和干预治民之事。但是君主对民众无为并不代表对臣下无为,不仅不能无为,对臣下还要非常"有为"才行,否则君主就可能受制于人。这就是书中所说的"有术则制人,无术则制于人"⑤。因此,君主必须知晓并学会运用治理臣下之术。《淮南子》认为君主必须独掌权势,让臣下各司其职,像驾驭马车一样驾驭臣下,君主挥舞着鞭子指挥,马车进退全在君主手中。"圣主之治也,其犹造父之御:齐辑之于辔衔之际,而急缓之于唇吻之和;正度于胸臆之中,而执节于掌握之间;内得于心中,外合于马志;是故能进退履绳,而旋曲中规,取道致远,而气力有余,诚得其术也。是故权势者,人主之车舆也;大臣者,人主之驷马也。"⑥这段话十分形象地描述并赤裸裸地揭示了君主驭臣之术。不过这也无可厚非,因

---

① 《淮南子》,陈广忠校点,上海:上海古籍出版社,2016,第208页。
② 《淮南子》,陈广忠校点,上海:上海古籍出版社,2016,第228页。
③ 《淮南子》,陈广忠校点,上海:上海古籍出版社,2016,第207页。
④ 《淮南子》,陈广忠校点,上海:上海古籍出版社,2016,第27页。
⑤ 《淮南子》,陈广忠校点,上海:上海古籍出版社,2016,第219页。
⑥ 《淮南子》,陈广忠译注,北京:中华书局,2012,第468页。

为这仅是对那个时代现实政治形势的一种客观反映,如果一味强调君主无为到连臣下都不治理了,那么这个理论就太脱离现实而不可信了。

最后,君主要善于任用贤人。君主驾驭臣下的目的还是为了实现长治久安的治理效果。《淮南子》认为,有无贤人治国是国家的存亡之本,要有效治理国家,必须以贤人治国。"国之所以存者,非以有法也,以有贤人也;其所以亡者,非以无法也,以无贤人也。"① 具体而言,君主还要知人善用,认清每个人的优缺点,根据人才的特点而任用,以发挥其作用。"人得其宜,物得其安。……夫责少者易偿,职寡者易守,任轻者易权。上操约省之分,下效易为之功,是以君臣弥久而不相厌。"② 如果能够善用人才,使人才各得其位,就能治理安定。所以任用人才是一项十分精巧复杂的治理之术,"是故贤主之用人也,犹巧工之制木也"③。《淮南子》中关于君臣治理之术还有许多观点和论述极为精巧,引人入胜,其中不少观点极易被解读为权谋诡计之术,也有不少人十分热衷从《淮南子》总结出应用于官场、商场、名利场的狡诈心术。在研究中必须前置一个观点,即不同的人从不同的立场解读自然会有不同的体悟,必须避免现实中片面化、庸俗化研究的干扰和文本中个别语言的"诱惑",否则很容易陷入书中编织的各种观点而不能自拔。

三、兼容儒法的治理理念

道家黄老治理思想的鲜明特点是不追求特立独行的极端治理理念,而是兼容各种其他治理思想,尤其是借鉴了当时的儒家和法家思想。因而,其理论在强调无为之治的同时,还十分重视德治和法治的作用。

(一) 兼容儒家,仁义为本

《淮南子》的治理思想以"道"为本,但它不像道家老庄那样否定儒家礼法的功效,而是建立了一个以道德为统领,重视仁义教化的治理体系。其曾言:"以道为竿,以德为纶,礼乐为钩,仁义为饵,投之于江,浮之于海,万物纷纷,孰非其有?"④ 可见尽管道为其思想之根本,但是要发挥其作用,也离不开仁义、礼乐这

---

① 《淮南子》,陈广忠校点,上海:上海古籍出版社,2016,第514页。
② 《淮南子》,陈广忠校点,上海:上海古籍出版社,2016,第204—205页。
③ 《淮南子》,陈广忠校点,上海:上海古籍出版社,2016,第214页。
④ 《淮南子》,陈广忠校点,上海:上海古籍出版社,2016,第35页。

样的"钩"与"饵"的作用。不仅如此,《淮南子》还对仁义思想进行了改造提升,认为治国应以仁义为本并重视民生,主张采取以利民为主的治理之策。

第一,治国要以仁义为本。其书认为仁义礼乐作为在历史中确实发挥过重要作用的治理方式,是得到公认的"先王之道"。书中提道:"治之所以为本者,仁义也。"①也就是认为仁义是治理的根本,仁义礼乐在治理中各有其重要作用,"夫仁者所以救争也;义者所以救失也;礼者所以救淫也;乐者所以救忧也"②。因此,《淮南子》认为仁义是不变的,礼法则根据不同的情况而有所变化,这就是"仁以为经,义以为纪,此万世不更者也"③。《淮南子》还认为仁义是治理国家成功的根本原因之一,如果不施行仁义,即使强盛的大国也必将灭亡。就此观点,该书中这样阐述道:"国之所以存者,仁义是也……国无义,虽大必亡。"④

第二,治国要以利民为先。《淮南子》一书认为治理国家要重视民众的作用,主张治国要了解民众的真实情况,与民众同甘共苦。书中还强调治理政策要以利民为本,如果是利民的举措,可以有所创新,不必拘泥于惯例旧制。这正如书中所言:"治国有常,而利民为本……苟利于民,不必法古;苟周于事,不必循旧。"⑤当然,必须指出,《淮南子》一书思想来源复杂,其中自相矛盾之处很多,在强调仁义之处大力弘扬仁政德治,在论及无为之道时也极力批判和贬低仁义礼治的作用,所以应该综合全书来探析其治理思想。总的来说,《淮南子》在治理实践层面注重仁义,在治理的哲学思想层面却仍以道家理论为本。当然,能够综合仁义与道,已经是很大的理论突破了。

（二）兼容法家,势术并重

《淮南子》对法也非常重视,尽管其认为法不能算是治理的根本,但是认同法是治理国家不可或缺的工具。就此观点,书中提道:"法度者,所以论民俗而节缓急也;器械者,因时变而制宜适也。"⑥还提道:"故法制礼义者,治人之具也,而非所以为治也。"⑦《淮南子》看似并未把法置于多高的位置,但书中却对

---

① 《淮南子》,陈广忠校点,上海:上海古籍出版社,2016,第521页。
② 《淮南子》,陈广忠校点,上海:上海古籍出版社,2016,第179页。
③ 《淮南子》,陈广忠校点,上海:上海古籍出版社,2016,第311页。
④ 《淮南子》,陈广忠校点,上海:上海古籍出版社,2016,第233页。
⑤ 《淮南子》,陈广忠校点,上海:上海古籍出版社,2016,第309页。
⑥ 《淮南子》,陈广忠校点,上海:上海古籍出版社,2016,第313页。
⑦ 《淮南子》,陈广忠校点,上海:上海古籍出版社,2016,第311页。

法的重要性、法治的特征和法的具体应用作了十分详细的论述,并且其不少法治具体主张极具现实性和可操作性,不少措施被广泛应用,在现实中产生了很大的影响力。

第一,注重法治之用。《淮南子》认为法最大的特点就是规范性和公正性,是判断治理中是非对错的基本标准。"法者,天下之度量,而人主之准绳也。"①有了法,便有了稳定的治理标准和不能随便更改的执行规范。法"不为秦楚变节,不为胡越改容",只有坚持法的标准才能达到效果。另外,《淮南子》还非常强调法的公平性,认为不管什么样的人,在法面前必须平等一致。只有做到了"犯法者,虽贤必诛;中度者,虽不肖必无罪"②,才能真正树立起法的权威,避免私情的影响,进而取得理想的治理效果。最后,《淮南子》认为法治的关键是君主,君主必须自己先遵守法,作为天下的表率,只有这样才能将法贯彻下去。书中道:"人主之立法,先自为检式仪表,故令行于天下。"③

第二,注重法家之势。《淮南子》还充分吸收了法家重"势"的观点,十分重视"势"在治理中的作用。其认为君主之所以拥有巨大的权力,能够号令天下统帅四方,关键不在于德而在于势。如果有了权势,就是暴君昏君依旧可以治理国家;反之,如果没有权势而仅仅只有贤能的话,是不足以治国的。这就是"权势之柄,其以移风易俗矣""贤不足以为治,而势可以易俗,明矣"④,从中可以看出这是明显的法家治理思想。这种杂糅的主张是那个治理思想"大融合"时期的一种理论表现,所以出现法家观点也不足为怪了。《淮南子》杂糅了各家的治理思想,经常论着论着就与其他篇章的主旨相异了,因此研究本书,不能只看一篇,更不能只摘几句,必须从整体上进行把握。

第四节　魏晋玄学中的治理思想

秦亡之后,以儒、道、法三家为代表的诸子百家治理思想在政治实践中逐渐融合,并形成了中国古代治国理政的基本模式,之后上千年间,传统治理思想的

---

① 《淮南子》,陈广忠校点,上海:上海古籍出版社,2016,第216页。
② 《淮南子》,陈广忠校点,上海:上海古籍出版社,2016,第216页。
③ 《淮南子》,陈广忠校点,上海:上海古籍出版社,2016,第217页。
④ 《淮南子》,陈广忠校点,上海:上海古籍出版社,2016,第210页。

核心概念和主要命题并未发生重大变化。尽管如此,在主流的已经"范式化"的治理模式之中,具体的治理思想也随着时局变化而有所不同。汉末、魏晋南北朝是秦亡之后历史上第一次大动荡、大分裂、大混乱的时期,中国以儒家为主流的治理思想遇到了空前的危机。这一时期思想史上有两件大事:一是魏晋玄学的兴起,二是佛教开始风靡于天下。这两件事都对中国传统治理思想产生了重大而深远的影响。

玄学一词出于《老子》一书"玄之又玄,众妙之门","玄"字非常精妙地表达了玄学热衷于抽象概念、清谈清议等特点。玄学家把《老子》《庄子》《周易》奉为经典称之为"三玄"。魏晋玄学主要从道家思想演变而来,同时充分吸收了儒家的思想,是特定历史背景下儒道结合的产物。有人形容玄学为"在儒而非儒,非道而有道"。关于魏晋玄学中儒道何者为本的问题历来有争论,但是玄学中浓厚的道学意蕴是无可争议的。

魏晋玄学治理思想讨论的主题是名教礼法与自然的本末关系问题。针对这一问题,魏晋玄学可以分为三派:一是以何晏、王弼为代表的"贵无派",认为"名教出于自然",其治理思想以道家为本,强调无为而治;二是以阮籍、嵇康为代表的"竹林派",强调"越名教而任自然",其对儒家的治理思想进行了深刻批判;三是以裴頠、郭象为代表的"崇有派",其强调"名教即自然",在自然基础上彻底消解了名教与自然的理论区分,在维护君主制的同时也在理论逻辑上终结了玄学思想。

一、贵无派"名教出于自然"的治理思想

贵无派玄学的代表人物是何晏和王弼。他们思想活跃的时期主要在曹魏正始年间(240—249),因此其学说也被称为"正始玄学"。贵无派充分借鉴了道家"无"的本体论思想,以无为本,认为"无即自然""无"才是世界万物的本原,"有"则指现实存在的万事万物。将这一理论扩展到政治思想领域,"有"就是名教即礼法制度,"无"即自然。既然以"无"为本,那么"有"就是"无"所产生的,这就为礼法制度找到了一个坚实的哲学基础。以此为根据,贵无派论证了当时政治治理制度的合法性。

(一) 以无为本的治理思想

何晏提出了以"无为""无名"为本的治理思想。他认为:"天地万物皆以无

为本。无也者,开物成务,无往不存者也。阴阳恃以化生,贤者恃以成德。故无之为用,无爵而贵矣。"①这句话的意思就是"无"是世界万物生成、存在和演变的内在依据和最高一般性,万物之中都有"无"的因素。因此,"无"作为最高依据,不是创造万物后完成使命而不存在了,它始终与"有"相伴相生,共同存在,已经内蕴于万物之中。何晏这一观点的理论张力在于:具体的"有"竟然蕴含了最高的道理,顺着这一理路推进下去必然得出一个结论——礼法制度也以"无"为本。现在看来,这一推理实际上强化了礼法的形而上学论证,但对当时正统儒家思想造成了不小的冲击。

王弼则在以无为本的基础上,提出了"名教出于自然"的观点。他认为"无""道""自然""名教"都是相通的,从"无"出发到"有"再到"名教"具有内在一致性,而且这种一致性可以在诸多经典著作中找到依据。他认为"自然"为本,"名教"为末,"自然"演变产生了"名教",因此"名教"也就出自"自然"。②"名教出于自然"这一命题的治理思想意蕴在于:它给魏晋时代已经崩坏的礼法之治提供了本体论意义上的合法性论证。它更具现实意义之处还在于,这一观点强化了礼法制度的权威性,在一定程度上可以遏制地方门阀士族的僭越行为。

(二) 无为而治的治理主张

贵无派推崇无为而治的治理理念,认为治理国家应当顺应万物背后的自然性,依靠自然本性使万物自化,以达到治理目的。因此,王弼提出:"善治政者,无形、无名、无事、无政可举,闷闷然,卒至于大治。"③具体而言有四个方面的治理主张。

第一,君主无为而治。王弼认为君主干涉过多是治理混乱的根源,作为君主不仅应该少干涉下级具体的治理事务,还要节制自己的欲望少向下级索取。在君臣关系上,王弼主张君主无为而臣下有为,认为君主的主要职责是掌握最高权力,以权势统领臣下,具体的治理实践主要还是由臣下来完成。由此可见,古代治理思想总离不开那几个恒定的命题,也总解决不了治理结构中永恒的悖论。在任何一个时代,君主真的无为无欲而放权给臣下治理都是难以想象的,何况还是大臣专权、四方混战、篡权夺位犹如家常便饭的魏晋南北朝时期。

---

① 《晋书》卷四三《王衍传》,(唐)房玄龄等撰,北京:中华书局,1974,第1236页。
② (魏)王弼注:《老子道德经注校释》,楼宇烈校释,北京:中华书局,2016,第95页。
③ (魏)王弼注:《老子道德经注校释》,楼宇烈校释,北京:中华书局,2016,第151页。

第二，主张采取愚民政策。王弼认为治理民众最大的难题是民有智慧。所以尽管他阐述了不少仁义礼智的作用，但具体落实到底层民众身上依然选择了愚民的治理主张。他认为自然之性就是无知无欲的愚民状态，那么使民众回到那个愚昧状态更便于治理。从君主到知识分子阶层皆有违背自然本性的智慧而不反思，却反过来要施行传统的愚民之术。可见，在时代局限下，玄学再玄妙也难以进行实质性的治理思想创新，更不用指望它能生长出什么具有现代启蒙意义的理论了。现代不少人也喜欢陶醉于玄学研究之中，那么他们在以玄虚之论满足个人心理慰藉的同时是否思考过，如果自己是最底层的民众，是王弼愚民之策的对象，还能否继续徜徉于玄学妙思之中呢？

第三，反对严刑峻法。王弼并不反对刑罚本身，而是反对违背自然原则的刑罚。他认为刑罚也应合乎"道"的要求，严刑峻法破坏了世界万物运行的基本状态，不合乎自然无为之道。如果一味强调严刑峻法，治理过于苛刻，就会使民众手足无措，甚至逼着民众铤而走险。因此，王弼更注重教化的治理功能，认为无为之道下的教化才是治理的最佳手段。

第四，善于运用治理之术。强调无为并不是没有任何作为，王弼在不少地方还主张有为治理，也提出了一些具体方法。比如，王弼认为治理国家要善于抓住时机、革新改制，还提出了要善于运用权谋、善于因时而变，不能以僵化的手段来治理国家。另外，王弼还围绕治理国家中如何处理好刚与柔、尊与卑、文与武、上与下等关系提出了许多具体治理举措。

总的来说，贵无派的治理主张并无创新之处，多数都是依据经典语义阐述了治理理念，其治理主张多有矛盾之处。贵无派的主要思想贡献是提出了名教与自然这一重大命题，提升了治理思想的本体论认知水平。

二、竹林派"越名教而任自然"的治理思想

嵇康、阮籍是"竹林七贤"的核心人物，也是那个时代最著名、最具代表性的名士。竹林派提出了"越名教而任自然"的治理思想，对当时的名教进行了激烈而深刻的批判。尽管两人不直接议论时政，但因其思想激进而引人瞩目，他们行为怪诞而自由洒脱，在士人中享有极高的威望。嵇康、阮籍的治理思想以批判性为主，并未提出具体明确的治理主张，却对后世有着深远影响。尤其嵇康被处死，加之后世《广陵散》的轶事而广为流传，在异常沉闷逼仄的古代思想界可谓永恒的佳话。其言行、其死亡，为我们思考传统思想史带来了无尽的解读

意味,也给了后世所有士人一个精神想象的独立空间。从这方面来说,竹林派治理思想的影响反而可能是最大且最深远的。

竹林派治理思想的核心是嵇康提出的著名命题——"越名教而任自然"。在嵇康看来,"名教"与"自然"并不相通。"自然"是合乎道的,而"名教"不过是追名逐利、束缚人性、强化统治的工具而已。所以,现在最主要的任务不是探究两者之间的关系,而是要直接克服和超越"名教"的负面影响,彻底摒弃仁义礼治的约束,从而追求自然人性的解放。

既然"名教"束缚了人性,那么嵇康、阮籍秉承"越名教而任自然"的哲学基础,就在于对儒家礼法进行深刻的批判。嵇康认为以六经为代表的儒家经典著作、仁义道德、伦理纲常、礼治教化等这些维持统治的东西是违反人性的,他还将批判的矛头对准了圣人,把从尧、舜、禹到孔子这些儒家崇拜的圣人全都批判了一遍。嵇康十分激进的观点是"每非汤、武而薄周、孔"[1]"轻贱唐、虞,而笑大禹"[2]。这是多么"大逆不道"的话啊,相当于直接掀翻了整个儒家的桌子,把圣人牌位都打得粉碎。可以想象嵇康的言论在当时引起了多大的震动,嵇康之死也就成了他注定的命运。

另外,嵇康还直接批判了现实中假借礼法之名而发生的丑陋现象和残暴统治。他直接指责当时的统治者"骄盈肆志,阻兵擅权。矜威纵虐,祸蒙丘山。刑本惩暴,今以胁贤。昔为天下,今为一身。下疾其上,君猜其臣。丧乱弘多,国乃陨颠"[3]。稍微熟悉历史的人就会知道,这段话就是对当时统治者的真实描述。无论什么样的礼法道德,都不过是一家一姓争名夺利的工具。非但如此,这些造成自私自利、残暴冷酷的罪恶行径都是假借礼法名义来实施的,如此之现状,早晚都会"国乃陨颠"!

阮籍与嵇康稍有所不同,他将"越名教而任自然"的理念与自我的身心、言行合而为一,努力以实际行动挣脱名教的束缚。阮籍放浪形骸、狂妄不羁、潇洒自得,对名教进行了深刻无情的批判,对当时的正统儒家思想产生了巨大冲击。阮籍认为当时的君臣纲常、礼法名教都是无益且虚伪的东西,是一切治乱的根源。"君立而虐兴,臣设而贼生,坐制礼法,束缚下民。欺愚诳拙,藏智自神。"[4]这

---

[1] 《与山巨源绝交书》,戴明扬校注,《嵇康集校注》,北京:人民文学出版社,1962,第122页。
[2] 《卜疑》,戴明扬校注,《嵇康集校注》,北京:人民文学出版社,1962,第139页。
[3] 《太师箴》,戴明扬校注,《嵇康集校注》,北京:人民文学出版社,1962,第312页。
[4] 《大人先生传》,《阮籍集》,陈伯君校注,北京:中华书局,1987,第170页。

句话把君臣礼法讽刺得淋漓尽致。

尽管嵇康、阮籍对礼法名教进行了如此深刻的批判，但需要理解的是，他们的思想背景跟老庄时代已大不相同。老庄时代百家争鸣，尚未有哪种思想占据绝对的主导地位，更没有伴随其一生的官方指导思想。嵇康、阮籍则是从出生就浸润于儒家思想的氛围中，不管他们的批判多么彻底，其思想深处不可能完全挣脱儒家礼法的羁绊。另外，竹林派也并非要彻底摒弃一切礼法制度而回到纯任自然的原始社会。他们在自己作品中也都表达了对合乎自然的、"达于自然之分，通于治化之体"①的真"名教"的向往和追求，也提出了一些具有建设性的治理主张。

嵇康在其作品中还论证了仁义礼法出于自然本性的观点，认为如果是合乎自然之道的礼法之治，也能达到理想的治理效果。他还描述了自己心中的理想之治，那是一个"君静于上，臣顺于下"②的社会。可以看出，这仍然是一个君臣共治、等级严明的社会，与庄子眼中的"至德之世"相去甚远。

阮籍同样没有彻底否认礼法的作用。他认为只有与自然本性相通的礼法才是治理国家的根本原则，据此还提出了自己的治理主张：一是主张刑教一体，正确处理刑教关系，如若不然就会陷入治理混乱，导致社会治理失序；二是认为法治与德治相辅相成才能发挥治理作用，主张用德治约束君主和臣下，用刑罚统治百姓。

由此可见，纵然是名满天下、令人仰慕的竹林人士，在现实实践中也没有什么突破性的治理思想。实际上，经过了儒家几百年"体制化"的统治，已经没有任何一种理论可以真正绝弃儒家了。因为礼法制度等已经成为那个时代最基本的话语体系、思维结构，甚至成了无意识的社会心理，所以人从一出生就不可避免地受到儒家思想影响。因此，不管是批判还是维护、肯定还是否定，谁都不可能真正绕开儒家的礼法纲常。

最后我们还应结合时代背景来进行解读。"名教"理论本身其实并没错，错就错在现实政治实践中"名教"所展示的虚伪与残酷，这种悖论在儒家思想介入现实治理的一刻起就不可避免地出现了。魏晋时期儒家的虚伪残酷已经暴露无遗，满口的仁义道德与严酷的现实之间形成了巨大的思想张力，即使是最正

---

① 《通老论》，《阮籍集》，陈伯君校注，北京：中华书局，1987，第159页。
② 《声无哀乐论》，《嵇康集校注》，戴明扬校注，北京：人民文学出版社，1962，第221页。

统的儒家拥护者也很难直面并回答这一问题。这一悖论也成了后世治理思想中无法忽视却又难以解决的核心难题。

总之,"越名教而任自然"是对"名教"釜底抽薪式的彻底批判。贵无派给了"名教"多么深刻的合法性论证,竹林派就给了"名教"同等深刻的否定性批判。面对"名教"与"自然"这两个一模一样的概念,贵无派和竹林派却得出了截然相反的理论主张,这可能正是理论思辨和形而上思考的魅力与影响所在。不过归根结底,思想的发展根植于现实土壤,看似极端对立的两派终将在崇有派"名教即自然"的观点中隐退。

三、崇有派"名教即自然"的治理思想

面对"名教"与"自然"之争,西晋时期的裴頠、郭象提出了"崇有论"。崇有派主张"名教即自然",力图在理论上解决竹林派所造成的思想冲击,并提出了自己的治理主张。

首先,崇有派要解决"名教"与"自然"之争所造成的治理思想危机。

首先要理解"名教"与"自然"这两个看起来极为抽象的概念在玄学争论中造成的巨大影响,它严重冲击了现有的治理秩序和政治思想。以嵇康、阮籍为代表的"竹林派"自不必多言,简直就是离经叛道。贵无派也存在着严重的问题,毕竟正是其"名教出于自然"的观点才给了竹林派发展的理论空间。因此,崇有派首先将批判的目光对准了提出"名教"与"自然"关系的贵无派。

崇有派认为,何晏、王弼的贵无论将"无"和"有"两个概念分开讨论,并做了以无为本、由无生有的本体论论证。这种思想直接造成了两大严重后果:一是以无为本严重削弱了"有"的合法性和权威,导致"风教陵迟"、世俗放荡、不求事务、醉心清谈的严重后果;二是"无"和"有"的关系存在理论漏洞,被竹林派利用于对名教的批判。混乱的时局本来已经极大削弱了正统儒家思想的统治力,再加上贵无派和竹林派的冲击,不仅仅是儒家思想,整个政治治理秩序都遭到了前所未有的挑战。要在此乱世平息思想动荡、稳定社会治理秩序,就必须先解决"名教"与"自然"之争。

其次,崇有派为了解决危机提出了"名教即自然"的观点。

裴頠认为,何晏、王弼以无为本来解释万物之有的思路压根就是错误的。他认为,"无"就是无,"有"就是有,在现实中两者压根就是完全不通的概念,因为无不可能产生有。裴頠着眼于"有",认为世界万物相互依存而生,是一个彼

此高度关联、高度依赖的复杂体系。万物的普遍联系才是最真实的,在相互依存中成长发展,自有其动力和规律。所以,裴頠的本体论观点是:"夫总混群本,宗极之道也。方以族异,庶类之品也。形象著分,有生之体也。化感错综,理迹之原也。"①对于有无之争论,裴頠完全颠倒了何晏、王弼的观点,认为"无"才是"末""有"才是"本",不是以无生有,而是因为"有"本身就是名教礼法的基础,此外再无更高层次的概念了。

郭象的思想则更直接,认为"无"不可能生出"有","有"是自生的。既然如此,那么名教也就是自生的了。既然是自然而生,这个世界压根也就不需要"无"这么一个造物主了。基于此,郭象提出了"名教即自然"的观点。在郭象看来,"名教"与"自然"压根就没有什么本末之分,两者本来就是一致的,名教就是自然,自然也就是名教。郭象认为:"天地万物,凡所有者,不可一日而相无也。一物不具,则生者无由得生;一理不至,则天年无缘得终。"②在郭象的理论里,名教与自然、有与无,都是一个事物的两个方面,不可能分出本末来。

崇有派的思想落实到治理国家中意义十分重大。因为名教与自然已然合为一体,本不存在谁本谁末,那么现存之事物都是万古不易的本了。如此一来,现有的一切礼法、制度、等级都是合于自然的存在了。这在本体论上彻底论证了现有一切治理制度的绝对合法性。很明显,崇有派的理论主张是维护当时统治者利益的。

最后,崇有派无为而治的治理主张。在具体的治理主张方面,崇有派的基本倾向也是"无为而治":一是认为君主要顺应自然、少私寡欲,主张在治理国家中不应违背自然规律,而应依据万物中自然而然的性与理来进行治理。如果在治理中过于"有为",加入了"巧力",则会越治理越混乱。二是提出了跟贵无派相似的臣道有为的治理主张,认为君臣应职责分明,君主的职责是统御臣下,臣下则要尽力施展才能,唯有如此才能实现大治。三是崇有派在治理主张上更加积极务实,明确提出要建立以严格等级制度为核心的治理秩序,希望目前极为混乱的格局尽快稳定下来。

---

① 《晋书》卷三五《陈骞传裴秀传》,(唐)房玄龄等撰,北京:中华书局,1974,第1044页。
② 出自郭象《庄子·大宗师》注。转引自《中国政治思想史》编写组:《中国政治思想史》,北京:高等教育出版社,2019,第163页。

第五章
无奈的内转：宋明理学文化中的治理思想

宋明时期，经济社会繁荣发展，以君主集权为核心的治理制度不断完善，治理思想也呈现出蓬勃发展的局面。对宋明时期治理思想的理解和研究，首先离不开这一时期特定的社会经济、文化条件和人们普遍关注的主要治理问题。就宋明时期的时代背景和思想形势而言，主要有四个相互交织的问题：一是社会经济繁荣发展与严重的外患问题一并存在；二是日益复杂、精巧、完善的治理制度与国家积贫积弱、治理效能低下的问题相生相伴；三是随着士大夫群体的日益壮大，士大夫们逐渐觉醒的主体意识、使命意识与他们面对现实治理难题的无能为力形成了巨大的精神张力；四是儒家群体积极回应佛教、道教的挑战与吸收佛教、道教的观点而不断深化自身思想体系同步进行。在这一思想大背景下，形成了诸多对治理思想具有更重要影响的观点，在治理思想上主要分为两大流派：一派是较为关注现实问题、强调经世致用的事功学派；另一派是以强化伦理道德和心性修养为核心，进而解决现实治理问题的宋明理学。事功思想将在第六章中单独论述，本章主要论述宋明理学文化中的治理思想。

从治理思想发展演变的大趋势来看，尽管经过了魏晋南北朝和唐末五代时期的大混乱，但现实政治实践中的主导治理思想并未发生剧变，依然沿用着儒法道合流之后形成的基本模式。而且这一现实治理模式在经历了一次次的动荡后不断吸取前朝教训而进行修补完善，到宋明时期已经形成了日益稳定、精巧、严密的治理体系。此时，思想家们施展抱负的空间被不断压缩，现实治理难题却日益突出，加之士大夫群体规模不断壮大，日益活跃的思想在逼仄的空间中不断冲突和挣扎，最终只能无奈地选择向内转，形成了以修齐治平、存天理灭人欲等为特征，极为注重个人修养和伦理道德的宋明理学思潮。

宋明理学这一思想体系极为繁荣，包含了诸多不同的流派、观点、人物、著作,是继春秋战国"百家争鸣"后规模最大、影响最深的思想流派。从著作数量、思想家观点和学派传承来看,甚至可以与"诸子百家"媲美。总体而言,宋明理学可以分为三大流派:一是以张载为代表的"气"学;二是以"二程"、朱熹为代表的"理"学;三是以陆九渊、王阳明为代表的"心"学。尽管这三派的哲学基础、侧重点和解决问题的方式各有不同,相互之间甚至还进行了非常激烈的理论争辩,但其基本理念和治理主张具有内在一致性,都代表着宋明理学文化对现实治理问题的思考与回答。本章主要以思想家为脉络,阐述各个流派中具有代表性人物的治理思想。

第一节 张载"为万世开太平"的治理思想

张载(1020—1077),字子厚,今陕西眉县横渠镇人,人称"横渠先生",著名理学家。张载是宋明理学的开山人物之一,他以《易》《中庸》为宗体,批判和吸收了佛、道两家的思想,构建了一个以天人合一为核心的全新概念体系,提升了儒家思想的理论深度。张载不是钻进理论体系不能自拔的纯粹学者,而是一个充满激情和理想的实践主义者,他始终围绕现实问题探索切实可行的治理之策。张载的治理思想继承和弘扬了儒家传统的仁政理念,富有理想性和思想性,尤其是著名的"横渠四句"对于儒家精神的塑造和提升产生了深远影响。

一、气本论:张载治理思想的哲学基础

研究张载的治理思想,首先要理解其思想的逻辑起点:《易》。张载认为,无论是世界万物的起源,还是人类社会的政治思想、治理原则和策略方法等都能从《易》中找到根据,都可从《易》中推演而来。他认为:"《易》非天下之至精,则词不足以待天下之问,非深不足以通天下之志,非通变极数,则文不足以成物,象不足以制器,几不足以成务。非周知兼体,则其神不能通天下之故,不疾而速,不行而至。"[①]

张载以阐发《易》理为起点,以气一元论和天人合一学说为基础,坚持宗一统、尚权变、尊四德、贵时行义等方法论原则,形成了以仁政为核心,主张实践和

---

① 《张载集》,章锡琛点校,北京:中华书局,1978,第49页。

革新时弊的治理思想。作为宋明理学的开山大儒,张载对于提升儒学思想的理论深度和思维水平作出了巨大贡献。

其一,气本论的宇宙观。张载充分挖掘了古代关于气的学说,并将物质性的气视为世界万物的本原。他认为"一物两体,气也""凡可状,皆有也;凡有,皆象也;凡象,皆气也"①。一切事物都是由气构成的,有形的物质根源于气,无形的道也归于气。张载认为"神,天德;化,天道。德,其体;道,其用。一于气而已"②,宇宙的一切变化都源于气的变化。气聚气散各有不同,聚则为物,散则为虚。张载还提出一个概念"太虚",认为"太虚"是气之本,气则是"太虚"的具体形态。"凡圜转之物,动必有机;既谓之机,则动非自外也。"③气还有多种变化形式,具有不以人为转移的发展趋势和内在机理,所以顺应气与顺应理在张载思想中大体一致。通过太虚即气,张载构建了气一元论的宇宙观。气本论在一定程度上解决了儒家一直没能回答的本体论问题,为后来儒家基于气进行形而上学式的思考提供了基本范式。

其二,天人合一说。基于气本论,张载提出了沟通自然世界与人类社会的天人合一说。他认为:"阴阳者,天之气也;刚柔缓速,人之气也。生成覆帱,天之道也;仁义礼智,人之道也;损益盈虚,天之理也;寿夭贫贱,人之理也。天授于人则为命,人受于天则为性。"④张载认为,天与人在本质上是贯通的,人类社会的一切事物和行为最终都统一于气。"天地之塞,吾其体;天地之帅,吾其性。民吾同胞;物吾与也。"⑤这就是张载"民胞物与"的观点。人们并不需要多高的能力才能沟通天人之际,因为天人本就属于一体,天地之体就是人之体,天地变化之性就是人之性。反之,人之性本来就属于天地,人与人之间、人与物之间,在本质上都是相通的。这种"天人合一"的观点自然将人类的治理活动、治理制度等社会性存在视为符合天道的,进而认为君主治理国家自然也就是符合天理的。更重要的是,这种符合是不可分割的,甚至已经无须再去论证其合理性,因为其存在是先验的。这一思想为张载的治理思想提供了理论基础和合法性论证。

张载的天人合一说并非将人置于绝对服从天的地位。他认为,尽管天道决定了人道,但天道的具体运动过程和内在机理幽隐难测,仍需要人去认知和把握,

---

① 《张载集》,章锡琛点校,北京:中华书局,1978,第63页。
② 《张载集》,章锡琛点校,北京:中华书局,1978,第63页。
③ 《张载集》,章锡琛点校,北京:中华书局,1978,第11页。
④ 《张载集》,章锡琛点校,北京:中华书局,1978,第314页。
⑤ 《张载集》,章锡琛点校,北京:中华书局,1978,第362页。

它不能通过一般感性认知方式去理解,而是要通过"尽性诚明"的方式,或者说通过"大其心"去把握。除了认知,张载的"天人合一"说还十分强调实践性,认为道必须落实到具体的事物上才能被理解并具备可行性。对此他认为:"形而上者,得意斯得名,得名斯得象;不得名,非得象者也。故语道至于不能象,则名言亡矣。"[①]张载的哲学思想贯彻到治理思想中,就是强调儒家仁政治理的合理性,强调善治必须对天道有形而上学式且更为深刻的认知和把握,强调治人、治物、治事的融合统一。

二、"横渠四句":士大夫们投身治理实践的精神力量

张载志向远大、思想深刻,是一位兼具理想主义情怀和现实主义取向的思想家,也是中国传统儒家精神的典型代表。他曾将自己的思想和追求总结为四句话:"为天地立心,为生民立命,为往圣继绝学,为万世开太平。"[②]这四句话广为流传,被后世尊称为"横渠四句"。"横渠四句"中蕴含着强大的精神感召力和思想魅力,在士人群体中产生了广泛且深刻的影响,对儒家精神和儒家人格的培育发挥了重大作用,早已成为中华优秀传统文化中的精华,迄今仍在激励着一代又一代人。

"横渠四句"可视为张载治理思想的大纲,其中表述的四项目标使命,也是张载所要面对和解决的四大治理主题。随着"横渠四句"的影响力日益扩大,其已不仅是张载一人之思想,而是早已成为古代士大夫们共同的治理理念、治理追求和治理精神。现代学者对"横渠四句"的解读早已十分全面且深刻,我们主要围绕其对古代士大夫们治理精神的影响作一探讨。

首先,"横渠四句"提升了儒家"内圣外王"的人生理想。儒家历来倡导"内圣外王",将内在人格修养与外在治国理政贯通起来。关于"内圣外王"之道,《大学》中提出了修身、齐家、治国、平天下的实现路径。但是不管是"内圣外王"还是"修齐治平"的观点,都存在一些不足:一是极易被庸俗化解读,外王和治天下的理念往往与现实政治和权力混淆,也就是士人容易把人生修养跟升官发财关联,而非以治国平天下为目标;二是理论深度有限,传统观点主要集中在伦理和事功层面,缺乏本体论和认识论方面的精神内涵;三是精神感召力有限,传

---

① 《张载集》,章锡琛点校,北京:中华书局,1978,第15页。
② 《张载集》,章锡琛点校,北京:中华书局,1978,第376页。

统观点较为严肃庄重,缺乏以士人为中心的个性化表达。"横渠四句"则将内圣与外王有机融合起来,转化为"四为"的目标,既涵盖了本体论、认识论等理论内容,又有本真的使命追求和精神境界,还极具文学吸引力和思想号召力,使"内圣外王"的思想更加学理化、形象化、具体化。

其次,"横渠四句"促进了士人群体自我意识的觉醒。士人群体早在春秋时期就出现了,但他们的自我意识、自我认同和自我担当等观念一直在坎坷的历史进程中摸索成长,其间还夹杂着他们自我意识的迷茫、分化、矮化和否定等模糊认识。"横渠四句"以铿锵有力的语言指出了士人群体的人生目标,同时激励了他们的使命担当意识,从而提升了他们的精神境界。从理论上看,"横渠四句"比韩愈提倡的儒家"道统说"更为具体可行。在它的号召下,每名士人都应义不容辞地肩负起"为往圣继绝学"的伟大使命,确立了士人的精神坐标,有力促进了士人群体的自我意识和群体认同感。在"横渠四句"的影响和感召下,士人群体的自我认同感和使命感显著增强,并在古代政治生活中发挥了越来越重要的作用。

最后,"横渠四句"健全了士人群体的精神人格。通过深入阅读古代思想家们的著作可以发现一个事实,即士人群体的治理思想充满了不确定性,他们在面对各种现实矛盾时不断摇摆,其自我精神与人格发育不够健全。比如,"内圣外王"究竟是君主一人的使命还是所有士人的追求?当士人群体作为臣下而参与治理国家之时,他们是君主的奴才还是治理大道的践行者?面对高高在上的"天道"与世俗化的人间,到底应由谁来承担并实现天人合一的目标?对于这些问题,不少思想家往往将其混为一谈,"内圣外王"时而表述为个人的政治思想,时而又成为替君主分忧的"君人南面之术";时而主动承担职责,时而又极力逃避现实。在如此反复纠缠之中,士人群体很难形成相对独立健全的人格。但是在"横渠四句"中,已经完全看不到君主的影子,"内圣外王"和沟通天道与人道以实现天人合一的使命确定无疑地落到了每一名士人肩上,他们再也没有了逃避的理由,这极大激发了士人群体的精神力量,健全了他们的独立人格。

尽管古代历史发展过程中充满了波折与苦难,甚至是至暗时刻,但可以很明显地看到,士人群体中的不少人展现出了不屈不挠、舍生取义、勇于斗争的精神。这种精神在宋明理学学派的诸多鸿儒大家身上、在事功思潮的倡导者身上、在力图革新的王安石和张居正等人身上、在饱受摧残的东林党人身上、在明清之际深刻反思传统治理文化的思想家们身上体现得淋漓尽致。所以"横渠四句"不仅是张载个人的"口号",更是对人文士大夫精神的完美总结,它成为支撑士人们投入现实实践的精神力量,对后世治理思想产生了极为深远的影响。

三、以仁政为核心的治理主张

张载的治理主张以仁政为核心,具体可分为经济和政治两大部分,共四项主张,分别是经济治理上以解决贫富不均问题为重点的井田制和政治治理上的封建制、宗法制和礼治(肉刑)。

(一)井田制治理主张

自古以来,土地问题都是国家治理的核心问题。张载注意到,北宋时期土地兼并的情况非常普遍,两极分化现象极为严重,这些问题已经严重影响了国家治理的稳定性。张载认为施行仁政的前提是解决好经济问题,认为"仁政必自经界始""贫富不均,教养无法,虽欲言治,皆苟而已"[1]。解决不了土地问题、均平问题,还谈什么治理国家?这一思想来源于孟子所言:"夫仁政,必自经界始。经界不正,井地不均,谷禄不平,是故暴君污吏必慢其经界。"[2]为了解决土地问题,张载主张实行井田制,以"井地治天下",以此来缓解日益尖锐的社会矛盾。

关于井田制的主张由来已久,各个时代都有人主张恢复西周时期的这种土地制度。张载的主张并非要求完全回到西周,而是要重点解决贫富不均的问题。他认为:"治天下不由井地,终无由得平。周道止是均平。"[3]具体而言,"井田亦无他术,但以天下之地棋画分布,人受一方,则自是均"[4]。张载主张通过朝廷的力量把全国土地收归国有后再重新分配给农民耕种,并进一步取消"分种"和"租种"制度,取消政府的公田统一改成征税制。为了更好地推行井田制,张载还提出了详尽的举措和配套的制度:一是在全国统一实行"什一税法","一夫藉则有十亩之收尽入于公,一夫税则计十亩中岁之收取其一亩,借如十亩藉中岁十石,则税当一石而无公田矣。十一而税,此必近之"[5]。二是在确保所有人都有土地的基础上大力鼓励农民积极种地。他认为农民生活质量好坏主要由耕种能力和态度决定,如果不好好种地,还要施加惩罚,"居于田而不耕者,

---

[1] 《张载集》,章锡琛点校,北京:中华书局,1978,第384页。
[2] 《孟子》,宁镇疆译注,郑州:中州古籍出版社,2007,第100页。
[3] 《张载集》,章锡琛点校,北京:中华书局,1978,第248页。
[4] 《张载集》,章锡琛点校,北京:中华书局,1978,第250页。
[5] 《张载集》,章锡琛点校,北京:中华书局,1978,第250页。

出屋中之粟"①。三是主张做好相关保障和限制措施。一方面要为非主观原因而难以维持生计的农民提供托底保障;另一方面要限制土地兼并和买卖。另外,张载的井田制主张并非绝对平均主义,他也承认权贵富人财产的合法性,但是他同时主张限制地主收取的地租。总之,"治天下之术,必自此始。今以天下之地棋画分布,人受一方,养民之本也"②。

井田制的提出并不难,难在执行。张载也认为"人主能行井田者,须有仁心,又更强明果敢及宰相之有才者"③。他还指出自孟子之后历史上就再也没有成功实行井田制的先例了,即使是孝文帝、唐太宗这样公认的明君也没法成功恢复和实现井田制,还对此分析了失败的原因。既然如此之难,张载何以认为积贫积弱的北宋能做到呢?他提出实行井田制的目的到底是什么呢?至少可以知道的是,张载的治理主张充满了理想主义色彩和明知不可为而为之的进取精神。

(二) 封建制治理主张

张载认为:"井田而不封建,犹能养而不能教;封建而不井田,犹能教而不能养。"④实行井田制需要诸多配套措施才行,其中最重要的就是封建制。封建制与井田制互为表里、缺一不可,两者必须一起实行、有效结合,才能达到治理效果。自古以来,基本政治制度决定了具体的土地制度,井田制和封建制就是相伴相生的关系。因此张载认为井田制更加适合封建制度,而不适合目前高度集权的郡县制和官僚制。

张载主张封建制主要有两方面的意义:一是"教化"意义上的封建制,主张采取封建礼治的方法来教化百姓,使百姓安心耕种;二是制度意义上的分封制。在张载看来,贯彻井田制的原则与治理天下的原则基本一致,就是精和简。他认为:"所以必要封建者,天下之事,分得简则治之精,不简则不精。故圣人必以天下分之于人,则事无不治者。"⑤简言之,分封的核心在于政治上的分权治之和精简原则,核心是减少各级层面的干扰和消耗。但是如果按照现在的制度模式去管理井田,因为负担过重、约束过多,井田制势必会一步步发展为土地兼

---

① 《张载集》,章锡琛点校,北京:中华书局,1978,第253页。
② 《张载集》,章锡琛点校,北京:中华书局,1978,第249页。
③ 《张载集》,章锡琛点校,北京:中华书局,1978,第251页。
④ 《张载集》,章锡琛点校,北京:中华书局,1978,第297页。
⑤ 《张载集》,章锡琛点校,北京:中华书局,1978,第251页。

并,再次回到目前的问题上来。张载的分封制主张不同于之前封地为王的制度,其主旨是提倡精简之治,因此他并不认为分封制分散或威胁了君主的权力,反而认为分封制可以进一步巩固君主的地位。

(三) 宗法制治理主张

封建制与以血缘关系为纽带的宗族密不可分,因此实行井田制和封建制还需要加强宗法制。张载认为宗法制对治理国家而言意义重大,其蕴含的道德理念和自治功能有利于巩固朝廷统治。

一是宗法制有助于道德教化。张载认为加强宗法制度,可以起到统摄人心、培养良好风俗、使人不忘其本的作用,有助于提升民众的教化水平,进而使朝廷的治理之策更好地贯彻执行下去。即"管摄天下人心,收宗族,厚风俗,使人不忘本。"①如果没有宗法制,人们就会失去宗亲传承,宗亲血缘关系自然会淡薄,道德教化也会受到影响。他认为若是"宗法不立,则人不知统系来处""人家不知来处,无百年之家,骨肉无统,虽至亲,恩亦薄"②。

二是宗法制对朝廷治理国家有直接作用。张载认为,在宗法制下,公卿世家所在的宗族利益与国家利益保持了高度一致,有所作为的公卿士大夫必然保护自己的宗族家庭,而保护自己的宗族也就是保护自己的国家。如果没有宗法制度,公卿连自己要保护的家族都没有,又怎么能够保护国家呢?他指出:"公卿各保其家,忠义岂有不立? 忠义既立,朝廷之本岂有不固? 今骤得富贵者,止能为三四十年计,造宅一区及其所有,既死则众子分裂,未几荡尽,则家遂不存,如此则家且不能保,又安能保国家。"③所以,宗法制度下会诞生治理国家的世臣,有助于稳固朝廷的统治地位。对此,张载认为"宗子之法不立,则朝廷无世臣""宗法不立,既死遂族散,其家不传。宗法若立,则人人各知来处,朝廷大有所益"④。总之,宗法制对治理国家起到了十分重要的辅助作用。

(四) 礼治治理主张

张载十分重视礼治,认为"礼者圣人之成法也,除了礼天下更无道矣。欲养

---

① 《张载集》,章锡琛点校,北京:中华书局,1978,第258页。
② 《张载集》,章锡琛点校,北京:中华书局,1978,第259页。
③ 《张载集》,章锡琛点校,北京:中华书局,1978,第259页。
④ 《张载集》,章锡琛点校,北京:中华书局,1978,第259页。

民当自井田始,治民则教化刑罚俱不出于礼外"①。但是张载的礼治主张实质上更接近于法治。具体而言,张载在治理中提倡肉刑,将井田、封建、肉刑视为三大治理方式之一,认为"封建井田而不肉刑,犹能教养而不能使"②。如果没有肉刑,井田和封建两大治理之策也不能发挥应有的效果。

关于是否恢复肉刑也是古代治理思想中经常提及和受到争议的话题。汉文帝废除肉刑之后,历朝历代都有人主张恢复肉刑,到了两宋时期,肉刑之争更是引起多次争论,它通常与仁义礼治等联系起来并上升到哲学高度。其中影响最大的是宋明理学代表人物朱熹与事功学派代表人物陈亮就肉刑问题进行的激烈争论。总体而言,宋明理学中多数思想家支持恢复肉刑,认为肉刑非但不是严苛残暴之治,而且还是仁政的表现。

张载也认为肉刑是仁治的一种。他指出肉刑一方面可以避免轻罪重罚,动辄处死;另一方面肉刑还有助于道德教化,能够起到警示世人的作用。张载认为肉刑能达到"人观之更不敢犯"的作用。他还对《论语》"有耻且格"的论述做了有利于自己的解释,认为肉刑能给人社会羞耻感,这种"社死"式的惩罚比死刑还要痛苦。

"井田而不封建,犹能养而不能教;封建而不井田,犹能教而不能养;封建井田而不肉刑,犹能教养而不能使。"③由此可见,张载的治理主张以解决贫富差距和土地兼并问题的井田制为主体,通过封建制和宗法制给予行政管理和道德教化保障,最后以肉刑来进行惩戒和合理引导。这四项主张环环相扣,相辅相成,缺一不可。

第二节 朱熹的德治治理思想

朱熹(1130—1200),字元晦,一字仲晦,号晦庵,别称紫阳,世称晦庵先生、朱文公,著名理学家、哲学家、思想家。朱熹是程颐的四代弟子,其思想体系以"二程"的理本论为基础,吸取了周敦颐的太极说、张载的气本论及佛、道教思想而成,是宋代理学的集大成者,其与"二程"学说合称为"程朱理学"。朱熹的思

---

① 《张载集》,章锡琛点校,北京:中华书局,1978,第270页。
② 《张载集》,章锡琛点校,北京:中华书局,1978,第297页。
③ 《张载集》,章锡琛点校,北京:中华书局,1978,第297页。

想对后世元、明、清三朝影响很大,为三朝指定的官方指导理论。朱熹是唯一非孔子亲传弟子而享祀孔庙的人,位列大成殿十二哲者,足见其在儒家思想中的地位。朱熹的思想对中国古代治理思想产生了深刻影响,具有举足轻重的历史地位。朱熹著述甚多,有《四书章句集注》《周易本义》《诗集传》《楚辞集注》等。其中,《四书章句集注》为古代钦定教科书和科举考试标准。

朱熹的治理思想以"天理"观为基础,以"理欲之辨"下"存天理,灭人欲"的理念为依据,继承和发扬了儒家传统中为政以德的仁政和民本治理思想,提出了以改革积弊为重点的治理主张。朱熹治理思想的主要意义在于极大提升了儒家思想的哲学思辨深度,完成了儒学的本体论构建,最终使儒学成为一套系统完备的思想体系。这一治理思想体系又为"三纲五常"等治理制度提供了更坚实的合法性论证,更有效地维护了君主的统治地位。

一、天理观:朱熹治理思想的哲学基础

朱熹继承了"二程"和张载等人的哲学世界观,构建了以"理"或"天理"为核心的理论体系。其治理思想的核心概念也是"理",由此形成的天理观是朱熹德治仁政等治理主张的哲学基础。

其一,天理是朱熹治理思想的理论基础。朱熹认为,理是世界万物的本原和终极来源,是世界本体论的基础。包括人类社会和伦理道德在内的整个宇宙,只有唯一且具有本体地位的理。在朱熹的思想体系中,"理"或"天理"有三重本体论意义:理是宇宙间最根本的法则和规律;理是一切事物的本源,万事万物皆由理所产生而来;理还是具有道德属性的基本原则。

对于理和气的关系,朱熹认为理在气先。理先产生了气,理再借助气的功能发育生成万物。他认为:"天地之间,有理有气。理也者,形而上之道也,生物之本也;气也者,形而下之器也,生物之具也。"[①]同时,朱熹认为理和气是不能分开的,两者浑然一体,有理必然有气,理必须先贯彻于气中才能体现出来。但归根结底,理才是第一性的,天下万物的一切变化,都出自此一个"理"。

理还是人类社会生活和道德世界的基本原则。朱熹认为理具有道德属性,人类社会的道德规范和伦理纲常都是天理的产物,也必须以理为最高遵循。他认为:"宇宙之间,一理而已……其张之为三纲,其纪之为五常,盖皆此理之流

---

① 《朱子全书》第23册,上海:上海古籍出版社,合肥:安徽教育出版社,2002,第2755页。

行,无所适而不在。"①以此推理,理自然就成为治理国家的根本准则。具体而言,朱熹认为:"盖三纲五常,天理民彝之大节,而治道之本根也。"②至此,朱熹打通了由天理到"三纲五常"的论证环节,将当时治理国家中最重要的"三纲五常"等准则视为亘古不变之天理。他的天理观为当时的治理制度提供了本体论论证,极大提升和维护了现实治理制度的合理性。

其二,"理一分殊"说进一步加强了朱熹的治理思想体系。从天理推及治道只是完成了一次普通的论证,朱熹思想体系的另一重要内容是通过"理一分殊"说提供了更为扎实且完善的论证。对于"理一分殊"的观点,朱熹认为:"合天地万物而言,只是一个理;及在人,则又各自有一个理。"③为了解释现实社会中各种各样的特殊形式,朱熹认为天理的确只有一个,社会中每一种基本伦理规则都是天理的"分殊",也都是天理的体现。简言之,"三纲五常",仁义礼智,乃至君主治理国家的种种制度,都可以视为天理的具体体现。即"理只是这一个,道理则同,其分不同。君臣有君臣之理,父子有父子之理"④。"理一分殊"说从形式逻辑上完成了对儒家传统治理思想和君主制度近乎完美的"闭环"论证。

天理观以其深刻的理论性和概念性构成了朱熹治理思想体系的哲学基础,为朱熹的治理思想提供了强大理论支撑。可以说,其一切治理主张都能够从天理中推导而来。天理观也以其哲学思想所固有的理论性和彻底性为朱熹治理思想提供了强大力量,这是朱熹成为宋明理学集大成者并对后世产生深刻影响的主要原因。

二、以德治为核心的治理理念

基于理本论的世界观,朱熹认为国家治理中也存在着"理",因而治理国家必须遵循"理"的原则。其治理思想的核心理念是以仁义为先,主张实行为政以德的王道仁政,强调推行以"正人心"为统领的治理原则。

(一) 王道仁政的治国之"理"

既然"理"主宰着一切,那么主宰国家治理实践的最高准则是什么样"理"

---

① 《朱子全书》第 23 册,上海:上海古籍出版社,合肥:安徽教育出版社,2002,第 3376 页。
② 《朱子全书》第 20 册,上海:上海古籍出版社,合肥:安徽教育出版社,2002,第 656 页。
③ 《朱子全书》第 14 册,上海:上海古籍出版社,合肥:安徽教育出版社,2002,第 114 页。
④ 《朱子全书》第 14 册,上海:上海古籍出版社,合肥:安徽教育出版社,2002,第 237 页。

呢？朱熹从内容和形式两方面阐述了治国之"理"。

从形式上说,治国之"理"就是先王之道。朱熹认为"尧、舜、三王、周公、孔子所传之道"就是治理国家的理想典范,此道决定着治理兴衰,治理国家就应该遵照先王之道,最终达到至善的治理效果。先王之治是真正的圣王之治,做到了循理治国、阴阳合德、五性具备。以上就是朱熹的王道治理理想。朱熹对践行先王之道提出了极高的检验标准,认为王道之治实现了彻底的仁政,消除了一切私心和"诈力"术治。按照这样的标准,除了三代之先王,没有哪位君主和哪个朝代能够符合这一标准。朱熹认为:"儒者之学不传,而尧、舜、禹、汤、文、武以来转相授受之心不明于天下,故汉唐之君虽或不能无暗合之时,而其全体却只在利欲上。此其所以尧、舜、三代自尧、舜、三代,汉祖、唐宗自汉祖、唐宗,终不能合而为一也。"① 所以,尽管曾经出现过小康之世,但是自三代、周公、孔子所传之道,却再也没有一天能够在这天地之间真正实现。朱熹站在绝对道德标准的立场上评价治理情况,认为即使是汉唐盛世之治也不符合先王之道的标准,也是夹杂私利、充满诡计的"霸道"。按照这个标准,他还认为汉高祖和唐太宗其实并不比盗贼贤明太多。由此可见,理学与事功思想的冲突是根本性的,理学按照绝对理想化的德治标准来评判一切,而现实的治理成败、治国功绩等压根就没有地位。

从内容上说,治国之"理"就是德治仁政。朱熹认为治国之"理"贯彻到现实行动中就是行仁政,即严格落实"三纲五常"和仁义礼智等基本规范。这些其实就是以君主制为核心的基本治理体系。其中,最主要的治国之"理"就是要实现"为政以德"的仁政。要理解朱熹的仁政理念,首先必须理解朱熹关于仁、德、"天理"等概念的逻辑关系。"德字从心者,以其得之于心也""为仁,是心中得这个仁,若只是外面恁地,中心不如此,便不是德"②。朱熹认为仁与德都是人性最本质的东西,其中仁是先天存在之天理,德是人所具备的道德修养。德就是仁在人身上的体现,人心如果遵循仁、遵循天理,就会表现为德。按照德的标准去治理国家就是德治。"政之为言正也,所以正人之不正也。德之为言得也,得于心而不失也""为政以德,则无为而天下归之,其象如此"③。朱熹认为只有为政以德、推行仁政,才能治理好国家,只有真正达到仁、德、"天理"三者统一境界

---

① 《朱子全书》第 21 册,上海:上海古籍出版社,合肥:安徽教育出版社,2002,第 1588 页。
② 《朱子全书》第 14 册,上海:上海古籍出版社,合肥:安徽教育出版社,2002,第 788 页。
③ 《朱子全书》第 6 册,上海:上海古籍出版社,合肥:安徽教育出版社,2002,第 74 页。

的人才能实现治国平天下。

朱熹认为先王之道就是仁政。在他构筑的理论体系中,治国之"理"的形式与内容是统一的。朱熹对治国之"理"提出了这么高的标准,主要目的还是为了教育和约束君主,为了强调君主必须修养君主之德才能使天下归之。

(二)"存天理,灭人欲"的治理规范

宋明理学中最著名的一句话是"存天理,灭人欲"。朱熹曾说:"圣贤千言万语,只是教人存天理,灭人欲。"①他将"存天理,灭人欲"视为最高道德规范和圣贤之治的基本原则。这一命题背后所代表的义利之辨、理欲之辨等是宋明理学最重要的思想命题之一,集中反映了宋明理学的治理思想。后来,"存天理、灭人欲"成为程朱理学的基本标签,在后世发展中不断演变,产生了无数变种,引起了广泛争议。

首先,朱熹在义利之辨中将义视为首要,坚持以仁义为先。儒家在义利之辨中向来主张以仁义为先,朱熹则进一步解释了仁义的优先性。他认为:"义者,宜也。君子见得这事合当如此,却那事合当如彼,但裁处其宜而为之,则何不利之有。君子只理会义。"②他解释了义的内涵,认为义已经包含了功利,义才是利的先决条件,只要做到了仁义则无利不有。因此,我们只要强调仁义就好了,利连谈都不应该谈,想都不应该想。基于这一立场,他认为:"窃闻之古圣贤之言治,必以仁义为先,而不以功利为急。"③合乎天理的善治必须以仁义为先,不应急功近利。

其次,朱熹进一步提出理欲之辨。朱熹最大的理论贡献是将仁义与天理统一起来,将义利之辨上升为"天理"与"人欲"之间的理欲之辨。朱熹认为"天理"与"人欲"是截然相反、势不两立的对立关系,两者无法共存。对于"天理",他认为:"盖天理者,此心之本然,循之则其心公而且正。"④"天理"是人心之本真状态,体现了公心公理;"人欲"则是天理的反面,是由人的情欲所主导的。即"合道理底是天理,徇情欲底是人欲,正当于其界分处理会"⑤。"天理"与"人欲"绝

---

① 《朱子全书》第 14 册,上海:上海古籍出版社,合肥:安徽教育出版社,2002,第 367 页。
② 《朱子全书》第 15 册,上海:上海古籍出版社,合肥:安徽教育出版社,2002,第 1004—1005 页。
③ 《朱子全书》第 24 册,上海:上海古籍出版社,合肥:安徽教育出版社,2002,第 3623 页。
④ 《朱子全书》第 20 册,上海:上海古籍出版社,合肥:安徽教育出版社,2002,第 639 页。
⑤ 《朱子全书》第 16 册,上海:上海古籍出版社,合肥:安徽教育出版社,2002,第 2670 页。

不能并存,"人之一心,天理存,则人欲亡;人欲胜,则天理灭"①。朱熹将两者绝对对立后,认为要恢复和彰显天理,首先就是要灭掉人欲。因此他主张:"学者须是革尽人欲,复尽天理,方始是学。"②经过一番形而上学式的理论"转化"后,传统的义利之辨在朱熹这里已经完全无足轻重了,因为利欲已彻底失去了与义或天理相提并论的地位和资格。重点根本就不是争辩孰优孰劣,而是如何彻底消灭"人欲"的问题了。

最后,朱熹将"存天理,灭人欲"视为治理的最高道德规范。朱熹认为现实的治理弊端是因为人欲消灭得不够彻底,他认为正由于天理不够纯粹,人欲也没有彻底除尽,所以真正的善无法彰显,恶也无法清除干净。因此,治理国家的关键在于能否做到"存天理,灭人欲"。他还主张将"存天理,灭人欲"作为切实可行的道德规范来约束世人。朱熹认为,"存天理,灭人欲"这一主张首先针对的是君主。他认为国家治乱兴衰的关键在于君主的道德品行,而提高君主品行的主要途径就是贯彻"存天理,灭人欲"的原则。朱熹认为如果君主能够凡事都按照天理人欲的标准进行自我检验,时时刻刻反省自己的内心和言行,对每个问题都分辨一下"此为天理邪?为人欲邪?"并将之推广到治理实践中,必然能够实现天下大治。

朱熹的理欲之辨及"存天理,灭人欲"的道德规范为强化君主治理提供了更坚实的论证,对于约束君主言行具有积极意义。但是这一治理理念依旧只是"弱约束",不可能有实质性的约束力。而且随着程朱理学在后世逐渐被尊为官方指导思想,"存天理,灭人欲"的影响力越来越大,逐渐脱离了约束君心的本意,开始下沉到社会各个层面并演变出无数种具体的标准规范。"存天理,灭人欲"在现实治理实践中不断绝对化、非人性化,将许多正常人类情感和利益诉求都归于"人欲"之列,尤其是许多违背人性的恶风陋习也都假借"存天理,灭人欲"的口号为自己张目,这些歪曲的甚至变态的形式演变为基层治理中某种具有"强约束"力的规则。治君则弱、治民则强,最终导致"存天理,灭人欲"这六个字成为被众人批判的"恶臭"思想,成为程朱理学难以清除的负面标签。对我们而言,更应该思考的是:程朱理学这种形而上学式的学理化思想体系,具有看似十分完善且周密的观点和主张,为何贯彻到现实治理实践中时却会走向极端

---

① 《朱子全书》第 14 册,上海:上海古籍出版社,合肥:安徽教育出版社,2002,第 388 页。
② 《朱子全书》第 14 册,上海:上海古籍出版社,合肥:安徽教育出版社,2002,第 390 页。

片面?在这一转化过程中,上至君主专制制度,中至各级官吏、士人阶层,下至宗族治理、乡规村俗,最后乃至每一个人,到底起到了什么作用?是何种生成机制、社会心理、内在机理才导致如此之现状?

(三)以"正人心"为统领的治理原则

朱熹面对始终无法实现的王道之治、面对不断退化堕落的历史进程、面对"破锅"一样积弊极深的宋朝现状,到底怎样才能贯彻其治理理念、怎样才能做到"存天理,灭人欲"呢?他的观点是"正人心"。以此为基,朱熹提出了诸多治理原则,构建了一整套治理思想体系。

首先,治理之弊源于人心不正。朱熹认为,之所以王道不见是因为人心不正。人心被物欲所遮蔽、为情欲所控制,这是一切治理弊端的根源。那么解决当前治理积弊、实现王道仁政的关键就在于端正人心,去除人性之上的遮蔽之物,恢复其本性,使天理人心昭然若揭,然后再遵循此本真天性去治理国家,方能再现先王之治。

其次,"正人心"的"三纲八目"。如何才能"正人心"呢?朱熹以《大学》中"三纲八目"为依据,详细阐述了其意义,并提出了"格物致知"的实践路径。"三纲"是指"明明德""亲民""止于至善";"八目"是指"格物""致知""诚意""正心""修身""齐家""治国""平天下"。朱熹认为穷理可以尽性,"三纲八目"的要义在于修身,也就是说个人修养功夫是知理、明理的主要途径。同时修养也是"内圣外王""修齐治平"的逻辑起点。如果每个人能够加强修身,就能由己及人、由内及外、由家及国,进而实现天下大治。由此,朱熹构建了贯通知与行、上达天理、下至格物的一整套关于收拾人心、重建治理秩序、实现治理理想的总体方案。这套"正人心"的方案把儒家传统的德治仁政和礼义教化等思想推向了新高度,成为士人们普遍学习并践行的准则。

最后,"正君心"是"正人心"的关键。朱熹认为目前首要的问题是"正君心":"今日之事,第一且是劝得人主收拾身心,保惜精神,常以天下事为念,然后可以讲磨治道,渐次更张。"[①]他主张君主克制私心,以天下事为念,在修心中不断磨炼治国之道。朱熹还认为:"只看合下心不是私,即转为天下之大公。将一

---

① 《朱子全书》第21册,上海:上海古籍出版社,合肥:安徽教育出版社,2002,第1262页。

切私底意尽屏去,所用之人非贤,即别搜求正人用之。"①他认为君主的首要任务是修养身心,只要能将私心摒弃即为公心。君主的主要职责并非直接管理国家,管理国家这些具体事务应该由臣下去做。君心正则国治,因此,"正君心"才是君主的主要职责。

总之,朱熹"存天理,灭人欲"和"正君心"的治理理念基本是一致的,其主张的对象主要是治理国家的统治者们,尤其是对君主提出了很高的要求,没有对普通民众提什么具体要求。朱熹主张的"灭人欲"主要是灭君主私天下、家天下的私欲,主要是灭君主违背仁义、使用诈术的私心,而不是指普通人的七情六欲和物质欲望等。其实朱熹也没有明确反对或禁止奢靡享乐的生活方式。恰恰相反,朱熹本人十分重视民众的物质利益,将体恤民众、关心民众物质生活作为德治的一大内容。至于后世为何把"存天理,灭人欲"导向否定和消灭一切物质利益和情感欲望等方面,则有着更为深刻的原因。其中最主要的原因有二:一是原本用来约束君主和士大夫之言行进而改善治国状况的修身之道和道德规范等主张,反而被君主、士大夫和各级官吏等统治阶层用于维护和巩固自身地位,导致朱熹的主张不断向基层治理领域下沉,其内容不断扩大,其花样不断变换;二是古代治理思想自身的发展逻辑已经到了难以向外实现根本突破的阶段,只能不断"内转","内转"发展到极致必然会导致各种违背本意、违背常理的情况发生。

三、以改革积弊为重点的治理主张

除了强调仁政德治的治国之道,朱熹也十分关注宋朝存在的官吏腐败、土地兼并、纲纪萎靡等治理积弊,提出了自己的治理主张和政策建议。

朱熹并非保守派,他总体上是支持变法革新派的。朱熹认为宋朝治理积弊极深极重,整个国家上自朝廷、中至百司庶府、下至州县基层,"其法无一不弊"。他曾将宋朝比喻为一个千疮百孔的"破锅",认为与其修修补补,不如重铸一个新锅,进行彻底的整体改革。因此,朱熹对王安石变法基本持认可态度,也强调变法势在必行,他认为王安石变法并非一人主导的运动,而是代表了整个国家基本形势和朝廷官员的共同看法。但是,朱熹认为王安石学术思想不纯、指导思想上存在偏差、具体治理方法上也多有不足,加之用人不当,导致在执行变法

---

① 《朱子全书》第17册,上海:上海古籍出版社,合肥:安徽教育出版社,2002,第3512页。

时出现重大失误,致使本来富国富民的新政策变成了足以"杀人"之术。针对现实治理问题,朱熹也提出了很多革新主张和具体措施。

其一,坚决反对议和。朱熹极力反对与金人议和,支持收复中原。他认为宋朝与金有不共戴天之仇,绝不存在议和的可能。他认为与金人议和有百害而无一利。如果议和,就是侥幸生存、偏安一隅、苟且偷生,朝廷的合法性也会因此丧失,国家永远不可能强盛起来。同时,朱熹也不是盲目冲动的主战派,并不主张立即开战收复中原。他批评当时各界的思想争论不是主战就是主和,没有一派考虑现实情况。主和派一味求和,过分关注安稳而忽视练兵备战;主战派则动不动高呼收复中原,却没有具体可行的措施。朱熹反对轻言开战,主张先搞好自己的内政,制订长远的收复计划,认为目前必须卧薪尝胆,打好基础,积累实力,最终才能收复中原。他认为短期内不可能实现统一,少说也得十年到二十年才有可能,因此要制定几十年的长期规划,先修理内政、革除积弊,再去实现统一的目标。

其二,均田产。朱熹认为目前社会存在两个最大的问题:一是土地兼并现象日益严峻,导致贫富分化、农民破产、流离失所;二是各级官吏横征暴敛、强取豪夺、视民如草芥,导致民众负担过重、饿死甚多。对此,朱熹曾多次表达过忧国忧民之心:"今豪民占田或至数百千顷,富过王侯,是自专封也;买卖由己,是自专其地也。"[①]"版籍不正,田税不均……贫者无业而有税……富者有业而无税。"[②]"万一民贫,不堪诛剥,一旦屯结,自为扰乱,而盗贼蛮猺相挺而起。"[③]针对土地问题,朱熹提出均田产的主张。他认为:"宜口以数占田,为立科限,民得耕种,不得买卖,以赡贫弱,以防兼并,且为制度张本。"[④]他主张按照人口配给田地并禁止买卖,以达到抑制兼并、解决农民无地和贫富差距过大的问题。同时,朱熹并不赞同绝对平均主义式的井田制,并认为绝对平均土地是不可能实现的"儿戏"。他主张的均田产的核心在于提高并保障农民生活水平的"下限",以抑制兼并和防止出现农民反叛等极端状况为目标。为了解决民众负担过重的问题,朱熹同样建议"正经界",丈量清查土地,按照实际拥有土地的标准来缴纳赋税,解决税赋不均等问题。

---

① 《朱子全书》第23册,上海:上海古籍出版社,合肥:安徽教育出版社,2002,第3327页。
② 《朱子全书》第21册,上海:上海古籍出版社,合肥:安徽教育出版社,2002,第956页。
③ 《朱子全书》第23册,上海:上海古籍出版社,合肥:安徽教育出版社,2002,第3327页。
④ 《朱子全书》第20册,上海:上海古籍出版社,合肥:安徽教育出版社,2002,第671页。

另外，为了保障农民利益，朱熹主张在全国建立社仓制度。社仓主要用于储存粮食，保障农民能够度过饥荒，还可以避免农民因借高利贷而破产。社仓制度在朱熹为官的时候就开始付诸实践，对应对自然灾害、缓解社会矛盾都起到了积极作用。

其三，整顿纲纪。朱熹认为当时国家治理过于宽松纵容，导致奸诈之人得志。因此必须严明赏罚，整顿纲纪。为了纠正纲纪松散等问题，朱熹建议矫枉过正，主张建立以严为本、辅之以宽的措施。

其四，治军之策。朱熹对当时军队的弊端进行了辛辣讽刺，他批判道："今将帅之选，率皆膏粱骄子，厮役凡流，徒以趋走应对为能，苟苴结托为事，物望素轻，既不为军士所服……上所以奉权贵而求升擢，下所以饰子女而快己私。"[①]他认为当时的将领多为纨绔子弟，毫无才能，只会奉承权贵、谋取私利，这样的军队怎么能有战斗力，怎么能打胜仗呢？因此，朱熹强烈主张改革军制，选拔真正的将才。

由此可见，朱熹本人乃至朱熹所代表的理学人士并非只会谈论抽象性理的迂阔思想家，也并非对现实问题视而不见。他对宋朝的各种治理问题都有着深刻理解和切肤感受，也提出了一整套系统解决之策。如果只看文本中具体段落，很多时候我们甚至很难区分朱熹与经常讽刺他的事功学派之间有什么本质区别。实际上，最大的区别也许是关于解决治理难题上急与缓的策略不同。朱熹的治理思想始终把德治仁政、王道政治、人心君心等置于第一位，具体治理举措处于附庸地位，这在当时的局势下无疑是不切实际的。在宋朝无比紧迫的治理危机中，立即解决当下问题才是首要任务，其他的理念、策略、规划都得让位于现实。这是朱熹所批评的朝廷不是主战就是主和，却没有其他主张的现实原因，也是尽管其本人治理思想体系蔚为壮观，却也被人批判为迂腐、不切实际之理论的原因所在。

第三节 王阳明"明德亲民"的治理思想

王阳明（1472—1529），名守仁，字伯安，今浙江余姚人，人称"阳明先生"。

---

① 《朱子全书》第20册，上海：上海古籍出版社，合肥：安徽教育出版社，2002，第583页。

王阳明在继承了程朱理学基本概念和哲学思辨方式的基础上,着力矫治程朱理学的弊端,将心与理结合为一体来进行思考,强化了心的本体属性和伦理意义,成为宋明理学中心学的集大成者,在思想界产生了广泛影响。王阳明的治理思想以"心即理"思想为哲学基础,在具体主张上与其他宋明理学家基本一致,但更加强调了"致良知""知行合一""破心中贼"等观点,具有鲜明的特点。王阳明的治理思想彰显了鲜明的主体意识、独立人格、实践精神等,对于发挥人的主观能动性、纠治传统治理中表里不一之积弊具有重要意义。"心学"也成为不少人加强自身修养和提升人生境界的理论基础和精神支撑,迄今仍在各个领域和各个群体中发挥着重要的影响力。

一、心学:王阳明治理思想的哲学基础

王阳明治理思想的哲学基础有三个方面:"心即理""致良知"及以此为基础提出的"知行合一"说。

(一)心即理

宋明理学中最主要的两派是程朱理学和陆王心学。朱熹的思想是以"理"为本体,构建了以天理论为核心的思想体系,强调通过"格物致知"的方法认识理。而陆九渊和王阳明则主张"心即理",构建了以心学为核心的思想体系,强调通过"致良知"的方法来扩展到万事万物。

陆九渊是宋明理学中"心学"的开创者,"心即理"就是由他最早提出的。陆九渊认为人人都有"心",此"心"又都具有"理",因此可以得出"心即理"。他还主张"吾心即是宇宙",认为每个人的本心就蕴含着天理。只要人们能够"发明本心",充分彰显本心的特质,就能达到心与理一体的境界。可以看出,尽管使用着共同的概念,心学与程朱理学有着根本不同的理论旨趣,尤其是在修身方法和沟通天理的路径上与朱熹的"格物致知"大不相同。

王阳明的心学思想与陆九渊相比更加精密细致。他与陆九渊相似,也认为"心"是世界的本源,主张"心外无物"。他说道:"人者,天地万物之心也;心者,天地万物之主也。心即是天,言心则天地万物皆举之矣。"[①]简言之,"心"代替了朱熹思想中"理"的位置,心就是理,心与理一体,并不存在一个脱离于心而高

---

① 《王阳明全集》卷六,北京:线装书局,2016,第212页。

高在上的理。王阳明说:"夫物理不外于吾心,外吾心而求物理,无物理矣。遗物理而求吾心,吾心又何物邪?心之体,性也,性即理也。故有孝亲之心,即有孝之理;无孝亲之心,即无孝之理矣;有忠君之心,即有忠之理;无忠君之心,即无忠之理矣。理岂外于吾心邪?"①由这段话可以看出,"心"成为事物变化和人间伦理道德的根源。王阳明提出"心即理"并非要否定现存事物的合理性,而是要彰显"心"的本体地位,以"心"来消除"理"所造成的割裂。

"心即理"具有较强的现实针对性,尤其是相对程朱理学而言实现了理论突破:一是"心即理"批判了程朱理学脱离实际、"支离破碎"、纠结于概念研究等弊端,构建了直指人心、"万物一体"的心学世界观;二是在理论上克服了程朱理学中客观存在事物的规律之理与人类社会伦理道德之理间的张力和悖论,明确将"理"限定为伦理道德之理,实现了"心""理"和道德等概念的内在统一;三是"心即理"自然消解了天理人欲之分,扬弃了"存天理,灭人欲"等绝对对立化观点,不仅解决了程朱理学的弊端,还强调了对"人欲"的肯定甚至鼓励。总之,心学是对程朱理学的批判性反思,对后世思想带来了深远影响。

(二) 致良知

既然"心"是世界万物的本源,那么这个"心"是什么?"心"又如何彰显其本体论意义呢?从"心即理"的本体地位出发,王阳明构建了以"良知"和"致良知"为核心的思想。

王阳明认为"心"是去除了一切遮蔽的本真状态,是最本真的善恶是非之心,也就是真正的"良知"。他认为,所谓"良知"就是"是非之心",是一种判断是非对错的道德实践能力,进一步延伸,也就是"天理"或"道"。对此王阳明说道:"是非之心,不待虑而知,不待学而能,是故谓之良知。是乃天命之性,吾心之本体,自然灵昭明觉者也。凡意念之发,吾心之良知无有不自知者。其善欤,惟吾心之良知自知之;其不善欤,亦惟吾心之良知自知之。"②

"致良知"是王阳明心学思想的核心命题。心就是"良知",发本心就是"致良知"。他认为"天地间活泼泼地,无非此理,便是吾良知的流行不息"③。世界一切都在良知范围之内,都可由良知推演形成。王阳明认为万事万物"何

---

① 《传习录》,陆永胜译注,北京:中华书局,2021,第 220 页。
② 《王阳明全集》卷二十六,北京:线装书局,2016,第 228 页。
③ 《传习录》,陆永胜译注,北京:中华书局,2021,第 554 页。

尝又有一物超于良知之外,能作得障碍",良知"生天生地,成鬼成帝,皆从此出,真是与物无对"①。对于良知,王阳明认为这是人人先天就有的东西,只是人们的良知被蒙蔽了而已。他对此说:"性无不善,故知无不良,良知即是'未发之中',即是'廓然大公'、寂然不动之本体,人人之所同具者也。但不能不昏蔽于物欲,故须学以去其昏蔽;然于良知之本体,初不能有加损于毫末也。知无不良,而中、寂、大公未能全者,是昏蔽之未尽去,而存之未纯耳。"②

尽管"良知"会被蒙蔽,但是每个人内心的"良知"本质上相同。因此王阳明也提出了"人皆可以为尧舜者"的观点。他认为:"圣人之学,惟是致此良知而已。自然而致之者,圣人也;勉然而致之者,贤人也;自蔽自昧而不肯致之者,愚不肖者也。愚不肖者,虽其蔽昧之极,良知又未尝不存也。苟能致之,即与圣人无异矣。此良知所以为圣、愚之同具,而人皆可以为尧舜者,以此也。是故致良知之外无学矣。"③王阳明的观点在本质已经超越了传统儒家关于人性、品行的各种划分,也超越了传统德治教化观念对于人拥有不同学习能力的看法,直接将普通人与圣人放在本质一样的地位上。因此他曾说过"见满街都是圣人"④这类话。理论逻辑演绎至此,"致良知"就是发觉本心良知、使本心之良知不断扩展,进而"去此心之人欲,存吾心之天理"⑤。

王阳明"致良知"的观点具有强烈的实践精神。他本人认为"致良知"是其思想的精髓,是全部心学思想的结晶。"致良知"的关键是按照良知的要求行动,将教化、礼治、道德等标准和天理等观念都转化为发自内心的道德实践。如果真正做到了"致良知","良知"中蕴含的道德规范和准则就会变为人们的基本行为,就能自然而然地实现思想上、行动上与社会治理规范保持高度一致。

(三) 知行合一

知行关系是宋明理学中的核心命题。基于"致良知"思想,王阳明提出了"知行合一"说。

在知行关系上,以朱熹为代表的"知先行后"说占据了主流地位。朱熹以其天理论为基础,认为"知"才是最主要的,"知"的地位远在"行"上,内在包含和统

---

① 《传习录》,陆永胜译注,北京:中华书局,2021,第469页。
② 《传习录》,陆永胜译注,北京:中华书局,2021,第296页。
③ 《王阳明全集》卷八,北京:线装书局,2016,第265页。
④ 《传习录》,陆永胜译注,北京:中华书局,2021,第524页。
⑤ 《传习录》,陆永胜译注,北京:中华书局,2021,第173页。

摄了"行"。这也成为理学思想的一大弊端，导致程朱理学过于重视"知"，究其一生都在形而上学的概念讨论中不能自拔。

王阳明针对"知先行后"说提出了"知行合一"说。他说道："某尝说知是行的主意，行是知的功夫；知是行之始，行是知之成。若会得时，只说一个知，已自有行在，只说一个行，已自有知在。"①这段话系统阐述了王阳明的"知行合一"学说，论述了"知"与"行"密不可分、互为一体的关系。

王阳明"知行合一"学说有两大鲜明特点：一是王阳明将一切知行关系都纳入道德实践领域之中，"知"是一种道德知识，"行"也是一种道德行动；二是王阳明更为重视"知行合一"学说中蕴含的实践精神，要求人们将道德修养和道德认知转化为道德实践，转化为现实中可见可行的道德行为。"真知即所以行，不行不足谓之知。"②问题的关键还是在于"行"。

二、以"明德亲民"为核心的治理理念

"治心"是王阳明治理思想的显著特征，"致良知"是其治理体系的逻辑起点。由此王阳明形成了以发扬、彰显内心仁德为主的治理理念。

（一）"明德亲民"的治理理念

王阳明治理理念的核心是"明德亲民"。"明德亲民"指的是发扬内心光明的仁德，亲爱于民，然后由己及人，推而广之，从而达到天下大治的目的。他说："明明德者，立其天地万物一体之体也；亲民者，达其天地万物一体之用也。故明明德必在于亲民，而亲民乃所以明其明德也。"③明德和亲民是密不可分的体用关系，明德为体、亲民为用，两者互为表里，缺一不可。

"明德亲民"的实质是一种德治善治理念，主张治理过程要充分彰显个人本真的仁心善良。具体贯彻实施过程中，"明德亲民"主要以个人明德为圆心，按照伦理关系不断扩展，最终囊括天地万物。这一德治过程与"老吾老以及人之老"基本一致，他由此提出："亲吾之父，以及人之父，以及天下之父，而后吾之仁实与吾之父、人之父，与天下人之父而为一体矣。实与之为一体，而后孝之明德始明矣。亲吾之兄，以及人之兄，以及天下人之兄，而后吾之仁实与吾之兄、人

---

① 《传习录》，陆永胜译注，北京：中华书局，2021，第 24 页。
② 《传习录》，陆永胜译注，北京：中华书局，2021，第 220 页。
③ 《王阳明全集》卷二十六，北京：线装书局，2016，第 226 页。

之兄与天下人之兄而为一体矣。实与之为一体,而后弟之明德始明矣。"①"明德亲民"的运行机制还可从伦理关系进一步扩展到其他各个领域。"君臣也,夫妇也,朋友也,以至于山川鬼神鸟兽草木也,莫不实有以亲之,以达吾一体之仁,然后吾之明德始无不明,而真能以天地万物为一体矣。夫是之谓明明德于天下,是之谓家齐国治而天下平。"②自此,王阳明以"明德亲民"为中心构建了一个几乎可以统摄一切领域的治理理论体系。

"明德亲民"治理理念的关键意义在于使亲民和民本等理念脱离了工具属性而上升到本体层面。传统中各个流派的思想家都十分重视民生、提倡民本,但基本是将民生视为治理稳定的条件,皆是因为民不聊生就会作乱才不得不重视,本质上民众不过是被利用的工具罢了。"明德亲民"的理念则将亲民视为与明德同等重要,两者并无高低之别,民众的地位作用得到了极大提升。王阳明的这一理念为以民为本的本体论思考提供了理论资源。

(二)"天下一家"的治理理想

王阳明认为如果能够彻底贯彻"明德亲民"的治理理念,整个天下都明"明德",就能实现齐家、治国、平天下的目标,进而达到"万物一体""天下一家"的理想社会。

从圣人君主治国层面而言,王阳明认为如果圣人君主能够"明德亲民",推行德治仁政,就能达到己心与天地万物一体、天下视同一家的境界。他认为:"大人者,以天地万物为一体者也。其视天下犹一家,中国犹一人焉。……大人之能以天地万物为一体也,非意之也。其心之仁本若是,其与天地万物而为一也。"③这一观点为君主治理国家提供了融洽且圆满的理论基础,也为君主如何"致良知"、如何实现"修齐治平"提供了一条不同于程朱理学的修身路径。

从全体民众层面来说,王阳明认为如果社会中的每个人都能依照这一方法"致良知",明"明德",就能形成人人相亲、各司其职、安居乐业、和谐稳定的理想治世。"皆相视如一家之亲。其才质之下者,则安其农、工、商、贾之分,各勤其

---

① 《王阳明全集》卷二十六,北京:线装书局,2016,第 226 页。
② 《王阳明全集》卷二十六,北京:线装书局,2016,第 226 页。
③ 《王阳明全集》卷二十六,北京:线装书局,2016,第 226 页。

业以相生相养,而无有乎希高慕外之心。"①可见王阳明将心学理论与传统儒家仁政治理思想结合起来,以心学视角来重新审视传统治理模式,构建了一种融道德修养和社会实践为一体的理想治理模式。

另外,王阳明"天下一家"的治理理想也充满强烈的批判深意和现实价值。在他看来,明朝的治理非但没有做到"明德亲民""天下一家",反而是官僚之间争权夺利、相互倾轧,对待民众更是变本加厉、鱼肉百姓、极尽盘剥。他发出了来自心灵良知的叩问:"生民之困苦荼毒,孰非疾痛之切于吾身者乎?"②各级官吏到底能不能做到"能公是非,同好恶,视人犹己,视国犹家"③呢? 王阳明的反问既是对现实的批判,也是对治世的向往,更是对自身理论的反向审视。既然现实中人们很难将自己与他人、国家等同视之,那么仅仅通过"致良知"和"明德亲民"就能解决这一问题吗?

(三)"公道公学"的治理精神

王阳明的思想充满了敢于质疑权威、提倡独立思考的精神,这种精神品格成为其治理思想的基础,也成为其能够在治理实践中有所创新的精神动力。王阳明非常赞扬出自个人之心的独立判断,认为判断是非的标准在于自身,只要自己能够达到"致良知"就能以自身良知的力量来衡量一切。他认为衡量对错用不着外在的标准或准则来评判,哪怕是全社会公认无可置疑的圣贤之言,也应该经过自己独立的审视判断,绝不能盲从盲信。他曾直言:"夫学贵得之心。求之于心而非也,虽其言之出于孔子,不敢以为是也,而况其未及孔子者乎? 求之于心而是也,虽其言之出于庸常,不敢以为非也,而况其出于孔子者乎?"④哪怕是孔子的话,也得经过自己"心"的审视才能判断是非;哪怕是最普通的庸常之人的言行,如果他们求之于"心"后是正确的话,也不能轻易予以否定。

沿着这一理路,王阳明主张"公道公学",强调不能迷信权威、迷信圣贤,认为任何人哪怕是孔子和朱熹也不能完全垄断学问的解释权。他说道:"夫道,天下之公道也;学,天下之公学也。非朱子可得而私也,非孔子可得而私也。天下

---

① 《传习录》,陆永胜译注,北京:中华书局,2021,第 265 页。
② 《传习录》,陆永胜译注,北京:中华书局,2021,第 358 页。
③ 《传习录》,陆永胜译注,北京:中华书局,2021,第 358 页。
④ 《传习录》,陆永胜译注,北京:中华书局,2021,第 344 页。

之公也,公言之而已矣。"①道学是天下之公道、公学,不是孔子和朱熹的私学,每个人都有平等的资格去探讨和研究。可见他非常反对学术思想上的垄断专制,直接将矛头对准了当时日益僵化的程朱理学。

王阳明如此反权威的观点自然受到了各界的猛烈攻击。不少人批判他狂傲近乎成病。然而,在被批评为狂傲之后,王阳明不仅没有退缩,还公开鼓励"狂"者精神,认为狂者受到的蒙蔽和偏见最少,离圣人最近。他十分认同孔子关于"狂者进取"的观点,提倡反思和批判僵化专制的思想,鼓励思想创新和独立思考。这一观点极大地挑战了明朝程朱理学的主导地位,也挑战了明朝统治天下的稳固秩序,更是直接挑战了维系明朝治理体系的核心原则和伦理规范,在治理思想领域引起了不小的动荡和恐慌,自然也为当朝主流思想所不容。但王阳明"公道公学"的治理精神从未湮灭,反而影响了越来越多的思想家,这为后期明清之际思想解放和社会批判思潮的出现奠定了基础。

三、以实践为导向的治理主张

王阳明的治理思想非常强调实践性。基于其心学基础,王阳明在治理上格外重视"治心"的效用,就此还提出了诸多具体的治理主张,尤其是在地方治理和基层治理方面提出了不少创新性措施。

(一) 发挥学校教育在治理中的作用

王阳明始终将"治心"置于首要位置,认为治理好一个国家、一个地区必须发挥好道德教化的作用,尤其要注重通过社学、书院等学校教育"化民成俗""觉民行道",引导民众提高道德自觉,从而为提高治理效能奠定坚实基础。

一是兴办社学。社学主要是针对儿童开设的基层教育机构,起着"蒙以养正"的作用,对普及道德教化、自幼培养高尚正直的品格具有重要意义。王阳明任地方官员期间曾多次颁布推行关于兴办社学的举措。正德十三年(1518),他先后颁布了《兴举社学牌》《颁行社学教条》等,督促南赣各地兴办社学。在《颁行社学教条》中,他对于社学的内容作了详尽阐释:"各官仍要不时劝励敦勉,令各教读务遵本院原定教条尽心训导,视童蒙如己子,以启迪为家事,不但训饬其子弟,亦复化喻其父兄;不但勤劳于诗礼章句之间,尤在致力于德行心术之本;

---

① 《传习录》,陆永胜译注,北京:中华书局,2021,第352页。

务使礼让日新,风俗日美,庶不负有司作兴之意,与士民趋向之心。"①

对于如何办好社学,王阳明还提出了系统的教育目标和方法手段。他认为社学的目的在于"蒙以养正",彰显伦理道德的作用,最重要任务是在启蒙时期培养儿童树立正确的道德观念。在社学教育内容上主张以道德教育为根本,围绕儒家最基本的孝、悌、忠、信、礼、义、廉、耻等展开;在教学方法上主张根据儿童"乐嬉游而惮拘检"的天性,采取简单易懂的教学方式。尤其强调"诱之歌诗,以发其志意",提倡通过诗歌等形式激发学习兴趣。他还非常反对打骂体罚的教育方式,强调要针对儿童特点循循善诱。这些社学教育理念具有很强的创新性,即使在今日来看也具有重要的借鉴意义。

王阳明认为通过社学既可以达到德育的目标,又可以培养各行各业所需的人才,进而起到"共安天下之民"的作用。他对此说道:"学校之中,惟以成德为事。而才能之异,或有长于礼乐,长于政教,长于水土播植者,则就其成德。而因使益精其能于学校之中。迨夫举德而任,则使之终身居其职而不易,用之者惟知同心一德,以共安天下之民。"②

二是创建书院。王阳明认为明朝治理弊端的一大根源在于学术不正、学风日下。尤其是"龙场悟道"之后,王阳明深刻认识到了程朱理学的不足,同时提出了"觉民行道"的实践路径。因此,他主张通过讲学传播真正的圣人之学,改良学术风气、纠正治理积弊。他本人一生都致力于修建书院、讲学布道,在南赣任职期间新建了义泉、正蒙、富安、镇宁、龙池五个书院。在王阳明及其弟子的不懈努力下,明朝书院讲学之风盛极一时,社会思想氛围日渐活跃。

(二)创新基层治理措施

王阳明认为基层治理尤其是底层民众的治理对于整个国家而言有着非常重要的作用,他还认为基层治理不力是明朝不断爆发政治危机的原因之一。因此他主张创新基层治理措施,增强对基层组织和民众的控制力。

一是主张实行"十家牌法"。"十家牌法"旨在加强对民众的控制,其内容为:将十家编为一牌,登记每个家庭成员的经历、职业、技能特长、相貌特征等详细信息,并登记造册留存于官府;每一牌内由各家轮流负责收集信息,上传下

---

① 《王阳明全集》卷十七,北京:线装书局,2016,第260页。
② 《传习录》,陆永胜译注,北京:中华书局,2021,第264页。

达各类通知;每一牌内十家还要互相监督,如果有可疑情况立即上报,一旦出现隐瞒不报的情况则十家连同治罪。"凡置十家牌,须先将各家门面小牌挨审的实,如人丁若干,必查某丁为某官吏,或生员,或当某差役,习某技艺,作某生理,或过某房出赘,或有某残疾,及户籍田粮等项,俱要逐一查审的实。十家编排既定,照式造册一本留县,以备查考。"①王阳明认为通过"十家牌法"可以达到良好的治理效果。"自今各家务要父慈子孝,兄爱弟敬,夫和妇随,长惠幼顺……务兴礼让之风,以成敦厚之俗。吾愧德政未敷,而徒以言教,父老子弟,其勉体吾意,毋忽!"②"十家牌法"将连坐制度、户籍制度、检举制度等结合起来,极大增强了官府对基层组织和民众的控制,其根本目的还是加强明朝统治。

二是主张完善乡约制度。王阳明主张恢复古已有之的乡约制度,赋予乡约更多教化管理的职能。正德十三年(1518),王阳明颁布《南赣乡约》。《南赣乡约》共有十六条,强调了乡约制度的治理目的,明确了乡约制度内部的权利、义务等规范,将儒家治理思想进一步具体化、平民化,主张充分开展基层自治,对稳定地方治理制度发挥了重要作用。具体而言,王阳明的乡约治理主张主要有两方面特点:一方面是赋予乡约一定的自主治理权,主张发挥乡约的德治和纠治惩戒功能。他认为通过乡约制度可以"皆宜孝尔父母,敬尔兄长,教训尔子孙,和顺尔乡里"③,"息诉罢争,讲信修睦,务为良善之民,共成仁厚之俗"④。"军民人等若有阳为良善,阴通贼情,贩卖牛马,走传消息,归利一己,殃及万民者,约长等率同约请人指实劝诫,不悛,呈官究治。"⑤另一方面是创新组织机制。乡约制度以基层自治为主,通过民众推选约长、副约长等职,约长还要开会征求民众意见,博采公意以纠恶扬善。王阳明的乡约治理主张充分结合了行政治理、宗法治理、乡绅治理等制度的优点,对于改善地方治理,提升治理效能具有重要意义。

除了教育和基层治理两大方面的主张外,王阳明还主张在治理中以民为本、体恤民众、改善民生,主张加强吏治,严禁各级官吏盘剥民众、收受贿赂。他本人在治理实践中始终将民众疾苦置于首要位置,曾多次上书请求减免税赋。他在任地方官员期间也曾开仓赈灾以救济民众。王阳明的治理主张具有强烈

---

① 《王阳明全集》卷十七,北京:线装书局,2016,第258页。
② 《王阳明全集》卷十六,北京:线装书局,2016,第198页。
③ 《王阳明全集》卷十七,北京:线装书局,2016,第251页。
④ 《王阳明全集》卷十七,北京:线装书局,2016,第252页。
⑤ 《王阳明全集》卷十七,北京:线装书局,2016,第253页。

的实践价值,而且其主张中的许多内容都在治理过程中真正实行过,可以说,王阳明本人就是"知行合一"的典范。

王阳明的诸多治理主张蕴含了不少现代治理的因素,对当今社会的基层治理、基层自治等具有重要的启示意义。同时也要认清,王阳明的治理主张与儒家传统治理主张同出一源,观点一致,其根本目的还是强化儒家伦理道德,进而维护和巩固当时统治者的根本利益。

第六章
实践的力量：事功文化中的治理思想

中华优秀传统文化的一大特征是强调经世致用的重要性，始终彰显着强烈的实践精神。这种实践精神主要体现为以建功立业、定国安邦、以民为本、忧国忧民、舍生取义等为代表的事功精神及其事功文化。事功文化贯彻于传统治理思想的各个方面，诸多思想流派无不将治国理政的实际成效置于关键地位。除了儒家、法家、道家等流派中地位举足轻重的思想家们开创性阐述的治理思想之外，在传统治理思想漫长的演变过程中，更多见的是无数的君主、政治家、士大夫们投身治国理政的实践之中，以其治理理念、精神追求和实际行动谱写了中国治理思想的事功篇章。尽管他们留下的治理言论不多，或许他们的治理理念也无法在理论上超越那些开创门派的思想家们，甚至他们的大多数言行与功绩早已湮灭于历史长河之中，但他们才是践行治理思想的最大主体，是将治理思想世代传承的关键人物。本章围绕事功文化，主要选取了一些对后世具有深刻影响的著名君主、政治家和士大夫，总结和阐述他们在治理实践中形成的以经世致用为导向的事功治理思想。

第一节　著名君主的治理思想

君主是中国古代政治中最关键的要素，其治国实践也深刻影响着治理思想。中国历史上曾涌现出一大批具有雄才大略和文治武功并创造了名垂后世功绩的伟大君主。尤其是一个朝代的建立者或初代君主，往往会在治理思想上产生极为深远的影响。本节主要介绍秦始皇、汉初君主和李世民等著名君主的治理思想。

第六章 实践的力量：事功文化中的治理思想

一、秦始皇的治理思想

秦始皇被尊称为"千古一帝"，他是大一统中国的缔造者和中央集权君主专制制度的创立者，也是两千多年来以郡县制、官僚制为特征的君主专制治理模式的开创者。尽管目前学术界对于秦始皇以及秦制的评价褒贬不一，分歧很大，但其影响力却毋庸置疑。不少学者认为中国古代政治思想史以秦朝为基本分割点，自秦以后皆行秦制，后世所有朝代都没有跳出秦朝创立的基本治理模式，足见秦始皇对传统治理思想的影响之大。

其一，君权至上的治理思想。秦始皇的治国理念基本上以法家理论为指导，信奉并践行法家提倡的"依法治国"。先秦法家治理思想的核心就是君主至上，一切行为均以维护君主权威为根本目的。秦始皇极为重视君主权威，尤其是在实现大一统后，采取了一系列措施以强化个人的专制统治，其中最重要的措施是建立皇帝制度。秦始皇将君权至上的理念发展到新的高峰。一是大权独揽。秦始皇掌握生杀大权，将几乎一切权力收入囊中，立法权、司法权、军权、行政权等全部被其一手掌握，天下大小事务几乎都取决于秦始皇一人，他的权力大到了无以复加的程度。二是采取了强化君主权威的诸多措施。比如秦始皇更改了名号，他认为自己有平定天下之功，自古以来包括三皇五帝都没有超过他的功绩。因此，秦始皇受到法家李斯的启发，将三皇五帝合二为一，称为"皇帝"。从此"皇帝"一词诞生，成为古代君主的惯用称号。"皇帝"概念的出现在汉语概念中，将君主的权威和地位发展到了顶峰，在形式和名义上双重确立了君主至高无上的权力地位。至此，普天之下，莫非王土；率土之滨，莫非王臣。权力所涉及的一切皆为君主之附属。与此同时，秦始皇还创造了一系列专有词汇，其自称为"朕"，自己的命令则为"诏"或"制"。这些专属词汇凸显了君主尊贵的权势，从形式上强化了君主至高无上的地位。而且"皇帝""朕""诏"等秦始皇首创的用语被历代沿用，成为中华传统文化的一部分。再比如，秦始皇废除了被历代沿用的谥号制度。他认为自己的权威和功业是不可评价的，而且他还要求后世君主都不能有谥号，因为他认为天下之人没有资格评价君主的是非功过。尽管后来西汉又恢复了谥号、庙号等制度，但是秦始皇取消谥号的行为再次彰显其无上权威，这也成为后世不断讨论和思考的热门话题。三是热衷于礼仪制度。秦始皇极为重视礼仪制度，尤其热衷于通过礼仪制度来强化自身权威。秦始皇本人举办了很多祭天、祭地、祭鬼神、祭祖先等祭祀活动，其中最著名的是祭天中的"封禅"仪式。秦始皇于公元前219年在泰山举行封禅大典,"告太平于天,报群神之功",进一步彰显其功绩。后世历代皇帝进行封禅基本是效法秦始皇。由此可见,秦始皇在彰显君主至上的治理思想方面作出了重要贡献,他创造了许多影响深远的制度礼仪,这些成果在后世发展演变中形成了名位制、名号制、太子制、后宫制、宗室制、宫省制等一整套皇家帝制,成为维护君主权势的制度保障。

其二,中央集权的治理模式。秦始皇是中央集权治理模式的主要创立者。中央集权治理模式的建立在中国治理制度的发展中具有划时代的意义,这一模式基本上构筑了秦朝之后两千多年传统治理的基本框架,代表着我国古代国家治理达到一个全新高度。这一治理模式也成为后世观察和研究古代治理制度的基本理论视角。中央集权治理模式有两大核心特征：郡县制和官僚制。秦朝之前,分封制占据主导地位,秦始皇在统一天下后确立了郡县制。秦始皇认为春秋战国以来诸侯混战、征伐不断,根源在于分封制。因为实行分封制势必造成封地诸侯大权在握,架空中央政权而导致政局不稳、治理混乱。因此,在经过关于分封制和郡县制的激烈争论后,秦始皇决心在全国推行郡县制。郡县制下,地方各级由之前的封王转为由中央管理的官吏,由朝廷任免全国各地的郡守、县令等地方长官。其中最关键的是,地方长官的职位不能世袭,而是直接受朝廷的管理监督。很明显,郡县制相对于分封制进一步强化了君主权势,可以有效防止近亲和功臣权贵割据叛乱,客观上有利于维护治理稳定和国家统一。郡县制的确立在治理制度史上具有重大意义,基本上成了后世遵循的治理模式。另外,后世对于分封制和郡县制孰优孰劣的争论也成为治理思想领域经久不衰、常议常新的基本论题,围绕这一论题,还诞生了不少具有影响力的治理主张。与郡县制相适应,秦始皇又在全国推行了官僚制。官僚制的核心是打破世袭制,将任免官员的权力归于君主。在官僚制下,君主可以直接任免、撤换从中央到地方的各级主要官员。具体而言,在中央实行了三公九卿制,在地方则设置了郡守、县令等官员,县以下也设有乡长、亭长、里长等。郡县制和官僚制集中体现了秦始皇的中央集权治理思想,这一基本模式和治理思想为后世历代王朝所沿用。自秦始皇以后,中央和地方的治理关系、君主和官僚的治理关系逐渐成为治理思想中的主要内容。

其三,极端严酷的治理主张。秦始皇以法家思想为指导,尤其是受到李斯极端专制治理思想的影响,在很多地方直接采取了李斯的建议,进而在治理实践中实行了"空前"的专制制度和严刑峻法。一是实行极端的专制制度。除了上述皇帝制度和中央集权制度外,秦始皇还在李斯的建议下实行了思想文化专制制度。秦始皇认为要实现天下大治,首先必须统一思想。当时诸子百家思想还很有影响力,这些思想难免会针砭时弊,对秦始皇的制度和法令评头论足,这是秦始皇绝不能容忍的。因为在秦始皇看来,他的权威和政令不能有任何质疑、评论,所有人只能绝对无条件服从。因此,秦始皇以法家思想为指导,接纳并推行了李斯"别黑白而定一尊"①的建议,禁绝除法家之外的一切思想,禁绝讨论时政,并执行了"焚书坑儒"的政策。"有敢偶语《诗》《书》者弃市。以古非今者族。""收去《诗》《书》、百家之语以愚百姓,使天下无以古非今。"②从上述惩罚措施可见秦始皇推行的极端文化专制之酷烈。二是实行严刑峻法。秦始皇秉持的法家治理主张比商鞅更加严酷暴虐。比如,《秦律》之中,列举了各种各样、名目繁多的酷刑,其基本特点是严刑重罚、轻罪重罚,诸如弃市、腰斩等残忍处死手段只不过是"基本操作",很多惩罚动不动就是连坐、灭族、灭九族,令人不寒而栗。如此严酷的治理之下,民众时刻处于恐惧之中。

秦始皇是古代诸多治理制度的创立者,对于后世治理思想的发展具有非常重要的作用。但是,他又在实践中把以法家为核心的治理主张推向了极端,带来了十分严重的后果,极大削弱了其统治基础。这种极端方式反而加速了秦朝灭亡的进程,导致秦二世而亡。秦二世速亡给后世留下了巨大的思想遗产:一是直接导致法家思想彻底失去合法性并在"明面上"退出了历史舞台;二是分析、总结并吸取秦速亡的教训成为后世治理思想研究中经久不衰的话题;三是继承秦制与批判秦制成为一大治理悖论,所谓"儒外法内"的理论总结就来源于这一悖论。

二、汉初君主的治理思想

秦朝灭亡给后世君主带来了巨大的震撼。一统天下的千古伟业与严酷暴政二世速亡的结局令人唏嘘不已,发人深思。汉初君主对秦亡的教训进行了深刻分析后,普遍认为是因为秦朝没有重视民生,其严苛的治理方式导致民怨四起、离心离德。因此,汉初的君主普遍采取了黄老之学的治理主张,直到公元前

---

① 《史记》卷六,文白译注,北京:北京燕山出版社,2007,第222页。
② 《史记》卷八十七,文白译注,北京:北京燕山出版社,2007,第2650页。

135年汉武帝"罢黜百家、独尊儒术"之后,汉代君主的治理思想才开始发生转型。总的来说,汉初君主主要推行了休养生息、清静无为、慎战不争的治理主张,这些治理主张的成效非常显著,直接促成了著名的"文景之治"。

其一,休养生息的治理理念。汉初君主执政伊始,首先面临的就是天下疲惫、百废待兴的严峻形势。几百年来,无休无止的诸侯争霸,秦朝一统天下之后更是空前的横征暴敛、大兴土木、劳师动众,此时国家极度虚弱,民众生活极其困苦。刘邦、刘恒、刘启等汉初君主在反思秦亡教训基础上,基本贯彻了少私寡欲、休养生息的治理理念。一方面,君主自身少私寡欲、追求俭朴、不尚奢靡。刘邦认为不应该大兴土木修建宫殿,当时萧何兴造未央宫,汉高祖刘邦就加以责备。汉文帝刘恒更是生活俭朴,向来不追求奢侈豪华的生活。《汉书·文帝纪赞》中曾称赞"孝文皇帝从代来,即位二十三年,宫室苑囿狗马服御无所增益。有不便,辄弛以利民"。① 若真如书中所言,汉文帝这样的君主真是世所罕见,可以称得上是古代君主中少私寡欲的典范了。另一方面,采取了轻徭薄赋、宽刑简政的治理方针。刘邦在位时,"什五而税一,量吏禄,度官用,以赋于民"②。十五税一在历史上已经是很低的标准了,到了汉文帝刘恒在位时更是多次减轻赋税徭役,实行了三十税一的政策。另外,汉初君主还非常注重救济赈灾,遇到灾荒之年,经常免除赋税并给予帮助。在休养生息治理理念的指导下,汉初君主们修复了战乱创伤,社会由败落转为繁荣,民众生活由疾苦转为丰足。休养生息的治理理念也对后世产生了重要影响,此后朝代更替、新朝建立之初,大多都会奉行这一理念。

其二,有所为有所不为的治理政策。汉初君主在执政理念上奉行清静无为的治理主张,强调无为而治,最终达到无为而无不为的治理效果。具体而言主要体现在两个方面:一是"萧规曹随"式的治理之策。所谓"萧规曹随",指的是汉代曹参为相后,一切治理制度都不变化,完全跟随萧何时期制定的政策。汉初的无为并非"无政府主义"式的无为,也不是彻底取缔了一切有为的措施。实际上,汉代基本完整继承了秦制,但是汉初更加注重治理政策的稳定性和延续性,在治理实践中"不折腾"、少变动、少大兴土木、少劳师动众,一切以达到治理效果为目的。这才出现了"萧规曹随"的历史佳话。二是"循名责实"的治理政

---

① 《汉书(简体版)》,(唐)颜师古注,北京:中华书局,1999,第97页。
② 《汉书(简体版)》,(唐)颜师古注,北京:中华书局,1999,第950页。

策。所谓"循名责实",就是选拔并任命有为能干的臣下,放手让他们去干实事,君主不多加干涉。在《史记·陈丞相世家》一文中,陈平对此有经典的答复,他认为:"宰相者,上佐天子理阴阳,顺四时,下育万物之宜,外镇抚四夷诸侯,内亲附百姓,使卿大夫各得任其职焉。"①这句话的主旨就是强调君主要无为,官吏要各司其职。这跟法家韩非子提出的"要在中央,事在四方,中央执要,四方来效"的观点基本一致。只不过法家观点在现实中没有实现,却由强调无为的黄老道家治理理念达到了,这真是巨大的反差,值得人们深思。

其三,慎战不争的治理主张。汉初君主对待战争基本采取了慎战不争的主张。他们认为经过长时间的战乱,国家已经厌倦了战事,加之国力虚弱、民生艰难,也不适宜频繁发动战争。这一主张集中体现在对待边疆战事和处理与藩国关系上。对于藩国,汉文帝并不让藩国郡国来进献,以免加重其负担。对待边疆战事上更是如此,汉初君主们一般不提倡用兵征战,主要以和亲、防守、议和等方式应对解决争议,甚至还采取了一味忍让、息事宁人的政策。《汉书》中曾记载过汉文帝的一段表述:"朕能任衣冠,念不到此。会吕氏之乱,功臣宗室共不羞耻,误居正位,常战战栗栗,恐事之不终。且兵凶器,虽克所愿,动亦耗病,谓百姓远方何?又先帝知劳民不可烦,故不以为意,朕岂自谓能?今匈奴内侵,军吏无功,边民父子荷兵日久,朕常为动心伤痛,无日忘之。今未能销距,愿且坚边设候,结和通使,休宁北陲,为功多矣。且无议军。"②从这段情真意切的话可以看出汉文帝对待战争的态度。正是因为采取了慎战不争的治理主张,汉初较少发动战争,极大节省了国力民力,这一理念也是造就"文景之治"的重要原因之一。

三、李世民的治理思想

唐朝著名君主李世民吸取了隋朝二世而亡的教训,坚持以民为本,实行仁政法治,采取了一系列较为开明、宽容的治理政策。在他的治理下,唐朝在政治、经济、文化上都达到了新高峰,取得了非常优异的治理效果,史称"贞观之治"。

其一,以史为鉴、居安思危的治理意识。首先,以史为鉴,深刻吸取隋朝二世而亡的教训。要理解李世民的治理思想,首先必须理解隋朝二世而亡带给他

---

① 《史记(简体版)》,(宋)裴骃集解,北京:中华书局,1999,第 1644 页。
② 《史记》卷二十五,文白译注,北京:北京燕山出版社,2007,第 1219 页。

的巨大冲击。隋朝与秦朝有诸多相似之处：都终结了上百年的战乱而一统天下；都具备强大的国力；都具有较为先进的治理理念；都横征暴敛大兴土木；都热衷于四处征战；都是二世而亡。客观地说，隋朝"统一寰宇，甲兵强盛"①，隋朝的隋文帝和隋炀帝这两位皇帝的治理能力都比较突出，治理理念上也较为先进。与较为平庸的秦二世胡亥不同，隋炀帝杨广在文治武功方面皆有可取之处。可纵然如此，隋朝仍旧没有摆脱灭亡的命运。李世民对此进行了深刻反思，将之视为治国理政的镜鉴。李世民曾多次提及或总结隋朝灭亡的教训，认为奢侈无度、好大喜功、四处征战、大兴建设、刚愎自用、小人掌权等是隋亡的主因。其次，应保持居安思危的危机治理意识。李世民曾认真讨论思考过"创业与守业孰难"的问题，最终得出了守业更难的结论。为了守住基业，防止重蹈覆辙，就必须有居安思危的治理意识。李世民认为"治国亦然，天下稍安，尤须兢慎，若便骄逸，必至丧败"②。在治理国家中应时刻兢兢业业、自律自省，绝不可骄矜奢侈。最后，在吸取教训、居安思危的基础上，李世民实行了相对开明的君主治理，践行了儒家民本仁政的治理理念，制定了能够实现长治久安的治理方案。

其二，国以民为本的治理理念。传统民本思想深刻影响了李世民的治理实践。李世民十分重视民生，总体上奉行了"无为而治"的治民理念，尽量减轻民众负担，力求实现"百姓安乐"的治理目标。李世民亲身经历了各种征战，深刻体会到了民众的巨大力量，发自真心认为只有得民心者才能得天下，失民心者则失天下，因此他主张治理国家要坚持"国以民为本"③。李世民的民本理念进一步提高了民的地位。他认为君主应该"畏民"，提出"'可爱非君，可畏非民？'天子者，有道则人推而为主，无道则人弃而不用，诚可畏也"④，强调君主必须对民众的力量有敬畏感。《贞观政要》中还有一段名臣魏徵的话："荀卿子曰：'君，舟也，民，水也。水所以载舟，水所以覆舟。'故孔子曰：'鱼失水则死，水失鱼犹为水也。'"⑤水能载舟亦能覆舟，上千年的历史教训昭示了这句话的正确性。唐朝以后，历代关于君民关系的认知趋于一致，均非常重视民生的重要作用。

其三，仁政与法治相结合的治理主张。一方面，推行仁政，以仁义治国。李

---

① 《贞观政要》，骈宇骞译注，北京：中华书局，2022，第 10 页。
② 《贞观政要》，骈宇骞译注，北京：中华书局，2022，第 34 页。
③ 《贞观政要》，骈宇骞译注，北京：中华书局，2022，第 520 页。
④ 《贞观政要》，骈宇骞译注，北京：中华书局，2022，第 35 页。
⑤ 《贞观政要》，骈宇骞译注，北京：中华书局，2022，第 173 页。

世民纠正了当时崇尚佛道而贬抑儒学的倾向,积极推行儒学治理政策。李世民将仁政视为治国之本,也将儒学置于治国之道的首要位置。他认为"为国之道,必须抚之以仁义,示之以威信,因人之心,去其苛刻,不作异端,自然安静"[①],还认为"以仁义为治者,国祚延长,任法御人者,虽救弊于一时,败亡亦促"[②]。具体而言,李世民采取了休养生息、轻徭薄赋、以农为本、奖励农耕、宽刑慎罚、"变重为轻"等一系列治理举措。这些政策并非独创,李世民的功绩在于他能较好地将这些政策执行下去,充分彰显了其仁政治理理念。另一方面,推行法治、依法治国。李世民十分重视法治的作用,认为法是"国之权衡也,时之准绳也"[③]。李世民的法治理念与法家有所不同:法家之法治的根本目的是君主权威,法治成效仅是附带之物,其目的性远高过工具性;李世民则主要强调了法的工具性,将法作为治理国家的一种手段或者工具。具体而言,李世民在推行法治上采取了以下举措:一是主持制定了《贞观律》,并由臣下制定了《唐律疏议》,建立了详细完备的法条、法令等制度。二是强调法治的公平和稳定。公平是法治的第一原则,对此《贞观政要》一书中有言:"公之于法,无不可也,过轻亦可;私之于法,无可也,过轻则纵奸,过重则伤善。"[④]李世民十分强调法治的稳定性,认为法令不能变来变去。三是严格执法、赏罚分明。李世民认为法是天下之法,必须严格执法才能发挥其效能,必须做到"一断于律",不因亲疏贵贱而有所不同。李世民还十分重视赏罚的治理意义,认为赏罚是重要的治理手段,必须坚持"以公平为规矩,以仁义为准绳"[⑤]的原则。另外,李世民也注重以法治手段来治理官吏,主张依法来考核官吏、任用官吏、奖惩官吏,尤其注重依法严惩贪官污吏。

除了以上三点,李世民的治理思想还体现在其谏议思想、求贤思想等方面,这也是其治理思想中光彩夺目之处。李世民认为前朝君主的一大问题是刚愎自用,不能正视"谏言"尤其是批评。"自古人君莫不欲社稷永安,然而不得者,只为不闻己过,或闻而不能改故也。"[⑥]因此,李世民积极求谏纳谏,并为此制定了很多措施,奖励提升进谏之人,提高了谏官地位,其任内一时间进谏直言蔚然

---

① 《贞观政要》,骈宇骞译注,北京:中华书局,2022,第 315 页。
② 《贞观政要》,骈宇骞译注,北京:中华书局,2022,第 314 页。
③ 《贞观政要》,骈宇骞译注,北京:中华书局,2022,第 374 页。
④ 《贞观政要》,骈宇骞译注,北京:中华书局,2022,第 371 页。
⑤ 《贞观政要》,骈宇骞译注,北京:中华书局,2022,第 203 页。
⑥ 《贞观政要》,骈宇骞译注,北京:中华书局,2022,第 70 页。

成风。其"以铜为镜,可以正衣冠;以古为镜,可以知兴替;以人为镜,可以明得失"①成为千古名言,李世民与魏徵的关系也成为千古佳话。另外,李世民还十分重视人才建设,认为人才是治理国家的关键,"能安天下者,惟在用得贤才"②。为此,李世民进一步完善了隋朝创立的科举制度,设置弘文馆、扩大国子监,在全国各地兴办学校,以此来招募天下英才。李世民还十分重视考察和选用人才,力求做到任人唯贤,"用人如器,各取所长"。正因为以上治理举措,李世民身边人才济济、英才辈出,诞生了一大批名臣。魏徵、房玄龄、杜如晦、李靖、长孙无忌、王珪、温彦博、虞世南、褚遂良等,组成了极为豪华的"治理团队",也正因如此,唐初的治理取得了令人瞩目的成就。

如果从传统治理思想的标准来看,李世民时代可谓达到了一个相当高的水平。在这一时期,我们可以看到儒家思想中孜孜以求的理想治世,可以看到君道、臣道相得益彰的理想关系,可以看到仁义彰显人民安乐的稳定生活。此后一直到中国古代社会完结,也很难看到"贞观之治"这般的景象了。尽管如此,我们仍应更清醒地认识到,李世民并没有解决古代治理思想中的核心矛盾,也无法解决影响长治久安的根本性难题。甚至可以说,李世民的治理功绩进一步强化了君主在古代治理中的核心地位,进一步论证了君主专制制度的合法性,反而加剧了君主专制理念的进化。寄希望于君主,期待出现明君、圣君拯救乱世成为思想家们的普遍特点,从后世治理思想的演变来看也的确如此。

第二节　著名政治家的事功治理思想

在中国几千年的治国理政史上,诞生了无数拥有雄才伟略、能匡扶天下的贤臣名相,他们或精通政务,或勇于变革,或拯救危机,或品行卓然,在中国历史发展中作出了杰出贡献、留下了千古美名。周公、管仲、李斯、萧何、诸葛亮、房玄龄、王安石、司马光、张居正……一个个耳熟能详的名字早已融入中国传统治理思想的血脉之中,成为不可分割的一部分。很多著名政治家的治理思想已经在前文各个章节有所论述,本节主要选取了三位具有代表性的人物来论述他们

---

① 《贞观政要》,骈宇骞译注,北京:中华书局,2022,第 65 页。
② 《贞观政要》,骈宇骞译注,北京:中华书局,2022,第 195 页。

的治理思想。

一、王安石以变法为核心的治理思想

王安石(1021—1086),字介甫,号半山,北宋著名的政治家、思想家、文学家。王安石在政治上推行新政,主持了著名的"王安石变法";在思想文化上著书立说,重释儒家经典,创立了著名的"荆公新学"。王安石的治理思想以挽救政治危机、革除治理弊端为目的,以变法为核心,提出了一系列治理主张。

(一) 变法思想

王安石治理思想中最突出的就是变法,其哲学基础、治理理念、治理主张以及后世影响等基本围绕变法形成和展开。

首先,王安石的变法思想以其哲学思想为理论支撑。王安石构建了以道为最高范畴的思想体系。在这一思想体系中,道是本体,是世界万物的起源和根本法则。道无穷无尽、无始无终、无处不在,是一种本体论意义上绝对超越的存在。道还是最高的法则,这一法则落实到社会上就产生了许多不同内容,一切人类社会活动皆由道而来。王安石认为道无所谓善恶,善恶主要是后天习得的。这样的人性观必然强调人类社会需要外界强制性的治理方式,所以王安石将礼、乐、刑、政视为道在社会治理上的四种具体体现,实现人们追求的治世需要充分发挥礼、乐、刑、政的作用。王安石认为"天道者尚变",道的一个根本属性是"变"。为了论证这一观点,王安石还写了一篇著名文献《洪范传》,在这篇文章中他以五行学说为基础,提出"太极生五行,然后利害生焉"[1]。五行思想最大的特征就是变化,"五行也者,成变化而行鬼神"[2]"有变以趣时,而后可治也"[3]。既然天道是变化的,那么变法自然也就是遵循天道的。可见,王安石的哲学思想主要是为了给自己的变法主张做理论论证。

其次,时局已经到了不得不变的境地了。王安石身处的北宋王朝内忧外患不断、积弊已深,自上而下都感受到深刻的治理危机正在降临。王安石认为现状是"官乱于上,民贫于下,风俗日以浇薄,财力日以困穷"[4],政治危机日益迫

---

[1] 《临川先生文集》,北京:中华书局,1959,第 685 页。
[2] 《临川先生文集》,北京:中华书局,1959,第 685 页。
[3] 《临川先生文集》,北京:中华书局,1959,第 424 页。
[4] 《宋史(第 30 册)》,(元) 脱脱等撰,北京:中华书局,1977,第 10550 页。

近,江山社稷危在旦夕,已经到了必须变革的时候了。他认为目前最紧迫的政事就是变法,"变风俗,立法度,最方今之所急也"①。为了推进变法,他提出了著名的"三不足",即"天变不足畏,祖宗不足法,人言不足恤"②,强烈表达了他推进变法的意志。

最后,论变法的基本原则。一是变与不变的原则。王安石认为治理国家不可能一劳永逸,时间久了,先法必生弊端,这就需要变革。而且变与不变是辩证关系,只有变才能保持长久不变的天下治世,不变看似稳定却只能侥幸治理一段时间。"夫因循苟且,逸豫而无为,可以侥幸一时,而不可以旷日持久。"③他认为三十年就是一世,一世到了就该变革了。二是变法重在形式和末端,而不是内容和根本。"古之人以是为礼,而吾今必由之,是未必合于古之礼也。"④王安石认为,从理论上看,先王之法的根本目的和基本模式等核心主张是没问题的,主要是需要根据形势的变化进而改变其外在形式以更好达到目的。他主张不能简单地模仿并照抄以前的具体治理形式,也不能被以前的具体治理形式所束缚。三是变法要抓住时机。王安石认为凡事"贵乎权时之变"⑤,也就是说必须根据国家治理的实际情况,把握时机推进变法。因此,他进一步提出:"待天下之变至焉,然后吾因其变而制之法耳。"⑥可以看作其变法思想的基本逻辑。

(二) 以变法为核心的治理主张

王安石的变法思想极为完备翔实,构建了一整套复杂细致的变法革新理论体系,其中最核心的主张围绕理财、人才、法制三个方面而展开。

首先,理财是王安石变法最核心的主张之一。其理财主张主要基于北宋严峻的经济形势。王安石认为目前国家治理方面最大的问题是土地兼并严重。一方面,官僚士绅大地主等阶层占据了太多土地,导致社会贫富差距极为悬殊,民众生活困苦;另一方面,官僚士绅大地主等阶层还利用特权逃避缴纳赋税的义务,导致朝廷税收锐减,国力不足。如何才能解决这一问题?王安石认为应

---

① 《宋史(第 30 册)》,(元)脱脱等撰,北京:中华书局,1977,第 10550 页。
② 《宋史(第 30 册)》,(元)脱脱等撰,北京:中华书局,1977,第 10544 页。
③ 《临川先生文集》,北京:中华书局,1959,第 424 页。
④ 《临川先生文集》,北京:中华书局,1959,第 713 页。
⑤ 《临川先生文集》,北京:中华书局,1959,第 713 页。
⑥ 《临川先生文集》,北京:中华书局,1959,第 712 页。

该抑制土地兼并和贫富差距。据史书记载,他多次劝说宋神宗治理天下应抑豪强,伸贫弱,使天下人均受利。解决贫富两极分化是人类治理的千古难题,王安石将解决问题的思路聚焦到理财上,他认为解决财政不足是当务之急,要以此为变法的突破口。为此,他提出了一系列在那个时代看来颇为激进大胆的主张:一是不同于儒家耻于言利的传统,他认为理财是治理国家最基本的方法和最核心的执政内容之一。二是主张君主以朝廷的名义加强对经济的全面控制,将与经济相关的权力收归中央,然后以行政手段干预经济运行。如此既可以发展生产、扩大财富规模,还可以抑制兼并、缩小贫富差距,以此来增强国家财力,可谓一举三得。三是具体提出了由均输法、青苗法、募役法、农田水利法、方田均税法等诸多经济类措施组成的新法案,史称"熙丰新法"。"熙丰新法"内容涉及经济、军事、教育、政治等治国理政的方方面面,有诸多值得研究和探讨之处。总体而言,王安石提出的许多举措都十分超前,颇有现代经济学的眼光,这是王安石变法能够在历史上和当代学术研究中均产生重大且持久影响的原因。

其次,人才是变法成败的关键。变法措施需要人来执行,所以王安石非常重视人才的作用。他主张"众建贤才",认为目前最紧迫的任务是培养变法人才。他认为"方今之急,在于人才而已"[1]"得其人缓而谋之则为大利,非其人急而成之则为大害"[2]。以培养变法急需人才为出发点,王安石提出了培养人才、选拔人才、考察人才、监察人才等一系列措施,堪称筹划并构建了一整套相对高效完备的行政治理体系。即便用现代行政管理学的眼光来看,王安石的人才体系也有不少可取之处。可令人匪夷所思的是,除了王安石本人品行高尚,他所任用并提拔的不少人甚至包括其变法实践中的骨干人员,在实际执行过程中也存在假公济私、贪污腐败的行为,不仅导致变法措施实效大打折扣,反而加剧了个别地区贫富分化。当然,对于王安石变法的指责真真假假,也有不少学者认为这些指责只是反对派的恶意抹黑。关于王安石变法的诸多细节问题已经难以窥探其真相了,但是不管持有何种观点,我们都应该深刻认识到,古代治理构架的制度决定了谋取私利的现象必然会发生,也不可能真正解决土地兼并难题。变法的细节已无从探究,真相也许只能在更大的理论框架下才能窥得一二。

---

[1] 《临川先生文集》,北京:中华书局,1959,第411页。
[2] 《临川先生文集》,北京:中华书局,1959,第441页。

最后,变法需要变革法度。"盖夫天下至大器也,非大明法度不足以维持,非众建贤才不足以保守。"①王安石认为变法最关键的内容是将人才建设与法制建设结合起来。在法制建设方面,王安石建议成立专门机构负责立法、变法工作。"熙丰新法"中均输法、青苗法、募役法、农田水利法、方田均税法等新法都是由专门机构制定详细变法条文,再遵循先立法后执行的过程。这些新法的制定、实施、效果评价等各个阶段都充满了激烈的斗争,对于北宋各个阶层、各个派别的治理理念都产生了巨大的冲击和深刻的影响。

(三) 王安石治理思想的深刻影响

王安石变法是一次极为复杂、充满争议的历史事件,它不仅是北宋王朝最重要的一场政治改革,而且是中国古代思想史、制度史上影响最深刻的事件之一。尽管这次变法以失败告终,但是王安石以变法为核心的治理思想却留给后人无尽的争论和思考。从这一点看,王安石变法是中国古代历史上最"成功"的变法之一。围绕着变法的内容、性质、实践、失败原因等,北宋及后世乃至当今的思想家和学者们以不同立场、不同角度、不同侧重点持续进行着解读,迄今仍无法给出一个明确的答案。若要深刻洞悉古代治理中的深层治理机制、治理文化和治理心理等,王安石变法可谓是最好的研究样本。从现代治理思想研究的角度看,王安石变法及王安石的治理思想产生了两大影响。

其一,王安石变法促使人们开始思考传统治理理念、治理模式、治理制度之外的复杂因素。土地问题、官僚问题、权力问题、民生问题等这些老生常谈的治理难题在王安石变法中经历了一场全方位、多角度的激烈争论。不管是支持派还是反对派,其道德文章、思想体系、治国方略都不乏真知灼见。实际上,从双方在争论中所展示的具体主张看,不管变革派和保守派哪一方获胜,只要能够真正执行其主张皆可以达到相似的治理效果,也都能解决治理难题。但悲剧性失败又将每个人的观点击得粉碎,所以这不仅代表王安石及变革派失败了,其实还意味着双方都失败了,甚至可能还揭示了一个残酷的事实:几乎所有可能性的治理探索都失败了。可以说,古代社会的现实状况、治理思维、治理结构都决定了失败的命运,所有人不得不面对社会历史发展宿命般的悲剧。也许在经历失败之后,人们还是无法给出一个确切的结论,但是在思想深处已经开始隐

---

① 《临川先生文集》,北京:中华书局,1959,第 424 页。

约触及那些治理问题中最深刻的悖论了。比如关于君主权力如何制衡的问题、关于官僚群体的问题、关于宗法伦理的问题等。上述核心问题在古代的现实条件下几乎是无解的。

其二,王安石变法思想及其悲剧性失败标志着经世致用的事功之学在理论上已根本破产。此后,儒家强烈的入世精神、"达则兼善天下"的实践情怀实际上已经难以占据人们精神底色的"半壁江山"了。不管是士大夫阶层的思想境界,还是古代整体的治理理论,都只能开始不断痛苦地向内心转向,转向看似"入世"实则"出世"的伦理道德、心性道学路径。因此,宋明理学的出现是古代思想发展逻辑的必然结果。从这点可以说,对现实治理困境的痛苦反思并非在明清之际社会批判思潮时才出现,其实在王安石变法失败之时就开始产生了萌芽。

二、司马光的治理思想

论及王安石以变法为核心的治理思想时,就不得不提及与王安石同时期,同样具有重要影响力的著名相臣,同时也是王安石最大政治对手的司马光。司马光(1019—1086),字君实,号迂叟,其一生最显著的事有两件:一是编著了著名的史书《资治通鉴》;二是作为"保守派"的领袖人物,极力反对王安石变法。用现在的眼光审视,变法很难简单区分好坏对错,尽管司马光极力反对变法,但是他的治理思想依然充满了强烈的实践倾向和事功精神,不乏可取之处。

(一)史学的治理功能

在中国古代,史学一直都是国家政治的重要组成部分,与治国理政密不可分。史学历来就肩负着"以史为鉴"的责任和从历史发展中寻求治国之道的功能。通过史学可以"究天人之际,通古今之变,成一家之言",可以发现治乱循环与朝代更迭的规律,可以从历史的经验教训中觅得拯救危机的治理良方。司马光则进一步发扬了史学的治理功能,把历史与现实紧密结合起来,在漫长的历史中寻求治世安邦的道理。司马光在编著《资治通鉴》的过程中,他更像是一位政治思想家,充分挖掘和发挥史学的治理功能,意图通过修史参与到现实治理活动中:一是通过史学直接为治理实践服务。司马光自始至终把服务君主作为编著《资治通鉴》的目的,认为君主治理国家的基本条件就是要熟知历史,能从历史中获得治国之道。二是通过史学彰显治理标准。史学自古以来就代表着某种评价标准和价值立场,"春秋笔法"便是史学治理功能的典型代表。司马光认为史学就是要"叙国家之兴衰,著生民之休戚,使观者自择其善恶得失,以为劝戒,非若《春秋》立褒贬之法,拨乱世反诸正也"①。也就是要通过史学评判治理的善恶得失,起到惩恶扬善的作用。司马光在编著《资治通鉴》一书的过程中,对于重要历史事件进行了大量评论。他主要通过传统儒家的治理标准来评注历史人物和历史事件,以此来观照北宋王朝的治理现状,并加以赞扬或批判。在《资治通鉴》中,司马光明显表达了其具有较强实践意义的治理观点。三是通过史学弘扬治理思想。司马光认为"正心"是治理的根本原则,而史学就可以"正心"并促进治国能力的提升。因此,司马光认为史学要充分发挥其治理功能,以史论政,以史论治,以史正人心。

(二)"保守"思想的治理意义

司马光被公认为是保守派、守旧派,他坚决反对王安石变法,极力维护传统治理制度的稳定性。具体来看,其治理思想与传统儒家的主张基本一致。首先,礼治是治理国家的核心原则。司马光认为礼是国家治理中最高的行为规范,在《资治通鉴》开篇他就说:"天子之职莫大于礼,礼莫大于分,分莫大于名。"②这是典型的儒家治理思想,也就是主张通过礼来确定社会等级和社会秩序,只有严格按照礼的要求行事,国家治理才能稳定有序。与此对应,司马光认为治理的混乱源于无礼。司马光不是抽象地谈论礼的治理意义,而是把礼治的作用贯穿到国家、社会、个人、内心等各个层次,认为一切言行都需要礼来规范。其次,道德教化是实现礼治的核心手段。如何才能真正实现礼治呢?司马光与传统儒家一样,还是回到伦理教化的路径上来,认为礼治的实现不能仅仅依靠外部强制力量,主要应依靠发自内心的遵守。具体而言,实现礼治需要不断教育和学习,需要不断提升自身修养和道德水平,进而把礼内化为个人最基本的思想规范。最后,应辩证看待和理解所谓"保守"思想的实践价值和治理意义。实际上,司马光的礼治思想体现了治理伦理化和伦理治理化的双向互动和融合,这也是中国古代治理思想发展的基本脉络。更值得我们思考的是,在积重难返、危机重重的北宋,在这么多人都认为变法势在必行之时,在王安石开展轰

---

① 《资治通鉴全译(第五册)》,张舜徽主编,李国祥等译注,贵阳:贵州人民出版社,1994,第511页。
② 《资治通鉴全译(第一册)》,张舜徽主编,李国祥等译注,贵阳:贵州人民出版社,1994,第1页。

轰烈烈的变法之时，为什么那些传统守旧的治理思想依旧能在朝堂之上占据主流地位？或者说，所谓"保守"的治理思想到底有什么治理实践上的意义呢？实际上，看似"保守"的治理思想同样彰显着强烈的实践情怀和事功精神。与激进的变法相比，坚守传统未必不是解决时弊、拯救危机、稳定秩序的办法。因此要理解，北宋的治理危机与变法失败不能完全归咎于保守派的阻挠。后人往往将王安石变法的失败归咎于保守派的阻挠，但是深入研究后可能会发现，也许保守派的治理思想才是最具现实可行性的方案，甚至是唯一可行的方案。面对日益严重的危机，保守与变法这两种治理路径的本质与关系到底如何，又如何能够在实践中更好地达到其效果，才是值得我们去深思的。

（三）治君与治臣：司马光治理思想的核心主张

司马光治理思想的核心主张主要分为治君和治臣两大方面。治君与治臣归根结底都是君主一人之事，司马光依然寄希望于君主，认为治世只有通过君主不断提高能力，做到"内圣外王"才能实现。

其一，治君主张。司马光的治理思想自始至终都是围绕着君主展开的。他把实现天下大治的希望全部寄托在君主身上，为了实现自己的治理目的，他提出了诸多治君主张：一是君主本人要率先遵守礼治的要求。司马光认为礼不仅是要求臣下的，对君主同样也具有某种"强制性"的约束力。这种约束力主要体现为对君主治理行为的肯定和批判。就如同史书可以批判君主那样，礼也具有同样的功能。就这点可以看出，司马光还是在努力寻找制约君主绝对权力的方法。二是提出了五类标准来规范君主的行为。司马光认为君主可以分为五类，即创业、守成、陵夷、中兴和乱亡。这五类君主与朝代发展的不同阶段相对应。也就是说，治理的各个阶段不是按照外在客观规律发生的，而主要是由于君主的治理能力不同造成的。司马光在划分五类君主的基础上褒扬明君、贬斥昏君，实际目的还是以此来约束和规范君主言行，希望能够出现中兴之君主来解决王朝的治理危机。三是提出了成为明君的必要条件。司马光认为明君应具备"三德"，即仁、明、武。"仁"代表了君主的道德品质，"明"代表了君主的治理能力，"武"代表了君主的意志和魄力，三者缺一不可。"三德"不仅对君主提出了极高的要求，也为君主提供了精进之路。"三德"主张再次表明了司马光的治理思想全部围绕着君主，至于如何才能使君主拥有"三德"，若没有"三德"又该如何处理，则仍是无解的难题。

其二，治臣主张。司马光认为君主治理天下的关键在于治理臣下，在于如何用人。司马光不止一次告诫君主，用人关乎君主安危，关乎社稷安危，对于人君而言，没有比知人善用更重要的了。具体而言，君主要掌握两方面的治臣之道：用人和赏罚。用人之道体现为善于任用臣下，充分发挥臣下的才能。司马光对此提出了诸多可操作的治理技巧。关于用人之道，他认为："凡用人之道，采之欲博，辨之欲精，使之欲适，任之欲专。采之博者，无求备于一人也。收其所长，弃其所短，则天下无不可用之人矣。辨之精者，勿使名眩实伪冒真也。听其言，必察其行。授其任，必考其功。则群臣无所匿其情矣。"[①]司马光还对君主如何运用赏罚之道统御臣下作了详尽论述，认为君主要摒弃个人情感，赏罚分明、公正适当。实际上，司马光关于治臣的主张的确切中了北宋治理难题的关键。因为北宋最大的治理问题之一就是如何处理日益臃肿、庞大、低效、腐败的官僚阶层。但是如同大多数思想家、政治家一样，司马光的治理思路始终依靠一位拥有绝对力量的君主。从这一点来看，坚守传统治道的司马光与他的"死对头"王安石也并无二致，都是将全部希望寄托于君主身上。

三、张居正以振纲纪、重民生为核心的治理思想

张居正(1525—1582)，字叔大，号太岳，明朝著名政治家。张居正隆庆六年(1572)任内阁首辅，曾在万历年间执政十年，推行了诸多改革措施，其中最著名的是在税收领域推行的"一条鞭法"。张居正的治理思想以加强君主集权为核心，以抑制豪强、防止土地兼并为目标。

（一）振纲纪：加强君主集权的治理主张

论述张居正的治理思想，首先要理解其面对的治理难题。明朝嘉靖、隆庆、万历年间，王朝治理开始出现重大危机，主要体现为皇帝对国家治理的掌控能力减弱，皇亲国戚、官僚乡绅、地主豪强等利用特权不断兼并土地；大量民众因土地兼并而失去土地，困苦的生活导致农民起义连绵不断；加之特权阶层不事生产、不缴赋税，又造成朝廷国库空虚，财政危机日益严重；边境外患加重但武备松弛、军力薄弱。随着这些治理乱象蔓延至各个领域，尤其是在各级官僚阶

[①] 出自司马光《稽古录·历年图序》。转引自：刘泽华主编：《中国政治思想史》(隋唐、宋元、明清卷)，杭州：浙江人民出版社，2020，第258页。

层和文人士大夫群体身上引起巨大争论,导致朝堂之上权臣内部权力斗争加剧,朝堂之下民众议论纷纷,王朝衰落的迹象明显。一言以蔽之,古代每一个王朝发展到中后期都会遇到的那些具有典型特征的治理危机再次登上了明朝的历史舞台。

张居正认为,明朝的治理危机根源在于君主权势衰微,进而导致政事弛靡、政局失控。他认为目前"国威未振,人有侮心""人乐于因循,事趋于苦窳"①"纪纲不肃,法度不行。上下务为姑息,百事悉从委徇"②"科条虽具,而美意渐荒;申令虽勤,而实效罔获"③。张居正找到了明朝治理危机的症结所在,那就是日渐庞大的皇亲国戚和官僚特权阶层。但是他所提出的治理之策却是用最大的权力即君权来解决危机。为此,张居正提出了一整套以"振纲纪"为核心,涵盖君主集权、臣下治理、文化治理等内容的解决方案。

首先,进一步加强君权。张居正认为目前最重要的任务是"振纲纪",即加强君主对官僚体系的控制力。张居正提出了三项主张来加强君权:一是君主要独揽法纪刑赏之权。"君子为国,务强其根本,振其纪纲。"④"人主以一身而居乎兆民之上,临制四海之广,所以能使天下皆服从其教令,整齐而不乱者,纪纲而已。纲如网之有绳,纪如丝之有总。"⑤刑赏自古就是君主独有的权力,君主一刻也不能放松。只有独揽刑赏大权,才能实现对臣下的有效治理,进而解决官僚阶层的难题。君主应该做到"张法纪以肃群工,揽权纲而贞百度。刑赏予夺,一归之公道"⑥。二是要加强君主诏令的权威。"君者,出令者也;臣者,行君之令而致之民者也。"⑦张居正认为目前君主权威受损的原因在于官僚们阳奉阴违,不认真执行君主的诏令。三是以法制提升君主权威。张居正认为法制是强化君主权威的制度保障,他指出法制的关键在于君主执法公平无私,因此坚决反对君主在治理中"徇情""操切"等行为,认为过于宽松或过于严苛的治理都不可取。

其次,以考成法加强吏治。张居正当政时,明朝官吏系统存在的问题集中

---

① 《张居正全集(四)》,武汉:崇文书局,2022,第290页。
② 《张居正全集(四)》,武汉:崇文书局,2022,第4页。
③ 《张居正全集(四)》,武汉:崇文书局,2022,第539—540页。
④ 《张居正全集(四)》,武汉:崇文书局,2022,第648页。
⑤ 《张居正全集(四)》,武汉:崇文书局,2022,第4页。
⑥ 《张居正全集(四)》,武汉:崇文书局,2022,第5页。
⑦ 《张居正全集(四)》,武汉:崇文书局,2022,第5页。

爆发,吏治中的腐败、姑息、低效等问题极为严重,尤其是官吏系统自身存在的官僚主义等结构性问题积重难返,比贪腐问题更难治理。他认为"贿政之弊易治也,姑息之弊难治也"①,因为"政之贿惟惩贪而已",而"姑息"之弊积重难返。如果"姑息"等官僚主义之弊得不到有效治理,其他改革措施就不可能推行。吏治之弊的根源又是什么呢?张居正认为吏治问题根本原因是名与实不相符,所以整顿吏治的首要任务是循名责实,加强对官吏的任用考核考察。他就此认为:"人主之所以驭其臣者,赏罚用舍而已。欲用舍赏罚之当,在于综核名实而已。"②为解决吏治难题,他推行了以考成法为代表的吏治措施。张居正推行的考成法十分详细且完备,从朝廷各部到地方各级官吏均制定了严格的考成法,具有一定科学性、合理性。考成法与我们现在所熟悉的"绩效管理""全过程管理"等现代管理学中的方法有相似之处。考成法中既有以时间为尺度"月有考,岁有稽"的考核办法,又有以税收、屯田等具体职责任务为标准的考核办法。张居正推行的考成法在其任内基本得到了有效执行,在很大程度上加强了君主权威,纠治了官僚主义,提高了行政效率,有力推动了其他各项改革举措。但是,考成法存在先天的局限性,仅是解决浅表性问题,无法解决吏治的"病根"。而且考成法在实施过程中也存在大量问题,导致许多地方官吏压力过大,急于求成,开始大搞任务分解摊派,造成民众负担加重。张居正的吏治改革主要靠其一人之力在推动,考成法虽详备,但首辅一换,所有改革措施很快就全部废止了。

最后,实行文化专制。张居正还认为当时社会的一大问题是"病在议论",因学风不正导致空谈时政之风盛行。他认为,风气与治理问题息息相关,如果学风不正,不管什么治理主张,都难免各执一词,议论纷纷,相互争辩攻讦,最后谁也拿不出一个切实可行的解决方案。因此,张居正主张纠治学风,尤其是要禁止私学,实行思想文化上的专制主义措施。他认为"'凡学,官先事,士先志。'士君子未遇时,则相与讲明所以修己治人者,以需他日之用。及其服官有事,即以其事为学,兢兢然求所以称职免咎者,以共上之命。未有舍其本事,而别问一门以为学者也。"③具体而言,张居正推行了以下三点治理举措:一是禁止私学,尤其是禁止开办民间书院;二是书生只能研读儒家经典,科举考试内容以宋儒传注为本,其他一切学问皆为异端邪说加以禁止;三是一律禁止书生议论政事,

---

① 《张居正全集(四)》,武汉:崇文书局,2022,第304页。
② 《张居正全集(四)》,武汉:崇文书局,2022,第6页。
③ 《张居正全集(四)》,武汉:崇文书局,2022,第371页。

无论是言利还是言弊。

（二）重民生：抑制豪强兼并的治理主张

张居正十分重视民生问题。他认为，自古以来，民生关乎政治之治乱、国祚之长短。只要民生安乐，纵然存在治理问题，但根基牢固，不用担忧；相反，如果民生困苦，天下必乱，王朝必危。与多数士大夫的思想观点一致，他也认为王朝治乱的根源在于两极分化，乱世甚至王朝灭亡与特权阶级、豪强兼并、贫富差距过大等因素息息相关。因此，张居正主张抑制豪强兼并以安民生，从而实现固本邦宁、长治久安的治理效果。

可现实是，明王朝治理下的百姓生活困苦，税赋极重；朝廷国库空虚，难以维系。为了解决这些问题，张居正提出了一系列抑制豪强、重视民生的治理举措。这些举措可分为两个层面。

第一个层面是常规治理举措。一是提倡休养生息，推行以节俭治国的政策。张居正认为当前国力因久经吏治腐败的折腾而受损，国家元气大伤，百姓需要休养生息。对君主而言，主张君主节制个人欲望，反对奢靡浪费。"与其设法征求，索之有限之数以病民，孰若加意省俭，取之于自足之中以厚。"①二是轻徭薄赋。张居正认为君主要体察、关心民众的真实生活境况，要根据灾荒等实际情况减免税赋。

第二个层面是推行以"一条鞭法"为代表的创新法案。张居正认为目前治理危机的核心原因是豪强兼并大量土地，造成百姓居无定所、民不聊生。通俗点说，目前的状况是朝廷财政空虚、百姓极端困苦，而豪强们独占了大部分利益。既然只有豪强们还有钱，那也只能通过整治豪强来解决危机了。张居正提出了诸多具体措施以抑制豪强兼并，这些措施主要分两步进行：第一步是丈量全国的农田土地，在实施中尤其要防范豪强们隐匿土地和人口；第二步是在丈量全国土地的基础上，推行"一条鞭法"。"一条鞭法"是明朝税收制度的重大改革，按照这一办法，尽可能取消各种各样的赋税徭役，将之全部折算到每一亩土地上，然后按照标准以银两的形式缴纳。徭役杂税免除后，如果需要大量人力的工作，各级官府可以以出钱的形式来招募或雇佣民众完成。"一条鞭法"在设计上非常先进，理论上可以有效防止土地兼并和偷逃赋税，可以减轻民众的实

---

① 《张居正全集（四）》，武汉：崇文书局，2022，第8页。

际负担,还可以激发民众参与各项建设的积极性。"一条鞭法"是中国古代税收制度的重大改革,被不少人认为是现代租税制的先声,在一定程度上发挥了重要作用,使豪强不能兼并、民众也不至于被负担压垮。

张居正的治理思想始终以解决实际治理难题为核心,饱含了经世致用的事功精神。可以说,张居正几乎是在以一己之力与整个官僚群体相对抗,这些都对后世产生了深远影响。但更应该看到,张居正的治理思想本身存在难以克服的矛盾。比如,他寄希望于君主集权解决问题,但是明朝的治理难题也恰恰根源于君主过度集权,对这一点张居正并没有正面回应;再比如,加强吏治的措施也仅仅治标而已,其背后更深刻原因并没有得到解决。这些矛盾决定了张居正的治理改革注定不可能成功。

第三节 著名士大夫的事功治理思想

士大夫群体及由此形成的士大夫精神是中华优秀传统文化的重要组成部分,也是最光彩夺目的一页。中国的士大夫群体包括了绝大部分的思想家、政治家和著名官吏,他们是中国传统治理思想的主要创造者、继承者和弘扬者。他们或直接参与到政治治理的实践之中,或贡献治国方略,或心怀社稷、忧国忧民,或针砭时弊、直言谏诤,或务求实效、经世致用,无不彰显了强烈的事功精神。不少著名士大夫的治理思想已经在本书前文章节有所论述,本节则选取了具有独特且重要贡献的著名士人的治理思想来进行论述。

一、韩愈、柳宗元的事功治理思想

面对魏晋南北朝以来玄学、佛教、道教思想的冲击,儒学思想开始呈现衰落趋势。针对儒学危机,唐朝一大批士大夫、思想家致力于复兴儒学,在理论争辩中提升了儒学思想水平。其中,韩愈和柳宗元致力于复兴儒家道统,共同发起古文运动,被人称为"韩柳"。他们秉持文以载道的理念,形成了具有明显事功特征的治理思想。

(一)韩愈以"道统"为核心的治理思想

韩愈(768—824),唐代著名文学家、哲学家,历经中唐四朝,仕途坎坷。他激烈批判佛教,坚持以儒学为正宗,构建了以"道统"和尊君为核心的治理思想体系。

其一,重建儒家道统的治理思想。道统论是韩愈治理思想的理论基础。所谓道统,是指儒家思想和儒家精神传承的谱系。面对佛教、道教的思想冲击,韩愈主张既然佛教和道教都有一套传承关系,儒家同样也有一套完整的传承谱系。他提出,儒家经历了从尧、舜、禹、汤、文、武、周公再到孔、孟的传承谱系,这就是所谓的道统。韩愈认为儒家道统到孟子而绝,直到今天还没人续上儒家传承谱系。因此,他将自己的使命定义为恢复和发扬光大儒家道统,彰显儒家仁义道德、纲常名教等思想,强调儒学的真理性并树立儒家思想的正统地位,从而与势头正盛的佛教相对抗。韩愈的道统论主要有四个方面内容。

一是排斥佛教、借鉴佛教。韩愈本人是"反佛斗士"。面对佛教泛滥的现状,他力主罢佛、禁佛,销毁佛教书籍和设施等。但韩愈也并非排斥佛教的一切主张,他也吸收了佛教讲究传承关系的"法统"理论,"虚构"了一个上至远古圣王时代的儒家道统。韩愈提出了明确的儒学传承谱系,他认为:"斯吾所谓道也,非向所谓老与佛之道也。尧以是传之舜,舜以是传之禹,禹以是传之汤,汤以是传之文、武、周公,文、武、周公传之孔子,孔子传之孟轲,轲之死,不得其传焉。"①道统论划清了与佛教、道教的界限,提升了儒学思想的正统地位。

二是力图重建儒学思想体系。韩愈认为孟子之后千余年间,道统衰微不见,两汉以来的儒学千疮百孔、凋敝不堪,尤其是两汉经学中充满了荒诞的神学色彩,遮蔽了正统儒学的本真面目,这就导致异端思想乘虚而入并发展起来。他主张儒学人士应自觉承担起弘扬道统、对抗异端的责任。可以说,这是儒家文化自我意识觉醒和理论体系升华的一个过程。自此以后,儒家学说和儒家文化的内容更加清晰,开始逐渐形成更为明确且具体的话语体系、身份象征和自我认同,这些基本准则成了文人士大夫群体的主体精神。韩愈之后,儒家思想的主流地位更为稳固。

三是进一步彰显了儒家道统中的仁义道德作用。韩愈的道统论明显区别于佛教、道教主张的"虚无""玄妙""悟性"等道论,而是将仁义与道德融为一体。在《原道》一文中,韩愈认为:"博爱之谓仁,行而宜之之谓义,由是而之焉之谓

---

① 《韩昌黎文集》,马其昶校注,上海:古典文学出版社,1957,第10页。

道,足乎己而无待于外之谓德。仁与义为定名,道与德为虚位。"①韩愈区分了仁义与道德,仁义是道德的内容,道德则是形式。道统论实际上是以道统观点进一步巩固了仁义的地位。韩愈认为尽管儒家与佛教、道教都使用道这一概念,但是侧重点各有不同。佛教、道教侧重于"虚位"的道,缺乏实质内容,尤其是对仁义的重视不足。对此他批判道教为一人之私言,认为"凡吾所谓道德云者,合仁与义言之也,天下之公言也。老子之所谓道德云者,去仁与义言之也,一人之私言也"②。他还批判佛教抛弃了伦理纲常关系,"今也欲治其心而外天下国家,灭其天常,子焉而不父其父,臣焉而不君其君,民焉而不事其事"③。

四是强调了儒家思想的事功特点。韩愈认为儒家思想与佛教、道教最大的不同在于儒家不仅强调道德,还重视实践层面的具体行动。他认为将仁义与道德、心性与行动统一起来才是真正的道。韩愈充分阐释了《大学》中修齐治平的思想,不断完善其道德概念并将之扩展到政治领域,确立了道德与政治一体化的原则。通过这一论证,韩愈不仅批判了佛道之学,还强化了儒家在治理思想中的主导地位。

韩愈的道统学说,上接两汉,下启宋明,成为儒学治理思想发展的重要环节,为后世的宋明理学奠定了基础。

其二,以尊君为核心的治理主张。韩愈的治理思想集中体现在尊君主张上。在韩愈的文章中,道、圣人和君主可以说是"三位一体"的,圣人就是现实中的君主,君主承担着圣人的各项职责。

首先,韩愈提出了著名的"圣人创制说"。在《原道》中,他详细论述了圣人在教化民众、促进文明进步中的关键作用。他认为:"古之时,人之害多矣。有圣人者立,然后教之以相生相养之道。为之君,为之师。"④圣人不仅是君、师,人类社会的几乎一切进步包括物质文明、制度文明和精神文明皆由圣人创造。"如古之无圣人,人之类灭久矣。"⑤如果没有圣人,人类就没有目前的文明进步,就跟动物一样,可能早就灭绝了。可见,韩愈显然与自己道统传承谱系中上一辈的孟子大有不同,应该不会认同孟子民贵君轻的观点。"圣人创制说"在维

---

① 《韩昌黎文集》,马其昶校注,上海:古典文学出版社,1957,第7页。
② 《韩昌黎文集》,马其昶校注,上海:古典文学出版社,1957,第8页。
③ 《韩昌黎文集》,马其昶校注,上海:古典文学出版社,1957,第10页。
④ 《韩昌黎文集》,马其昶校注,上海:古典文学出版社,1957,第8—9页。
⑤ 《韩昌黎文集》,马其昶校注,上海:古典文学出版社,1957,第9页。

护君主制度方面达到了一个新高度。

其次,韩愈主张建立以君主为中心的社会等级制度。除了尊君理念,韩愈还极力维护等级制度的永恒性和绝对性,并将之视为人类社会发展的先决条件。如果等级秩序混乱了,那就是君不是君、臣不是臣、民不是民的乱世了。他认为:"是故君者,出令者也;臣者,行君之令而致之民者也;民者,出粟米麻丝,作器皿,通货财,以事其上者也。君不出令,则失其所以为君;臣不行君之令而致之民,则失其所以为臣;民不出粟米麻丝,作器皿,通货财,以事其上,则诛。"①韩愈将治理国家的基本结构分为君、臣、民三个等级,君主处于绝对的主宰地位,臣的职责是执行君主命令,民则是没有任何权力地位的最底层。

最后,韩愈主张实行愚民且专制的治理举措。在韩愈划分的社会等级和人性品级中,民众没有任何地位,他自然就主张采取愚民之策。他认为君主治理天下、教化民众的一个重要原则是绝不能让民众知道教化之道。他认为民众只有被教育、被统治的义务,不能有任何政治权利,更不能有什么个人思想主张。他还认为古往今来的治理混乱的一大教训是君主向民众展示了治民之术,使民众知晓了君主统治的秘密,进而导致民乱。

当然,韩愈的文章中不乏论述民生、关心民生的内容,但其民生主张与其愚民之策并不冲突,毕竟民生之论归根结底还是为尊君服务的。要知道,这种治理思想的杂糅性和矛盾性是研究古代治理思想时面对的基本语境,不管什么倾向的思想家,我们总能在其著述中找到各种倾向的治理主张,如果仅从个别语句解读,很多思想家的文字中会有很多截然相反的观点。因此,在任何时候都必须首先阐明其基本观点,不能单独拎出来某些"看起来很美"的语句来代表中华优秀传统文化中的治理思想。韩愈文采斐然、博采众长,他发起古文运动,"文起八代之衰",《原道》《原性》等篇章尽人皆知,不少人从小能够熟练背诵,越是如此,越应全面深刻理解其思想,以免"一叶障目"。

(二)柳宗元以革新为重点的治理思想

柳宗元(773—819),今山西运城人,字子厚,人称"柳河东",他曾积极参与永贞革新,仕途坎坷,死于被贬之地柳州。他一生写了大量针砭时弊、揭露治理弊端、描述民生疾苦的文章。柳宗元关注现实,力主变法革新,其关于国家体

---

① 《韩昌黎文集》,马其昶校注,上海:古典文学出版社,1957,第9页。

制、政治革新等治理思想和对苛政的猛烈批判彰显了强烈的事功精神。

其一,对"苛政猛于虎"治理积弊的猛烈批判。理解柳宗元的治理思想,首先应关注的是其强烈的民生情怀和批判精神。中唐时期,社会矛盾日益激化,严重的税赋和两极分化导致老百姓生活困苦、民不聊生。柳宗元十分关心民众疾苦,对导致百姓生活艰辛的原因进行了深刻揭露和无情批判。他在《捕蛇者说》等著名文章中写下了"苛政猛于虎""赋敛之毒,有甚是蛇者""夫弊政之大,莫若贿赂行而征赋乱""悍吏之来吾乡,叫嚣乎东西,隳突乎南北,哗然而骇者,虽鸡狗不得宁焉"等大量名句,对税赋和吏治问题进行了辛辣批判。柳宗元认为,民众的困苦源自三大治理弊端:一是土地兼并导致大量农民失去了土地;二是税赋不均,富人通过贿赂等各种办法逃避税赋,生活艰辛的平民百姓却承担了富人本该承担的赋税;三是官吏苛政扰民、横行乡里、鱼肉百姓,进一步加重了民众负担。柳宗元认为尽管朝廷也会出台一些减免赋税之类的措施,但是到了执行层面,这些好措施就会被各级官吏利用,进而成为官吏和豪强等特权阶层的谋利手段。这种强烈的民生情怀贯穿柳宗元的一生,他不但批判弊政,还积极投身于革新积弊运动中,即使屡遭贬谪,仍在其职权范围内尽力而为,做了很多兴利除弊、改善民生之事。

其二,郡县制优于封建制的治理理念。从唐朝中叶开始,影响王朝统治最大的治理问题是藩镇割据以及由此导致骄兵悍将不断挑战朝廷。为了解决藩镇割据问题,柳宗元论述了君主与国家的起源,阐述了郡县制优于封建制的治理理念,主张加强中央集权、削弱藩镇权力、维护王朝治理秩序。

首先,国家和君主的出现是人类社会发展的必然趋势。传统儒家一般将君主和国家的出现归之于天或道,主张君主治理国家是天命所归。柳宗元则与之相反,以自然主义之"势"取代神学起源,认为国家和君主是人类社会矛盾激化、人与人之间利益冲突的结果。他认为人类社会发展是一个自然过程,在发展过程中人们自然就会产生争夺和武力冲突,为了解决矛盾,势必需要明智之人做出决断,势必需要制定一系列规则来约束大家,于是国家和君主就诞生了、法律和秩序就形成了。

其次,"势"决定了治理国家的基本体制。柳宗元认为社会发展中存在不以个人意志为中心的客观发展趋势,这就是"势"。自然主义客观之"势"的变化决定了治理国家的基本体制也会随之改变。也就是说,任何一种政体都是"势"发展变化的必然结果,而不是先验存在的完美政体,更不是由君主或圣人独创的政体。在柳宗元看来,商周时期实行封建制也是"势"所决定的。他认为:"自天子至于里胥,其德在人者,死必求其嗣而奉之。故封建非圣人意也,势也。"①他还认为:"彼封建者,更古圣王尧、舜、禹、汤、文、武而莫能去之。盖非不欲去之也,势不可也。势之来,其生人之初乎?不初,无以有封建。封建,非圣人意也。"②也就是说,分封制未必是完美的制度,商周时期实行分封制并非在于这种制度的完美无缺,而是由当时的形势、状况、条件、政治格局、风俗习惯等客观因素所决定的。秦朝之后由封建制演变为郡县制也是由"势"的发展变化所决定的。

最后,论证了郡县制优于封建制。既然封建制和郡县制都是由"势"所决定的必然结果,那么两种制度本来就没有优劣之分,也没有进步与退化之别。因此,评价制度孰优孰劣,关键还是在于它是否符合"势"的要求。柳宗元指出,历史已经反复证明,封建制极易导致诸侯反叛、国家分裂,这是公认的事实。他认为正是由于封建制的巨大缺陷,才导致治国模式上不断加强君主权力进而发展成郡县制。他还分析了各个朝代的制度得失,认为秦朝"时则有叛人而无叛吏",并不能把秦朝速亡归因于郡县制;汉、晋叛乱就是因为分封制导致"有叛国而无叛郡";唐代则"有叛将而无叛州",动乱根源是藩镇割据而不在于郡县制。因此,柳宗元认为当前最重要的治理举措是加强中央控制力,尽快收回藩镇诸将的兵权和对郡县官吏的任免管理之权,实行真正意义的郡县制,避免出现国家动乱。

自秦朝建立郡县制以来,关于郡县制和封建制的争论就成为古代治理思想中永恒的议题,也从未有哪一方的观点能占据主导地位。封建制与郡县制在现实的治理实践中反复出现,它们各有利弊,在思想理论领域中更是纷争不断。但不可否认的是,柳宗元关于郡县制的论证非常深刻,他突破了思想界厚古薄今、崇尚三代的传统,将自己的治理思想建立在朴素客观的自然主义基础之上,具有强烈的问题意识、现实意识和创新精神,这是其理论的可贵之处和价值所在。

其三,切合时弊的治理主张。柳宗元曾积极参与永贞革新,提出了诸多具体治理主张,即使在遭到贬谪的十余年间,他也没有放弃思考,而是提出了大量

---

① 《柳宗元集》,吴文治等点校,北京:中华书局,1979,第70页。
② 《柳宗元集》,吴文治等点校,北京:中华书局,1979,第70页。

切合时弊的治理举措,主要体现在四个方面:一是改革税制。柳宗元认为赋税不均是当时影响治理稳定性的最大问题。他主张修改两税法,实行均税制,认为应按照实际占有土地数量来征税,而不是依据户籍载明的田产收税。改革税制还包括重新核定各户土地资产数量,掌握贫富实情,保证赋税调整的科学性。二是加强吏治。主张以严格的法律来约束官吏的行为、严惩官吏贪腐。柳宗元还创造性提出了"吏为民役"的观点,认为官吏是接受民众之食、受民众雇佣之人,理应尽职尽责、兢兢业业,如果接受民众养育还盗窃削弱民众,理应被处罚。这一观点十分先进,完全颠覆了古代传统思想中官吏为君主奴仆、为君主分忧,食君禄、报君恩的观点。三是反对特权。柳宗元明确反对世袭特权,为此他还专门写了一篇文章《六逆论》,批判了保守僵化的封建等级制度,否认了特权阶层的世袭权力和地位。他还批判了"刑不上大夫"的特权观念,主张赏罚分明、有罪必罚。四是任人唯贤。基于反对特权的思想,柳宗元认为人才选拔和使用是治理国家的关键,因此主张任人唯贤,提倡以"圣且贤"的标准来选拔人才,提出了"使贤者居上,不肖者居下,而后可以理安"[①]的观点。总之,柳宗元的治理主张具有强烈的实践精神,皆针对唐朝的治理积弊所提出,将治理目标直接对准了唐代贵族、宦官等特权阶级,力图通过革新改变法治松散、藩镇割据、苛政暴敛等治理难题。

柳宗元的治理理念、批判精神、变革主张和民本情怀等在古代历史背景下显得卓然不群、引人入胜。他的思想深化了对国家和君主的认识,对传统治理思想产生了重要影响。同时也应看到,柳宗元的治理思想仍旧以维护君主集权专制、恪守三纲五常的大中之道为主旨,以解决急迫的治理难题为首要任务。毕竟在柳宗元那个时代,国家分裂、治理混乱、民生艰苦的治理危机占据了绝对主导地位,救亡的紧迫性压倒了治理的合理性和持久性,也压抑并限制了其治理思想的完善和发展。

二、李觏以富国强兵为目标的事功治理思想

李觏(1009—1059),字泰伯,北宋哲学家、思想家、改革家。他曾两次应试不中,遂以教书为业,晚年创立"盱江书院",人称"盱江先生"。李觏受到"庆历新政"变革思想的影响,极力主张采取富国强兵的治理之策。尽管李觏并未身

---

① 《柳宗元集》,吴文治等点校,北京:中华书局,1979,第 74 页。

居高位而施展抱负,但其思想却对后世产生了深刻影响,直接促进了事功思潮的产生,对宋朝变法思想也起到了一定推动作用。

(一)注重实效的治理思想

李觏因北宋"积贫积弱"的现状而产生了深刻触动,他没有一头扎进其最擅长的易学研究中穷经论道,而是以实际效能为核心,提出了义利统一、王霸并用等治理思想。

其一,义利统一与注重财力。儒家主流思想向来耻于言利,认为言利乃是小人之事,只要尽力彰显仁义,利自然随之而来。李觏认为,尽管儒家耻于言利,可利欲不仅不能绝弃,还是人类生存的基本条件,如果彻底不讲利,必定是一种狭隘且不可信的虚伪观点。他提出了义利统一的观点,公开承认追求利益是基本人性,只要不违背礼义规范,就可以言利。对于思想层面也许能够做到耻于言利,但是治理国家,尤其是治理古代这么庞大的帝国,无论如何都不可能回避物质利益。李觏认为治理国家必须依靠财力支持,维持国家运转一刻也离不开财力。他在《富国策》中还提出了"去十害,取十利"的举措。不难看出,李觏注重财力的观点其实是基于日常生活的基本常识,他尽力避免与儒家传统思想产生激烈冲突,主要在实践层面阐发其重视财力的观点。

其二,王霸并用的治理思想。王道与霸道之争也是古代治理思想的重要命题。传统儒家一般尊崇王道之治,反对霸道。李觏反对单方面否定霸道的观点,认为王道与霸道都是治理国家的基本手段,在工具性质方面并无本质差别,并提出了王霸并用的治理主张。他认为,所谓王道与霸道本来就相辅相成、密不可分,不能简单地认为礼法仁义就是王道,尚兵刑杀就是霸道,礼法和刑罚都不可能单独存在。就此他还提出,不管是多么理想的王道之治,总不可能把任何形式的刑罚手段都取缔了。李觏进一步认为,刑杀与王道目的一致,治理国家中合乎目的的刑杀止乱本来就是一种德治。因此,王道和霸道的具体治理措施都统一于礼,都是实现礼义之治的途径。对于宋朝的治理积弊,李觏更是痛心疾首。他认为霸道起码意味着国家还有经世致用、能干点正事的人才,有助于国力强盛,而北宋王朝当时连霸道的目标也没实现,王道更是遥不可及,此时还空谈什么王霸之辨呢?当务之急就是以现实治理功效为主导,并用王霸两种治理手段来解决紧迫难题,尽快实现富国强兵之目的。

（二）通变治弊的治理理念

李觏从其精通的易学易理中阐发并形成了道兼常权的天道观,认为"元、亨、利、贞"蕴含了事物变化的客观规律。他认为世界上不是没有天道,而是因为先儒们没有正确解读这些客观规律才导致天道不明,如果君主效法真正的天道必然能治理好国家。李觏天道观的实质是"常"与"权"两个概念,即他认为治理国家不仅要注重"常"的稳定性,还要善于权变、及时变革,只有懂得通变才是救弊止乱之术。因此,李觏主张根据形势和时弊,及时调整改革治理制度。

其一,"自治""自知"的治君理念。李觏通变治弊之策的核心是君主。他认为君主应做到"自治""自知",进而实现治人、治事的目的。"自治"强调君主要承担上天赋予的责任,树立天下公心以消除私心,"以天下之身为身","以天下之心为心"[①]。"自知"既包括知己身己心,还包括通过知天下之事进而知晓治国实情。李觏特别强调和重视广开言路、善于纳谏的重要性,认为君主自以为是,不能听取言论乃是大凶之兆。他指出君主为政的弊端有四:"初不审,终不断,言不矜,闻者争也。"[②]君主只有广开言路、明察实情,才能做出正确的决断。在《安庆民言》中,李觏对如何自知、纳谏、防蔽、防谗等进行了详尽分析,给君主治理国家提出了大量建议。但是其观点并无新意,仍是寄希望于出现英明君主,对于君主如何才能听取他的主张,按照他的建议去执政也没有什么好办法。

其二,慎选人才、加强吏治。古代治理思想中一直有"明主治吏不治民"的主张,李觏认为君主的意志必须通过官吏才能贯彻下去,因此官吏才是治民的主体,人才有名无实则是天下大患。李觏认为宋朝治理弊端集中在吏治败坏上,吏治问题又集中在选才和用才两个方面。他提出君主要慎选人才,主张选才不计科名、不依门第,而是要据实选才,并且用事实和功效来检验人才。李觏在不少文章中对宋朝重视科名不重视实才、论资排辈、依靠门第升迁等弊端十分不满,极力主张君主要根据个人能力和真实绩效来用人置官。

其三,严明法纪、注重法制。李觏认为宋朝一大治理弊端就是"法禁怯而不禁豪",也就是法只对那些害怕惩罚的胆小怯弱之人有效,对豪强权贵、盗贼奸雄等效力不足,而且还导致豪强违法作乱、盗贼奸雄群生。他提出:"持法以信,

---

① 《李觏集》,王国轩点校,北京:中华书局,2011,第181页。
② 《李觏集》,王国轩点校,北京:中华书局,2011,第246页。

驭臣以威。信著则法行,威克则臣惧。法行臣惧,而后治可图也。"[1]李觏主张对于违法乱纪的奸凶盗贼应杀无赦,认为这不是苛刑,而是"本仁"之治。

(三) 富国强兵的治理主张

李觏的治理主张,集中体现为富国强兵之策。

其一,富国之策。李觏针对北宋严重的财政危机、社会危机和民生艰难等诸多治理问题而写作了大量文章,提出了以富国为核心的治理之策,主要分为两大方面的主张。

一是理财节用的主张。与传统儒家耻于言利不同,李觏认为财政是事关国家安危的重大问题,理财是君主的基本职责之一。"财者,君之所理也"[2],他认为上天生万物之财不为自己用,百姓创造了财富却不会打理,而理财之治应是君主要做的事。君主理财既可以增强国力,还可以安民、养民,如果君主不去理财,财权就会落入商贾手中,商贾会凭借财权强取豪夺、操纵价格、剥削百姓,危害极大。同时,李觏还认为君主理财不是斤斤计较、与民争利,而是要增加财富规模、改善支出结构、提高使用效率、节约财力。针对北宋的财政状况和理财弊端,李觏还提出了节用的主张。他认为"凡其一赋之出,则给一事之费,费之多少,一以式法"[3]。也就是朝廷支出要量入为出,追求收支平衡。对此他认为应从两方面入手:一方面是加强对皇室支出的管理;另一方面是设置专门机构管理全社会的支出,增强财物储备、进行有计划的调节、防止支出无度。

二是重农均田的主张。李觏认为理财的关键是生财,生财最主要的途径是农业,因此他提出了强本重农主张。"民之大命,谷米也;国之所宝,租税也。"[4]当时土地兼并已经到了十分严重的地步,李觏辛辣批判这一严重情况为"贫民无立锥之地,而富者田连阡陌"[5]。针对农业生产中的核心问题,李觏提出均田和尽地两项举措。均田之策就是主张恢复井田制,平均分配土地,解决当下最紧迫的农民"无地"问题。他将均田视为国泰民安的第一步。所谓尽地之策,就是尽量扩大农业生产的规模和提高产量,解决地力不尽的问题。为此,

---

[1] 《李觏集》,王国轩点校,北京:中华书局,2011,第246页。
[2] 《李觏集》,王国轩点校,北京:中华书局,2011,第148页。
[3] 《李觏集》,王国轩点校,北京:中华书局,2011,第80页。
[4] 《李觏集》,王国轩点校,北京:中华书局,2011,第140页。
[5] 《李觏集》,王国轩点校,北京:中华书局,2011,第141页。

李觏还提出了重本抑末、驱逐流民、鼓励开荒、实行井地之法等措施,充分发掘农民从事农业的潜力,达到"人无遗力,地无遗利,一手一足无不耕,一步一亩无不稼,谷出多而民用富,民用富而邦财丰"①的目的。

其二,强兵之策。众所周知,宋朝最大的弊端之一就是军队羸弱不堪,对外屡战屡败,长期靠屈辱的求和纳贡来维持稳定,所以后人常以"弱宋"称之。李觏认为北宋战斗力不强是因为军队数量庞大、冗兵严重,维持庞大的常备军又极大地消耗了国力。李觏有感于弱兵之弊而非常重视军队,认为军队强大是治国的根本保证。"国之于兵,犹鹰隼之于羽翼,虎豹之于爪牙也。羽翼不劲,鸷鸟不能以死尺鹦;爪牙不锐,猛兽不能以肉食。兵不强,圣人不能以制褐夫矣。"②没有强大的军队作保证,圣人也没法治理好国家,因此李觏主张采取强兵之策。一是主张兵农合一。李觏认为解决冗兵的关键在于兵农合一、寓兵于民,有战事为兵,无事或战事结束就归之于田。其实兵农合一是古代最常用的形式之一,但李觏主张的核心在于降低军队支出,解决北宋的财政危机问题。二是主张精兵强将。李觏认为军队强大与否并不在于军队数量的多少,若兵虽多但良莠不齐,反而会削弱战斗力。他主张精选兵员,建立勇敢强悍的军队。在将领配备上更应以实战为原则,选拔那些真正具有带兵打仗能力的将才。三是主张采取军屯、乡军等措施。军屯之策可以提高后勤补给效率,不仅节约国力,还能有效支援战争;乡军既可以在平时维护治安,在战时又可以迅速补充战力,加之乡军以守卫家乡故土为主,必将更为勇敢。

世人皆知宋朝的军力问题极其严重,也应深刻理解"弱宋"的深刻原因。因为无论是募兵制还是屯兵制,也不管是维持庞大的常备军还是限制将领军权,其根源都是宋朝建立之初就确立的治国理念和治理体制。尽管李觏提出了很多针对性的强兵之策,但都没有触及根本,既无法有效实施,也不可能真正解决问题。不过,李觏富国强兵思想更大的意义在于他促使宋朝从安于现状、空谈玄学这类"不务正业"的形式中跳脱出来,引发人们对现实问题的关注和思考。简言之,在内政与外交双重危局之下积弊严重的北宋,能够像李觏那样直言弊端、针砭时弊并提出切实措施的人物却少之又少,竟然成为那个时代褒贬不一、激荡人心的一股思潮,这一事实本身更值得深思。

---

① 《李觏集》,王国轩点校,北京:中华书局,2011,第 82 页。
② 《李觏集》,王国轩点校,北京:中华书局,2011,第 157 页。

三、陈亮、叶适以事功为核心的治理思想

在理学思想逐渐占据主导地位的南宋,产生了与理学相对抗的、以陈亮、叶适为代表的事功思潮。事功思潮反对空谈、批判现实、揭露积弊、注重实践、主张事功,这些主张在当时的士人群体中引起了较大反响。我们不难发现,即使宋明时期理学占据主流地位且日益僵化保守,尽管君主专制制度日益完善并趋于稳定,但宋明时期不少士人的忧国忧民情怀、变法革新精神、清谈清议之风却达到了新高度,产生了一大批具有影响力的士大夫及其思想。本节主要论述事功思潮代表人物陈亮、叶适的治理思想。

(一)陈亮的功利治理思想

陈亮(1143—1194),字同甫,人称"龙川先生",今浙江永康人,其学说被称为"永康学派"。陈亮的治理思想反对空谈性理学问,主张事功、主张革新,体现了鲜明的实践精神。

其一,反对空谈,提倡事功的功利思想。陈亮所在的南宋时期积弊严重,内忧外患严重,加之思想文化上理学道学盛行,以朱熹为代表的理学家热衷于空谈义理,难以解决迫在眉睫的实际问题。这是陈亮治理思想得以形成的历史背景和理论基础。首先,他提出了"道行于事物之间"的哲学思想。陈亮认为"道"或"理"尽管是事物运行的基本规律,但并没有抽象的独立性,只能存在于具体的事物之中。他提出了"道行于事物之间"的观点,认为"道"不是遥不可及的东西,而是就在百姓日常生活之中,每个人都能够从中体悟到"道"。基于"道行于事物之间"的哲学思想,陈亮十分注重民生民利,认为只有关心百姓日用之道,才能达到治理秩序稳定的效果。其次,他提出了"人之同欲"的思想。在人性问题上,陈亮针对朱熹"存天理,灭人欲"的观点,认为人的物质欲望是本性,是客观存在的准则之一,是道在日常事务中的具体体现,顺应和满足人的物质欲望,也就是顺应道的法则。基于这一认识,陈亮认为治理国家首要的不是让民众遵守道德规范,而是注重百姓的基本生活保障。如果连百姓的生存和安全问题都解决不了,天下怎么可能安定呢?最后,反对空谈。陈亮本人与朱熹、吕祖谦、陆九渊等著名理学家有密切交往,并进行了激烈的思想争辩,尤其是陈亮与朱熹的辩论,在当时产生了深刻影响。陈亮认为理学思想家们空谈性命义理,严重脱离实际,而且相互欺骗蒙蔽,不但伪善而且误国误民。因此,陈亮对他们进

行了辛辣的讽刺,认为理学家们是一群"风痹不知痛痒之人"。他说道:"始悟今世之儒士自以为得正心诚意之学者,皆风痹不知痛痒之人也。举一世安于君父之仇,而方低头拱手以谈性命,不知何者谓之性命乎!"①还说道:"书生之智,知议论之当正而不知事功之为何物,知节义之当守而不知形势之为何用,宛转于文法之中,而无一人能自拔者。"②总之,在陈亮看来,学问应该以"适用"为主,与其空谈,不如投身具体的治理实践之中。

其二,以君臣关系为治理的关键。陈亮非常注重君臣关系,认为处理好君臣关系是治理好国家的关键所在。他还给传统君臣关系赋予了新内容,提出了"君臣勠力,事无不济"的观点。陈亮指出:"上下同心,君臣勠力者,事无不济;上下相蒙,君臣异志者,功无不隳。"③能否处理好君臣关系,做到君臣同心是成败的关键。对此,陈亮提出了四个具体主张:一是严格遵守君臣之道。君主要以仁为本,臣下则以忠为本,"君行恩而臣行令""君当其善,臣当其怨""君任其美,臣受其责"④。二是处理好君臣权力与职责的关系。陈亮认为,君主治理国家要在保证自己拥有最高权势的同时,处理好君臣之间的权力关系。君主应主动纠正历代以来权力过于集中的弊端,抓大放小、恰如其分。具体而言,就是要做到"操其要于上,而分其详于下"⑤。即君主主要负责国之大事,具体事务要分给臣下去做。因此,陈亮提出要重新划分君臣权限,主张给予朝廷各部更多事务权、给予郡县更多自主权,这样才能充分发挥朝廷和地方各级官吏治理国家的作用。三是君主要重用人才。陈亮曾上书直言:"有非常之人,然后可以建非常之功。求非常之功而用常才、出常计、举常事以应之者,不待智者而后知其不济也。"⑥他认为目前治理疲弱的一大原因就是朝廷上下庸才当道,保守僵化,根本不能解决目前面临的诸多难题。只有任用那些"雄伟英豪"之人,才能打破目前的局面。四是君主应没有私心。陈亮认为破坏君臣关系的主因是君主有"私天下"之心,一旦以天下为私,正常的君臣关系、君臣大义也就不存在了。他主张君主应做到"大公",以"大公"建立稳固的君臣关系。

总的来说,陈亮关于君臣关系的主张过于理想化,脱离了宋朝的实际情况,

---

① 《陈亮集》,邓广铭点校,北京:中华书局,1987,第 9 页。
② 《陈亮集》,邓广铭点校,北京:中华书局,1987,第 20 页。
③ 《陈亮集》,邓广铭点校,北京:中华书局,1987,第 28 页。
④ 《陈亮集》,邓广铭点校,北京:中华书局,1987,第 29—30 页。
⑤ 《陈亮集》,邓广铭点校,北京:中华书局,1987,第 27 页。
⑥ 《陈亮集》,邓广铭点校,北京:中华书局,1987,第 29—30 页。

注定只能成为空谈。陈亮关于调整君臣关系的主张其实并无新意,只是切中宋朝治理的症结并明确表达出来了。也许包括陈亮在内的所有人都深切认识到宋朝现实权力构架下的君臣关系悖论,也明知难以走向真正的"君臣勠力"之路,但他还是寄希望于君主能够有所突破。实际上,关于陈亮的君臣关系主张,理学家们也不止一次呼吁过,只是在绝无可能改变的现实和形而上学"穷理尽性"的面前唯有另寻出路。面对治理积弊如此积重难返的局面,事功思潮与宋明理学何尝不是一种空谈呢?从这一点看,朱熹对叶适的批判也有一定合理性,在理论上,理学思想也的确要比事功思想更加深刻。

其三,"王霸可以杂用"的治理理念。基于重视事功的主张,陈亮在王霸关系、义利之辨上主张以实用原则为主,认为王道与霸道在实践层面上是相通的,反对将两者绝对对立起来。陈亮认为王道和霸道在治理实践中都发挥着重要作用,尤其是作为工具属性,在实现治理稳定这一目标上本来就是糅合在一起使用的,两者难以区分。他认为:"诸儒自处者曰义曰王,汉唐做得成者曰利曰霸……说得虽甚好,做得亦不恶,如此却是义利双行,王霸并用。"①不仅汉唐盛世是王霸并用,就是儒家最为推崇的三代之治,也并不是纯粹的王道治理。陈亮反问道:"使若三皇五帝相与共安于无事,则安得有是纷纷乎?"②"五霸之纷纷,岂无所因而然哉?"③即使是三代之治,王道中也有霸道,现实中也有攻伐斗争。这证明三代肯定也在实践中使用了霸道的方法。

当然,陈亮并不是要否定三代的治理模式,而是要为霸道正名,要将王霸统一于"公道"之下,聚焦于治理的实际效果上。他认为:"道之在天下,至公而已矣。"④"至公"是评价王霸的最高标准,不管是王道还是霸道都是实现"至公"的手段。除了手段,陈亮还认为"至公"也是判断治理是王道还是霸道的准绳。也就是说,不能从实现的具体治理形式而应从治理目的去区分王道与霸道。他认为汉唐盛世的君主在治国做到了"发于仁政""禁暴戡乱""爱人利物"⑤,这正是"至公"之道的具体体现,那么即便汉唐盛世采取了霸道的具体措施也是一种王道。就此他说道:"有公则无私,私则不复有公。王霸可以杂用,则天理人欲可

---

① 《陈亮集》,邓广铭点校,北京:中华书局,1987,第340页。
② 《陈亮集》,邓广铭点校,北京:中华书局,1987,第344页。
③ 《陈亮集》,邓广铭点校,北京:中华书局,1987,第344页。
④ 《陈亮集》,邓广铭点校,北京:中华书局,1987,第354页。
⑤ 《陈亮集》,邓广铭点校,北京:中华书局,1987,第344页。

以并行矣。"①在宋朝盛行空谈性理、"穷天理,灭人欲"的思想氛围中,陈亮王霸杂用的主张充满了反思精神和实践品格。

陈亮的事功治理思想,相对于理学而言更加强调问题意识和实践取向,更注重治理的针对性和实效性。但在维护君主制度等根本性问题上,陈亮与朱熹并无二致。尽管提倡事功,陈亮的观点在理论逻辑上难以与严密完备的理学一争高下,即使他本人也认为自己的观点不过是"苟且之政",最终还是要服从于传统之"道"。

(二) 叶适"以利与人"的治理思想

叶适(1150—1223),字正则,号水心,今浙江永嘉人,人称"水心先生",其学说被称为"永嘉学派"。相较于陈亮,叶适的治理思想更注重制度建设,故而更为系统和理论化。

其一,"以利与人"的功利思想。叶适治理思想的核心主张是"以利与人",并以此提出了"宽民"重民的治理主张。

在义利关系上,叶适主张义统一于利,不能离开利益空谈义。贯彻到治理中,就是要求君主治理国家必须注重实实在在的利益,让民众得到真实惠,绝不能空谈。叶适认为理学家们最大的问题就是空谈义理,对民众生计没什么帮助。按照义统一于利的观点,理学的仁义道德等必须真正体现为实际的利才有意义。对此叶适说道:"读书不知接统绪,虽多无益也;为文不能关教事,虽工无益也;笃行而不合于大义,虽高无益也。立志不存于忧世,虽仁无益也。"②叶适还批判了耻于言利、重义轻利的传统观点。针对董仲舒"正其谊不谋其利,明其道不计其功"的观点,他认为"此语初看极好,细看全疏阔。古人以利与人,而不自居其功,故道义光明。后世儒者行仲舒之论,既无功利,则道义者乃无用之虚语尔"③。

基于"以利与人"的思想,叶适提出了"宽民"的治理主张。他深刻批判了历史上不行仁政、严苛治民的国君,揭露了百姓负担过重的现象,抨击了宋朝没有施行"宽民"之策所导致的弊端。叶适的标准极高,他认为即使是汉文帝和唐太宗这样的明君也与真正的仁政相差很远。叶适甚至还认为汉唐明君在某种意

---

① 《陈亮集》,邓广铭点校,北京:中华书局,1987,第354页。
② 《叶适集》,刘公纯、王孝鱼、李哲夫点校,北京:中华书局,2010,第607—608页。
③ 《宋元学案·水心学案上·习学记言》,转引自:刘泽华主编:《中国政治思想史》(隋唐、宋元、明清卷),杭州:浙江人民出版社,2020,第387页。

义上与桀纣暴君并无差别,明君与暴君其实就一纸之隔。叶适认为国君一定要认识到民众在治理中的极端重要性。他说道:"为国之要,在于得民。民多则田垦而税增,役众而兵强。田垦税增,役众兵强,则所为而必从,所欲而必遂。"① 叶适的主张并不新鲜,也没有强制性标准,甚至连劝说和威慑君主的意图都没有了,更像是民间学者的感慨或闲聊,也就毫无实际影响力了。

其二,重势分权的治理理念。叶适认为君主应在掌握权势的基础上适当分权,以解决日益严重的政治危机。针对宋朝的治理弊端,叶适围绕如何处理中央与地方关系、君臣关系的问题提出了重势分权的治理主张。

首先,宋代过于集权的体制是治理积弊的总根源。叶适从治理制度入手,分析了宋代严重的治理弊端和社会矛盾,最终将总根源指向了过度集权的政治体制。他不止一次直言集权之弊。叶适认为:"国家因唐、五季之极弊,收敛藩镇,权归于上,一兵之籍,一财之源,一地之守,皆人主自为之也。欲专大利而无受其大害,遂废人而用法,废官而用吏,禁防纤悉,特与古异,而威柄最为不分。"② 宋朝从唐末五代之乱中建立,汲取了权力分散、地方作乱的教训,进而把一切权力都集中到君主手中,人、财、兵等一切事务几乎都得经过皇帝之手。前所未有的集权导致了当时"外虚内弱"的局面。叶适认为,正是因为过分地汲取了唐末五代的教训,宋朝治理体制的出发点和根本目的都是防止臣下犯上作乱,并为此制定了繁多严密的具体规定,对正常活动增添了太多束缚,严重制约了各级的积极性,致使治理效率低下,进而造成国家日益疲弱。叶适对此说道:"本朝之所以立国定制、维持人心,期于永存而不可动者,皆以惩创五季而矫唐末之失策为言。细者愈细,密者愈密,摇手举足,辄有法禁;而又文之以儒术,辅之以正论,人心日柔,士气日惰,人才日弱,举为懦弛之行以相与奉繁密之法。"③ 更让叶适难以接受的是,宋朝的诸多思想家、士大夫们非但不曾反思这种治理制度的弊端,反而将此视为可保万世太平的先进制度。这些赞同宋朝体制的思想家们围绕着如何进一步集中君主权力,如何限制、分散臣下权力方面花样翻新并不断加码,力图构建一套彻底解决权臣作乱历史难题的完美制度。宋代过度的集权和繁密的限权制度,最终导致各级官吏没有任何积极性和自主权,治理效率非常低下,一切问题都推到皇帝一人身上,这才是一切治理弊端的症结。

---

① 《叶适集》,刘公纯、王孝鱼、李哲夫点校,北京:中华书局,2010,第 653 页。
② 《叶适集》,刘公纯、王孝鱼、李哲夫点校,北京:中华书局,2010,第 759 页。
③ 《叶适集》,刘公纯、王孝鱼、李哲夫点校,北京:中华书局,2010,第 789 页。

其次,提出了重势分权的治理主张。叶适非常注重"势",认为重势是治国之本,君主必须掌控绝对权势。他认为重势不代表掌控所有权力,重势的同时还应该适度分权,认为分权是治国之道。在治理制度设计上,叶适主张从国家治理的历史环境和大背景出发来制定政策,要根据条件变化、体用结合、全面考虑,而不仅仅是瞄准前朝的过失和漏洞;在治理制度的指导上,叶适主张采取"外坚内柔"的策略,处理好守内和放外的关系;在处理集权和分权的关系上,叶适认为当务之急是改革权力配置,适当分权,"昔之立国者,知威柄之不能独专也,故必有所分;控持之不可尽用也,故必有所纵"[①]。

最后,要认清重势分权主张的局限性。必须看到,集权与分权,中央与地方的关系是古代治理体制中的核心议题,也是几乎无解的问题。宋朝治理积弊不仅是一朝治理之失,而是几千年来一切古代王朝的通病。古代历史上就没有一个朝代真正有效地解决了权力配置问题。无论叶适的批判多么鞭辟入里,提出的措施多么周密完备,也几乎不可能贯彻落实到现实中。要知道,现实治国实践中,任何人都不可能科学地把握集权和分权的具体尺度,即便在特定时期、特定形势下能够相对合理配置权力,治与乱的阈值也会不断变化,君主和臣下的性格、能力等诸多因素更是充满了不确定性和不可测性,最终谁也无法知晓集权与限权的合理界限到底在何处,最终所有古代王朝都难以跳出治乱兴衰的宿命。

其三,注重实用的经济社会治理举措。基于事功思想和制度建设的主张,叶适还对治理国家中经济、财政、土地、工商业等方面提出了一系列具体举措。

一是重视财政、积极理财。叶适与王安石的观点相似,他认为财政是治国大事,因此反对耻于言利的观点,也反对将理财视为国家横征暴敛、盘剥百姓以谋取私利的观点。叶适主张国家应积极理财、善于管理和运用财富,通过对财富的合理分配和对资源的调节,达到救济贫穷、国强民富的效果。叶适认为君主本人应该高度重视理财,在财政政策实施中应做到"取之巧而民不知,上有余而下不困"[②]。

二是反对抑制兼并和恢复井田制。面对土地兼并日益严重,贫富分化加剧的问题,大多数思想家都主张抑制兼并和恢复井田制,但叶适却提出了相反看法。叶适在分析了土地兼并的情况之后,对土地兼并和贫富分化问题进行了更

---

① 《叶适集》,刘公纯、王孝鱼、李哲夫点校,北京:中华书局,2010,第 842 页。
② 《叶适集》,刘公纯、王孝鱼、李哲夫点校,北京:中华书局,2010,第 658 页。

为深刻的思考。他认为抑制兼并和井田制主张看起来美好，却不适用于当时。首先，实现井田制的前提是国家占有一切土地，还要实行分封制并配套一系列无比烦琐的具体管理措施，这根本是不可能实现的。其次，叶适认为富人在稳定治理中起到一定积极作用，富人可以起到"养小民"的重要作用，若社会中没有富人全是穷人，穷苦的"小民"更无法生存。另外，叶适还反对仇富心理，不能因抑制兼并就挑起争端，打击富人。最后，叶适还一针见血地指出，抑制兼并和井田制在现实实践中极易成为剥削民众的新手段。他认为，上古之所以能实行井田制是因为君主和民众是利益一致的统一关系；现在则是"民与君为二"，君主对民众不养不教，专门压榨民力还不知足，还要不断激发民众能力，在不体恤下获得更多。总之要想尽一切办法剥夺搜刮百姓财产，巧立名目，将看起来养民之仁政变成鱼肉百姓之计。尽管叶适反对井田制，但他也对如何抑制兼并提出了看法。他认为解决土地兼并问题不能操之过急，关键是要构建稳定不变的土地政策。他认为要"因时施智，观世立法""十年之后，无甚富甚贫之民，兼并不抑而自已，使天下速得生养之利"[①]。

可以看出，叶适并非真正反对井田制，而是认为当时的现实条件无法支撑井田制。叶适反对抑制兼并的观点和井田制观点十分激进也极为深刻，因为在他的分析过程中撕掉了君民、臣民之间"温情脉脉"的虚假外衣，从根本上揭露了统治者与底层民众之间的对立关系，甚至从人性角度否定了一切所谓完美治理制度的现实可行性，可谓十分深刻且彻底的批判。

三是重视工商业。叶适非常重视工商业的作用，反对传统儒家思想中重本抑末、限制工商业的治理理念。在考察了一番历史之后，他认为重本抑末并非"正论"。汉朝之前不仅没有实行重农抑商的政策，而且还鼓励发展工商业，只是从汉朝才开始实施贬低和限制工商业的诸多政策。叶适认为工、农、士、商各个职业都非常重要，只有四者都充分发挥其作用才能达到更好治理效果。如果一味抑末原本，压制工商业，必不能达到兴治目的，而且叶适还认为传统以来重农抑商之策并非正统之论，力图从理论层面为工商业正名。南宋时期工商业比较发达，在国家中的地位日益重要，叶适主张反思并变革传统重农治理思想，其观点适应了时代发展的需要，具有较强的现实性和进步性。

---

① 《叶适集》，刘公纯、王孝鱼、李哲夫点校，北京：中华书局，2010，第657页。

第七章
变革的先声：反思批判文化中的治理思想

相对于世界上其他国家，中国古代社会发展保持了数千年的延续性和相对稳定性。尽管各个时期的治理思想不尽相同，但是其基本的治理结构和治理理念却保持了较强的一致性，也没有因受到其他主要文明的影响而发生重大转变。尤其是秦朝之后，儒、法、道等治理思想在现实实践中逐渐合流，以君主制、官僚制、郡县制为核心的治理结构基本成型，此后一直到清朝灭亡也未出现颠覆性改变。这种超常的稳定性造成了中国古代主流治理思想的绝对强势地位，也导致其他类型治理思想的生存空间极为狭窄，对非主流甚至"异端"思想的容忍度较低。以上是研究古代治理思想首先要面对的现实背景。

但是，数千年的主流治理思想和"大一统"的治理理念并没有彻底窒息和固化人们的思想。在思想的历史长河中，也留下不少对传统主流治理思想的反思批判，这些反思批判也许比较微弱，但在古代严酷的思想环境下显得极为明亮耀眼，也成为我们窥探古人思想幽微深处的入口和理解古代治理思想发展多样性、复调性的绝佳样本。作为一种以反思和批判为基本特征的文化思潮，它们与主流传统治理思想相生相伴，面临相同的问题，使用相同的概念，论述一样的议题，胸怀相似的理想，只是阐述了略微不一样的观点和主张。在人类思想发展历程中有一个重要规律，那就是现实越黑暗、越艰难，越能激发出人们思想创造的潜力，诞生大批具有重要影响的思想家。中国古代历史亦是如此，每逢天下大乱、政治崩坏、民生凋敝的"治理黑暗期"，反思批判文化往往就达到高潮，并诞生了一批"另类"的思想家、"另类"的治理理念和"另类"的治理主张。本章主要阐述中国历史上三次影响深远的"治理黑暗期"中产生的以反思和批判为特点的治理思想。三次反思和批判文化思潮所针对的问题和产生的治理思想成果具有较多的重合之处，因此本章在兼顾其他的同时重点论述第三次批判思潮中形成的治理思想。

第一节 逃避的反思：第一次批判思潮中的治理思想

从东汉末年到魏晋南北朝时期是自秦朝之后中国历史上第一个长达三百多年的"治理黑暗期"。这一时期国家长期处于分裂状态，战争连绵不断，少数民族轮番登台、逐鹿中原，民族矛盾和社会矛盾交织，权力斗争与思想斗争并存，仁义廉耻荡然无存、社会秩序极度混乱、朝代频繁更替，犯上作乱、谋朝篡位成为这一时期的"基本操作"。在此期间，一个又一个权臣悍将在战争与权力的斗争中崛起，在崛起后篡位称帝，而后又被其他权臣悍将取而代之。不夸张地说，道义之败坏、政治之混乱、弑杀之无度、民生之艰辛远超春秋战国时期。面对如此乱世，在思想上形成了一股反思和批判浪潮，不少思想家或批判治理弊端，或避世隐匿，或放浪形骸，或空谈玄学，或归于佛、道两教，并逐渐形成了一些具有影响力的治理思想。

一、第一次批判思潮的特点

第一次"治理黑暗期"，两汉以来的传统官方儒学受到严重冲击，以纲常名教为核心的治理思想受到严峻挑战，这一时期的反思和批判思潮呈现出三个特点。

特点一是上层贵族和士大夫是批判思潮的主要力量。尽管两汉时期出身中低层的士人群体数量越来越多，并逐渐成为社会思想的主要承担者，但是此时的士人阶层却高度依赖于权力阶层，独立性严重不足，并未成为上层权力结构中的重要组成部分。囿于现实原因，此时的普通民众中连掌握文字和接触经典著作的机会都比较少，真正的底层人民也较难成为士人。此时批判思潮中的主要代表人物，还是以出身上层贵族、门阀大姓的著名士大夫为主，他们几近垄断了思想上的话语权。尽管批判思潮中也有大量因为世家大族垄断官职而无法进入仕途的庶族士人，但是如果仔细辨析其出身会发现，其实他们极少是真正的平民。可以说，只要是能够掌握文字进行基本反思批判的人物，实际上早就脱离底层了。因此,这一时期的批判思潮有着鲜明特点:一是批判思潮主要代表了部分上层人士和统治阶级的观点;二是因为早已超越了普通民众的物质需求阶段,因此代表性思想家们的个性更为鲜明、思想更为活跃、论题也更为多样化,充满了鲜明的个人特征和个人情感;三是民本意识有所欠缺,普遍不太重视民众的主体性力量,主要还是从工具属性角度出发议论民生民本的问题。

特点二是批判现实与逃避现实相互交织。一方面,批判现实的思潮十分盛行。面对如此严重的政治腐败、宦官专权、世家垄断、官吏贪腐、土地兼并、豪强剥削等现实弊端,大量有识之士开始深刻反思和抨击现实治理积弊。比如,在东汉末年兴起的清议思潮中,大量著名士大夫秉承和践行儒家传统治理精神、讽刺当朝权贵、抨击吏治腐败、主张民本理念,敢于与当朝权贵针锋相对、敢于向君主直言进谏,最终导致两次党锢之祸。另外,也有不少思想家开始批判君主制度、封建官僚制度、选人用人制度、礼法制度等。另一方面,逃避现实成为一种批判方式。面对残酷的现实,这一时期的批判思潮还呈现出明显的"隐士"风格,有的思想家从清议转向清谈,有的思想家转向玄学,有的思想家转向佛教和道教。他们开始有意逃避现实,将治理国家、拯救乱世视为俗事,这种思潮一度极为流行,甚至连君主和核心权臣都在事关国家社稷的重大问题上故弄玄虚、沽名钓誉。

特点三是治理思想上成果丰硕、个性鲜明、主张多元。不同于后来的两次批判高潮,这一时期的批判思潮带来了丰硕的成果,体现了鲜明的个性和多元化的特征。在治理思想流派上,既有以清议为主的传统儒家思想,也有以玄谈为主的魏晋玄学;既有强化君主专制主张,也有抨击君主的"无君主张";既有重整制度的治国之道,也有消极被动的无为之道;既有积极进取的士大夫精神,也有放浪形骸的独立个性。除此之外,佛教和道教在这一时期迅猛发展、广为流行,产生了许多较有影响力的思想成果。

二、第一次批判思潮的主要内容

东汉末年至魏晋南北朝的数百年间,治理秩序崩溃、政治统治腐败黑暗,这一时期的思想家们对于普遍存在的治理弊端有深刻认识,于是纷纷开始抨击治理乱象,最终将矛头指向了更为深刻的名教和君主制度。因此,第一次批判思潮的主要对象是腐朽黑暗的现实治理弊病、虚伪压抑的名教和日益专制的君主制度。

其一，批判现实治理的弊端。面对现实治理乱象丛生的状况，批判主要集中在三个方面：一是对上层权力斗争的批判。批判思想家们普遍认为君臣关系是国家治乱的关键，乱象的根源在于君主昏聩无能、贪图享乐，臣下僭越专权、相互倾轧。尤其是东汉末年以来，外戚和宦官专权成为难以根除的毒瘤，不仅长期威胁国家治理稳定，还屡次成为导致国家动乱分裂、权臣谋朝篡位的祸首。鉴于此，这一时期的思想家们对这些治理乱象进行了长期的激烈批判，将国家治理中的一切弊病都归咎于上层，甚至将自然灾害等也归咎于昏君权臣的暴行。值得注意的是，历经坎坷磨难之后，尤其是经过了汉末的清议思潮、清谈思潮以及党锢之祸等事件之后，文人士大夫面对现实政治的整体认同和精神底色逐渐形成，他们已经掌控了舆论的话语权和道义的制高点，由其批判所形成的关于君子与小人、昏君与明君、奸臣和贤臣等诸多标准为后世普遍认同。二是对选人用人制度的批判。这一时期官场腐败严重，任人唯亲、吏治混乱，在选人用人方面积弊极深。一方面，还没有建立起完善的从普通士人中选拔人才的制度，世家大族垄断了荐才选官的权力；另一方面，思想文化全面下移，平民出身的士人和知识精英数量庞大。这就导致大批上升无门的思想家对选官制度极为不满。三是对吏治的批判。普遍认为选人用人制度和对官吏的考核、监察存在极大弊端，尤其在乱世之时，更加无法对各级官吏进行有效监督，这必然导致吏治问题严重。不少思想家抨击和批判官吏体系的腐败无能，认为官吏队伍中没有真才实学者，反而到处都是贪婪奸诈之辈，多数人只顾个人私利却不管民众死活，也不关心朝廷大事，如此混乱之吏治不可能治理好国家。

其二，批判纲常名教。两汉时期主要以儒家纲常名教治理天下，东汉衰败以及灭亡的教训必然导致名教思想面临危机。这一时期混乱的治理现实，进一步加剧了人们对儒家传统治理思想的反思和质疑，不少思想家纷纷开始质疑和批判纲常名教。对纲常名教的批判集中在三个方面：一是因儒家名教被树为官方主导思想，加之谶纬之学的流行、经学的烦琐，纲常名教变得神秘化、庸俗化和僵化，招致大量不满和质疑之声。二是佛教和道教在这一时期迅速发展，在上层和民间都产生了巨大的影响力，也给人们提供了官学之外的思想资源和精神支撑。尤其是南北朝时期，佛教影响极大、发展极为繁荣，寺庙遍布全国，僧侣信徒众多，甚至不少君主也信奉佛教，从而对传统政治思想产生了严重冲击。中国历史上三次"灭佛毁佛"事件，两次都发生在这一时期，足见其影响力之大。在治理思想领域，儒、佛、道三家并立，儒家思想的独尊地位受到严峻挑战。三是玄学思潮盛行，文人士大夫热衷于玄学清谈，以治国理政、民生实务为俗事，更有阮籍、嵇康等人放荡不羁、鄙视名教、抨击礼法，对"虚伪"的纲常名教进行了深刻批判，甚至把无人敢质疑的圣人、六经等全部否定。

其三，批判君主专制。乱世之中，朝代更替频繁，谋朝篡位犹如家常便饭，得势权臣无不想赶快篡位登基过一把皇帝瘾，残暴、荒诞、变态的皇帝更是屡见不鲜，满朝上下早就把道义礼法置之脑后。这样的乱世，批判的矛头自然会指向君主专制制度，其中鲍敬言的君主批判观点最具代表性。鲍敬言认为君主以及君主制度是造成社会苦难的总根源，对此他进行了辛辣讽刺和批判——君主以及依附于君主的官吏们穷奢极欲、欲壑难填，他们毫无底线地压榨百姓，造成了数不清的人间苦难；鲍敬言还认为社会动乱的根源是"官逼民反"，是君主及其官僚们横征暴敛将民众逼到了不得不反的境地；鲍敬言还指出君主过于依赖刑罚治国、对百姓滥用酷刑，这也是导致社会动乱的原因之一。更深刻的是，鲍敬言深入君主制度本身，认为君主为了强化统治必然依靠官僚阶级和刑罚之术，官僚阶级和刑罚之术又进一步加重了民众的负担，如此往复必然导致治理崩盘。因此，鲍敬言认为，不管君主构建了多么严密的治理制度，结果只能是越来越乱。简言之，君主制是万恶之源，只要还有君主制度，混乱就不可能避免。

三、第一次批判思潮中形成的治理思想

这一时期的思想家们在深刻反思和批判现实治理弊端的基础上，也在积极寻求一条救世之路，他们纷纷提出了自己的治理思想和主张，主要可分为三大类。

第一类是"改良主义"式治理主张。"改良主义"式治理主张通过改良和完善现有各项制度以解决治理积弊。尽管对现实进行了激烈批判，但很大一部分思想家仍坚持了两汉延续下来的儒家传统治理思想，主张通过调整、改革现有制度来解决问题。一是主张重新确立君、臣、民三者关系，强调君有君道、臣有臣道，提出了关于明君、纳谏、重民等具体措施；二是主张贤能治国，认为选贤任能是治理国家的关键，并针对如何选拔和任用考察贤才提出了大量建议，例如提出了明选、试才、考功、量才授任等诸多举措，力图以人才治理制度解决吏治危机；三是主张强化中央集权，认为天下大乱的根源在于君主权力的分散，必须加强君主权势以建立一套以君主为核心的政治体制。其中最主要的是如何抑制外戚和宦官专权的问题。思想家们就此也提出了大量周密完备的具体举措。

上述这些治理主张都具有强烈的针对性和现实性,但时代的发展和形势的变化导致已不可能实践这些措施了,乱世之下的改良主张早已注定了失败的结局。

第二类是以玄学为代表的无为治理主张。玄学主张的无为治理与西汉初以休养生息为核心的无为而治之间存在本质不同。这一时期几乎所有玄学家和玄学流派都非常强调无为而治,主张君主治国应顺应自然、少私寡欲,尽量减少对民众生活的干扰,认为只有奉行自然无为之道,才能达到善治的目的。与此同时,玄学家们还普遍强调臣道有为,主张臣下应各负其责、尽职尽责。这里不难看出其思想的根本矛盾所在,天下大乱之时,权臣当道、改朝换代极为频繁,君主的神圣权威早已消失殆尽、传统君臣关系早已分崩离析。魏晋南北朝时期,权臣一有机会就要"封大国""赐九锡""加殊礼",赶紧把"篡位三件套"给配齐了。这一形势下强调君无为臣有为的治理思想,又该如何限制权贵们的"有为"呢?

第三类是以稳定秩序、富国强兵为核心的治理主张。在社会极度动荡的乱世,现实问题永远是首位的。所以这一时期的治理主张普遍充满了浓厚的实践精神。不少思想家认为,面对分裂的局面,首要任务应该是解决最紧迫的社会现实问题,应尽快恢复基本治理秩序并实现局部稳定。面对纷乱的战事和随时可能发生的政治危机,他们主张通过各种手段富国强兵,在保护自身不被打败的同时还要去争霸天下。这类治理主张遵循了王霸并用的理念,十分强调术治和刑法的重要性,是苟活于乱世的实用主义策略,为不少君主、政治家和大臣将领所奉行。

第二节 痛苦的反思:第二次批判思潮中的治理思想

唐末、五代时期是继魏晋南北朝之后,历史上的第二个"治理黑暗期"。唐朝末年,皇帝愈发无能,藩镇、宦官、朋党问题全面激化升级,吏治极端腐败、土地兼并严重、内部战乱与外族入侵不断、社会矛盾达到顶点,各种治理危机加重使朝廷风雨飘摇,唐王朝已经走到了崩盘的边缘。黄巢大起义的爆发,导致唐朝彻底瓦解而走下了历史舞台。唐朝灭亡之后,并没有迎来治理秩序的恢复和重建,而是进入了五代十国时期,这一时期国家分裂、各方势力拥兵自重、相互攻伐、战乱不断，一个朝代比一个朝代混乱，一个皇帝比一个皇帝荒唐无度，政治极度黑暗，仁义礼法荡然无存，治理弊端充分暴露。然而，治理越混乱、思想越痛苦的时候往往成果就越丰富，这时各个阶层都开始反思和批判当前的政治治理现状，纷纷寻求能够解决矛盾和恢复治理秩序的办法，并逐渐形成第二次批判思潮。

一、第二次批判思潮的特点

秦朝以后发生的三次批判高潮，都是治理极度混乱的产物，也都共享较为一致的话题，其反思的主要内容和成果也具有相似之处，但深入其中的研究也能发现第二次批判思潮的一些独特之处。

首先，农民战争逐渐成为影响治乱的决定性力量。随着时代的发展，农民和以农民为主体的农民战争在现实治理实践和治理思想中的影响越来越大。自古以来官逼民反，暴政之下民不聊生，民众为了生存只能揭竿而起，以暴力方式推翻现有暴君、暴政和各级官吏的统治。尽管第一次"治理黑暗期"也曾发生了黄巾起义等大规模农民战争，但当时农民战争的主导力量还是门阀、贵族、地方诸侯豪强等，农民更多情况下是被利用的工具和棋子，他们在农民战争中并未占据主导地位，农民战争对历史发展的影响也小于门阀贵族的影响。而到了唐末、五代时期，尽管也有藩镇和守边将领等不断反叛作乱，但其影响力却逐渐变小，远不及以平民为主的农民战争。

更值得关注的是，此时农民起义和农民战争的自发性和主体意识明显增强，农民反抗暴政而进行起义的自觉性和接受程度空前提高，不需要权贵门阀的号召与统帅，他们也能组织和发动遍布全国的大规模起义。在民众心态、社会认同和思想认知层面，群体性农民起义与一家一姓为主的权臣谋反作乱有着根本不同。面对农民起义，朝廷上下会自我检讨导致民变的治理之弊，底层民众也无太多道德忠义方面的束缚和压力。简言之，君臣关系与君民、官民关系有着本质不同，农民起义的合法性、道义性和号召力越来越大。

农民战争也使得治理思想发生了深刻变化。一是农民战争使"等贵贱，均贫富""王侯将相宁有种乎"等均平思想得到了广泛认同，均平从一种政治理念和治理主张上升为社会普遍认同的现实追求和基本准则。二是王权的神圣性和合法性几近消亡，基于力量的世俗权威成为主流思想，君主褪去了天命所归的神圣光环，甚至无君主张也开始流行起来。三是民本民生的治理思想在实践中进一步深化和具体化。农民战争的巨大威力震撼了从君主到底层官吏的整个统治阶层,自唐末、五代之后,民本主张基本成为治理思想中的"政治正确",也成为所有政治家和思想家反复强调的基本命题。

其次,底层士人和普通民众成为批判思潮的主体。魏晋南北朝时期,著名思想家、知名士大夫、门阀贵族等上流人物是反思批判思潮的主体力量,甚至皇族子弟也会参与其中,普通士人和民间人士参与其中的则较少。而到了唐末、五代时期,底层士人群体规模越来越大,普通士人和民间人士的治理思想逐渐成为主体,相比之下,权贵阶层的思想性变得暗淡。这一时期治理思想的代表人物皮日休、罗隐、谭峭等人,或是底层官吏幕僚,或是无名氏,或是道士,他们与"竹林七贤"、魏晋玄学等代表人物有着显著差异。

最后,以现实治理批判为主,个人化、系统化的思想内容较少。魏晋南北朝时期的批判思潮,既有玄学、佛学等理论成果,也有极具个性、特立独行的思想表达;既有对现实治理黑暗的痛斥,也有逃避世俗的隐逸洒脱。而唐末、五代时期的批判思潮发生了重大变化:一是现实主义批判的内容占据绝对的主导地位,其他内容相对较少;二是治理思想主要是解决某一类具体问题的治理主张,系统化、理论化成果较少,形而上式的概念辨析更是近乎绝迹;三是批判思潮中个性化特征褪色,较少出现关于思想者本人在行为、精神、性格、情绪等层面的内容,思想者的个性化特征已经较少出现,甚至可以认为在此时思想者个人的影响力也已不再重要了。

二、第二次批判思潮的主要内容

唐末、五代时期批判思潮的主要对象是君主专制制度、暴君昏君、圣人、纲常名教、等级制度等,其中以君主批判、圣人批判和现实批判三方面的内容为主。

其一,君主批判。治理黑暗时期,大多数思想家都将暴政和暴君视为一体,认为皇帝是混乱的根源,并开始反思和批判君主专制制度的弊端。比如:皮日休认为治理混乱的根源是朝廷治国无能,朝廷治国无能的原因则是皇帝昏庸无道。国之难治、乱世难救,难在皇帝本人的昏庸。他指出,皇帝为了稳固自己的统治地位而施赏罚之术是暴政产生的来源,为了一己之私而苛政滥刑的出发点就违背了仁政原则。皮日休还深刻指出在皇帝掌控绝对权力和支配一切事物的现实下,吏治难成、奸佞难除是必然结果。再比如:罗隐对暴君进行了细致入微的批判,明确提出了暴君和明君的具体判断标准。谭峭提出了"君盗"论,揭露了君主的暴政暴行,认为官逼民反是治理混乱的根本原因,正是皇帝暴虐才把民众逼上了造反的道路;谭峭还认为,既然皇帝可以对民众施加暴政暴行,民众自然也就可以为了生存而反抗,因此农民起义具有对等的合理性和正义性。

其二,圣人批判。这一时期不仅批判昏庸的君主,思想家们还将矛头指向了君主专制背后的理论基础即圣人思想,认为圣人也是社会矛盾的根源。唐末"无能子"所著《无能子》一书就系统地批判了圣人思想。其书中细数了圣人之过,直接将圣人和皇帝全部列为社会的罪人。《无能子》一书中认为,正是圣人制造了"三纲五常"等各种等级制度、名分制度,将社会分为贵贱尊卑,这些成为各种不合理、不公平制度的总源头。《无能子》认为,圣人提出"三纲五常"等伦理道德规则是愚弄人心之术,它看似仁义道德,实际上却恰恰是亲疏有别的不公平道德观念,因此不仅不能提高道德水平,还会使人变得伪善;《无能子》也认为,圣人强调的功名利禄和是非羞恶等内容,使人争名夺利,从物质到精神全面败坏了人心;《无能子》还认为,圣人看似强调仁义,实际上却主张对民众实行严酷的统治。总之,圣人及其所形成的君主专制制度是万恶之源。

其三,现实批判。对现实的批判是历次批判思潮的主流,三次批判高潮均以抨击种种现实问题为主。现实批判的内容也基本相似,都围绕着君主淫乱、穷奢极欲、权臣干政、官吏腐败、土地兼并、贫富差距、苛捐杂税、民不聊生等方面批判治理之黑暗。比如:唐末翰林刘允章写的《直谏书》提出"国有九破""民有八苦",详细论述了当时严重的治理危机;罗隐、谭峭等人多次详细描述了各级官吏的暴政暴行和民众身上的深重苦难,多次揭露了贫富悬殊是社会动乱的根本原因。其实,几千年来现实治理的批判在内容上高度一致、鲜有变化,这并非因为批判不够深刻,恰恰证明了这些治理难题从未得到真正解决。当然,解决不了问题也不代表批判毫无意义,经过长期的现实主义批判,传统治理思想中的民本主张、君民关系主张、朴素的平等主义主张等理念已逐渐深入人心,它们也成了中国传统政治文化中的"常识性"理念,深刻影响着后世的治理实践。

三、第二次批判思潮中形成的治理思想

其一,明君主张。尽管这一时期对暴君、昏君的批判非常尖锐,但在治理主张上依旧无法跳出君主制度的基本框架,多数人将救世的希望寄托于明君身上。皮日休从正反二十个方面总结了君主治国的经验教训,就君主如何处理好

与后宫储君、亲王外戚、大臣战将、贤才隐士等各类人物的关系提出了具体建议,实际上仍是希望能诞生圣君明主来解决治理危机。罗隐则是圣贤治国论者,认为君主是治乱之本,必须强化君主制度才能解决问题。他曾提出了著名"暴君论",这其实并非彻底否定君主制度,而是恰恰证明了"非暴君"之圣明君主才是治理成功的关键所在。基于圣贤治国论,罗隐提出了判断明君与暴君的七条基本标准,认为明君治国要将君德和治术结合起来,正确分辨和处理好"贵贱之理、强弱之理、损益之道、敬慢之分、厚薄之别、文武之道、得失之间"的关系。谭峭同样如此,他也将天下治乱兴亡的关键系于君主,强调君主自身穷奢极欲和对百姓横征暴敛才是造成社会矛盾的根源,从而提出君主要克制私欲、以勤俭治国的观点。

其二,摒弃礼法和无为而治。严重的治理危机和残酷的现实状况会动摇人们对传统治理制度的信心。这一时期不少人主张摒弃一切礼法等级制度,要求奉行无为而治的治国原则。比如,《无能子》一书中将圣人、君主及其礼法制度全部否定之后,提出治理国家首先要摒弃现有的一切纲常等级制度,摒弃目前治国之道与治国之术,否则只会越治越乱。《无能子》主张彻底"泯灭"导致社会之恶的人性,回到近乎原始的社会状态,回到庄子思想中的"至德之世",同时其又提倡无为而治,希望能有秉持无为之心的君主带领社会进入"至德之世"。

《无能子》的主张其实并不罕见,因为越是激烈的批判越难以找到建构性的治理措施,最后只能回到遁世、逃避的路子中去。这也注定了其治理思想难以产生重大的实际影响。值得思考的是,经过两次"治理黑暗期"的痛苦折磨之后,除了思索具体的救世之道,不少思想家也开始从人性本质上思考问题,认为人追求私利的本性不变,治乱循环就不可能改变,进而在逻辑上导向一条彻底"灭人欲"的道路。这种看似"钻牛角尖"的思维方式,其实正是古代治理思想发展的必然途径。庞大的思想体系和漫长坎坷的历史经验构成了思想家们难以逃避的思想空间,经历了无数次失败的尝试之后,最后只留下了一条"灭人欲"的狭窄通道。而"灭人欲"必然需要配套的思想基础和具体措施,也必然需要不断地提高人性修养,兜兜转转还是要回到圣人或君主的绝对权威上来。

其三,均平主张和民本思想。唐末、五代时期,农民起义的基本口号是均贫富、均田产,均平主张早已深入人心。这一时期多数思想家的具体治理都会涉及均平和民本等方面。另外,在治国理政的实践中,朝廷也试图推行大量关于井田、限田、轻徭薄赋、改革税法等方面的具体措施。

第三节　绝望的反思：第三次批判
思潮中的治理思想

明末清初，天灾人祸横行，社会矛盾激化，大规模农民起义此起彼伏，国家治理彻底崩坏，朝代更替的历史时刻又一次到来。中国历史迎来了最后一个封建王朝，也是以君主集权专制为核心的治理思想发展到顶峰的王朝——清朝。自宋朝起，内忧外患、王朝更迭……思想家们面对极端复杂严峻的局势、难以解释的困境和近乎无解的悖论，理论的张力和精神的痛苦于明清之际达到了极限。无数难以解答的问题困扰着此时的人们：为什么自从宋朝开始日益稳定、复杂、精巧的治理制度却没有带来天下大治？为什么日益庞大的士大夫阶层看似拥有不断升级强化的心性修养和道德素质，却依旧无法拯救治理危机？面对亡国且亡天下这样的大变局、大危局、大悲剧，以往的一切理论和思想都显得苍白无力。此时士大夫们开始对传统的政治思想、政治制度进行近乎绝望的总结、反思和批判。在这次反思浪潮中出现了一批极具思想性和批判性的人物，他们深刻总结和反思了自先秦以来政治思想的方方面面，他们的批判和主张也达到了古代治理思想的最高峰，并隐约触及了古代治理思想的本质问题，在一定程度上契合了时代发展的脉搏，甚至个别观点在形式和内容上与现代启蒙思想有相似之处。其实，古代治理思想发展到明清之际，几乎穷尽了一切可能，在理论上已朦胧地预见了必将到来的消亡。由于明清之际的思想家们理论体系极为庞大，著作极为丰硕，后世研究者众多，他们本人在思想界享有较高地位，因此本节仍采取以人物为中心的研究思路，重点阐述明清之际四位具有代表性的著名思想家的治理理念。

一、李贽批判正统儒学的治理思想

李贽(1527—1602)，字宏甫，号卓吾，别号温陵居士。李贽一生感情奔放、刚正不阿，对传统虚伪的儒学思想痛恨不已，有许多极为"激进""反叛"的惊世骇俗的言论，为世俗所不容，最终自刎于狱中。李贽的叛逆思想和批判精神是古代极端专制环境中少有的绝响，在社会各界引起巨大震动，被不少学者认为是中国近代启蒙思想的萌芽。

（一）"童心"说：理解李贽治理思想的逻辑起点

"童心"说是李贽治理思想的逻辑起点和理论基础，是其反思与批判治理问题的基本理论视角，也是李贽本人一生思想与行为的原动力。"童心"就是指人的本心、本性，是人之为人的本质内容。在李贽看来，"童心"才是人世间最纯真无瑕的东西，也是人之初、心之初的本质状态，更是人不可失去的本质。如果失去"童心"，人就会变得虚伪，就会失去人之为人的基本资格。

为什么李贽要提出"童心"说呢？他认为，因为在现实中人们早已失去了"童心"，失去了人心即人性中最宝贵的本质。李贽生活的年代，程朱理学日益僵化、教条，以各级官吏和士绅为代表的阶层的虚伪性和两面性暴露无遗，他们满口道德文章，实际上却蝇营狗苟，假话、假文、假事充斥于世，从政治生活到日常伦理关系之中的逢场作戏已经成为极为默契的习惯。在李贽看来，那些满口道德的"伪道学"家们都是一群虚伪、假仁假义的人。假如代入到儿童身上，以儿童的视角去看世界，便不难理解李贽的观念。因为只要用"童心"去看世界，几乎不需要去分辨，就能看到太多伪善和相互矛盾的地方。总之，李贽认为"显性"的正统思想与实际现状之间形成了巨大反差。

更为可悲的是，李贽认为"童心"几乎不可能保留下来，所有人都必将面对失去"童心"的命运。因为每个人都无法逃脱由这些"伪道学"家们所构筑的知识体系和思想背景，每个人都会因为后天的学习、教化而遮蔽本真的"童心"。在李贽看来，如果以"童心"中真诚的标准来判断，所谓精英们远不如底层市井小民。那些市井小民哪怕看起来低俗不堪、以蝇头小利为中心，但实质上他们的言行不管多么低俗也是就事论事、直抒心意、言之有味的；相反，"伪道学"家们天天标榜仁义道德、人格修养和高尚品行，实际上却"无所不假"。

"童心"说相对于深奥的道学、理学而言，不难理解。实质上就是认为真正的道德应该源于真心、真情，就是要求道德首先符合"童心"这一朴素的标准。看似简单的"童心"实际上直接击中了传统道学的"命门"，尤其是击中了那些以道德修养为最高追求的既得利益群体的"命门"。李贽认为，当时的现状已经到了所有人都知道彼此在撒谎，可还是一本正经做戏，极力维护个人私利、官位的地步。李贽提出"童心"说相当于揭露了"皇帝的新衣"，直接撕掉了大家虚伪的面具，使所有人不得不直面关于伪善的心灵叩问。可以说，"童心"说极大地否定和动摇了传统儒家思想和理学家们的权威。

(二)"异端"思想：对正统儒学治理思想的猛烈批判

以"童心"说为起点,李贽揭露、戳破了现实社会的各种假象,尤其是对正统儒学治理思想进行了深刻的批判和反思,提出了许多"惊世骇俗"之言,被称为思想上的"异端"。

首先,批判了传统的等级治理思想。众所周知,以三纲五常为核心的等级观念是古代治理秩序的基石,但是李贽认为人与人之间没有本质的区别,都是自然的产物,都拥有一样的人性、一样的潜能和价值。因此,李贽认为,人与人之间是平等的,这种平等不只是理论上的平等,而且是本体意义上"绝对"的平等。基于这种平等观,李贽提出了许多震撼人心的言论：一是"凡圣无别",圣人与凡人是平等的,两者在能力、道德、发展潜力方面没有任何差异；二是由"凡圣无别,即凡"可以推导出君民之间、君臣之间也是平等的；三是男女之间、夫妇之间也是自然而平等的。李贽的平等观直接冲击了古代治理思想最核心的"三纲",在那个年代实属石破天惊、振聋发聩。也许现在看起来这些平等观并无难以理解之处,但在当时李贽的平等观是突破性、颠覆性的。尽管儒家也强调"人皆可以为尧舜"等,看似也具有平等意义,但是这些观点都预设了一个前提,那就是存在圣人和凡人的区别,其观点强调的是每个人有机会成为圣人,圣人的标准却依旧高高在上,每个普通人实质上是被忽视或者说只是"下品"之人而已。而李贽的平等观则是把圣人与凡人拉到同样的起跑线上,不管是圣人还是凡人,首先都是人,都是生物性的人,两者是自然而平等的。可以说,李贽的平等观与法国思想家卢梭"人人生而平等"的观点已经十分接近了,蕴含了现代治理体系中关于自然人的理论萌芽。

其次,批判了传统的义利观。李贽提倡义利统一,认为功利与道义是一致的,谋利实际上就是正义。李贽反对董仲舒"正其义不谋其利,明其道不计其功"的观点,对儒家以义为先、耻于言利的观点进行了深刻批判。他认为这个世界根本就没有绝对不在乎功利的人。他以传统的"天谴"说为例,指出前人之所以强调道义与"天谴"之间的关系,归根结底还是为了免于灾祸的功利目的,如果道义完全不在乎功利,"天谴"还有什么意义呢？这不是自相矛盾吗？李贽的义利观主要基于对现实生活的朴素观察和大众主流的日常认知,毕竟"书中自有黄金屋""书中自有颜如玉"的观点早已深入人心,士大夫们读书考取功名的原始动力就是利,这是任谁都难以辩驳的。可就是这样妇孺皆知的"常识",却始终被传统儒家义利观所遮蔽,造成了当时虚伪的现实。可见,李贽只是把众所周知的传统义利观的虚伪性揭示了出来,并以此否定了儒家正统观念。

再次,批判了传统的善恶观。李贽认为,人人都有是非善恶之心,而且是非善恶的标准不是绝对的、一成不变的。在李贽看来,"真"才是检验是非善恶的首要标准,发自人本心的行为就是善,违背本心的就是不善。李贽的观点主要批判了现实中将圣人的言行绝对化、教条化,以圣人的标准判断是非善恶的现象。他认为不必将孔子的言行作为判断是非善恶的标准。不仅如此,李贽认为,正是因为僵化理解圣人标准才造成了现实中的善恶不分。李贽的观点否认了圣人标准,挑战和动摇了古代治理的最高标准和最高权威,可谓语出惊人。同时也要看到,尽管李贽的善恶理论体系本身并不完满,但他提出的关于真与善的关系问题是无法回避的,毕竟现实中不真的"伪善"是存在且心知肚明的,不真的东西怎么能称之为善呢?李贽以"童心"道出了无处不在的"虚伪",只要虚伪的现实还在,李贽的观点就很难被彻底反驳,这是传统儒家难以正面回答的问题,也是迄今为止不管是现实还是伦理学研究中都难以直面和完美解释的问题。

最后,否定了儒家的治理能力。李贽宣称"儒者不可以治天下",认为儒家思想在治国理政方面实在无用,并进行了辛辣的讽刺和批判。一是认为当前的士大夫阶层只知道空谈理学、良知、道德等,不培养实用功利的能力,最终导致国家没有真正的人才;二是认为当前儒家治理思想过于僵化保守、不懂变通,早已不能适应时代发展;三是认为儒家重文轻武,导致军事实力虚弱。他甚至还嘲讽目前的儒者都是妇人,没有真才实学。

除此之外,李贽还认为圣人的形象、儒家的经典都是虚构的、伪造的,关于孔子的种种都是后人不断宣传、编造而成的,圣人与经典经过千百年的演变早已面目全非,其中充满了谎言与偏见。李贽的观点从根本上否定了儒家赖以成立的根基,即便现在看来,也十分超前和"激进"。同时,李贽并非批判孔子本人,相反他还对孔子推崇备至,多次提倡实行"圣人之治",他反对的是被认为加工过的、过度神化的、已经沦为某种统治手段的工具化孔子形象。

(三) 平等和功利:李贽的治理主张

李贽的治理主张与其思想一致,强调从平等和功利原则出发进行治理。其一,治理应把满足人们的私利、私欲作为基本原则。在李贽看来,谈论治理首先就要取得关于人性好利的共识,应十分清楚地认识到谋求私利是人的本性和社会发展的根本动力。谈及治理之道,他认为"道"绝不是形而上抽象的道,也不是某些道德原则,道就是日常生活,就是人的好利之心。基于这种观点,一切治理的首要原则就是必须遵循并满足人们对于生活的功利性追求,就是要最大限度发挥和利用人们的私欲之心。李贽认为这样的治理才是真正顺应民心、满足本性的,这才是圣人的治理之道。如果忽视私利,对私利视而不见,将必然导致虚假、伪善盛行的问题。他还认为,圣人一开始就是以功利为核心建立了治理原则,圣人才是最懂得人心、最注重民众私利的,后来儒家的义利之辨、天理人欲之分等观点都是对圣人治理思想的曲解和蒙蔽。

其二,治理应发挥人之所长。基于凡圣平等的思想,李贽认为"至人之治,因乎人者也",也就是治理应该顺应人的天性。人与人之间是平等的,但是人与人之间又是不同的,每个人都有不同的特点、兴趣、长处、欲望,那么治理就应该顺应这一现状,让民众各从所好、发挥所长、尽其才而用之。

其三,以利诱为主的愚民主张。尽管李贽秉持较为"前卫"的平等观和功利观,但是在治理的具体原则上却与道家的"无为而治"十分相似。他认为治理民众应以利诱为主,只有用利益诱导民众才能达到治世。他还坚决反对以礼法治理民众,认为绝不能让民众知晓礼法,而应采取愚民之策。因此,他十分赞同老子的愚民观点,认为圣人治理天下,不能"明民",而应该采取使之无知无思的愚民政策。不仅如此,李贽还认为国之利器不可以示人,治理之道和治理措施应该对民众保密,不能让民众知道治理的具体手段。他认为一定要吸取法家的教训,法家治理之所以失败就是因为把治理的这些秘密公之于众了。由此可见,李贽的治理思想与现代治理思想有着本质区别,关于人的独立、平等意义的思考也仅限于理论批判层面,现实中依旧采取了传统的治理主张。这种强烈的反差在现在看来也许是不可思议的,但在古代思想家们身上却常常出现,其原因值得进一步深究。但是这使我们清醒认清一个事实:绝不能从只言片语去理解、论证和宣扬古人的治理观点。

李贽这些极为叛逆张狂的治理思想,发生在君主专制达到顶峰、程朱理学对思想的压抑到近乎窒息的明朝,可以想象其引起的思想震撼和破坏力有多大。即使今天阅读李贽的文字,依旧能够感受到其对传统文化批判反思中展示出的澎湃力量。近现代以来,对李贽的研究文献众多,其历史地位和思想地位也不断提升。但是李贽的思想究竟是不是现代启蒙思想萌芽这一问题上仍有待商榷。从真实语境看,李贽思想主要还是传统思想发展到极端之后的"衍生品",其治理思想也从未摆脱正统思想的束缚,与近现代思想更有着本质不同。

二、黄宗羲批判专制的治理思想

黄宗羲(1610—1695),字太冲,号南雷,学者称"梨洲先生",浙江余姚人。黄宗羲曾于崇祯元年(1628)锥刺宦官徐显纯而名扬天下,明亡后坚决拒绝清朝征召。黄宗羲著述甚丰,其中《明夷待访录》《明儒学案》《宋元学案》《孟子师说》等对后世影响深远。黄宗羲亲身经历了明清之际的改朝换代,深刻总结和反思了几千年来治国理政的利弊得失,尤其是对君主集权专制制度进行了猛烈的批判。黄宗羲是古代最优秀的政治思想家之一,其治理思想鞭辟入里,凝结着反思文化的精华;其个人的才华、品行、思想光彩夺目,深深吸引着后人;其悲剧性的一生,给人无限思考。黄宗羲的治理思想集中在《明夷待访录》一书中,尤其是他在书中提出了以民本限制君权的治理主张,可谓真正突破了古代治理思想的边界,被不少学者誉为中国启蒙思想第一人。

(一) 人各自私自利:黄宗羲治理思想的哲学基础

明清之际反思文化的一大理论特征就是彻底审视了传统的人性观和义利观,从而理性看待功利和私利。李贽如此,黄宗羲亦是如此。黄宗羲在《明夷待访录》第一篇《原君》就明确提出"有生之初,人各自私也,人各自利也"[①]。黄宗羲认为自私自利是人之常情,哪怕是圣人也是人,也有自私自利之常情。他不仅没有否认私利的存在,还认为个人私利具有合理性。

黄宗羲强调,私利并不是现代意义的利益中心主义,主要是强调不能忽视私利的存在,要正视和顺应人的私利之心,更不应将私利视为不可容忍之事。他认为仁义与事功并不对立,天下没有脱离了事功的仁义,也没有彻底绝弃仁义的事功。黄宗羲认为,国君治理天下的原则很简单,核心就是"欲恶"。治理应以"欲恶"为原则,也就是要满足和顺应合理的欲望,限制不合理的恶欲。黄宗羲认为君主满足民众合理的私利才是治理的最佳选择。不仅如此,君主还应该以自己的好恶来理解天下的好恶,以满足自己的欲望之心来满足民众的欲望,这才是真正的仁政。

---

① 《明夷待访录》,王珏、褚宏霞译注,北京:中华书局,2020,第28页。

黄宗羲的人性观颠覆了传统的治理思想，为其治理思想奠定了哲学基础。传统治理思想向来喜欢将人性划分为各种等级和类型，无论是"上智""下愚"，或是性善、性恶，还是"性三品"等理论，无论如何分析人性，总是设定了一个完美的标准，这其实也就否认了其他类型人性的价值。黄宗羲关于人自私自利的观念给私利树立了客观理性的形象，这是极大的进步。同时也要看到，黄宗羲的治理思想仍然是站在君主的角度谈论人性进而谈论治国之道，而不是站在人性的角度谈论治理，逻辑起点与近现代的人性论大有不同。

(二)"天下为主，君为客"：对君主制的猛烈批判

黄宗羲反思明朝灭亡的教训，进而总结几千年的历史教训与思想演变历程，最终将问题症结归于君主，将批判的矛头对准了君主专制制度。他提出了"天下为主，君为客"的观点，对君主专制展开了猛烈的批判。

首先，君主打着公义或道义的幌子，实际却以天下为私有、以一己之利为利。黄宗羲认为，中国古代社会形成之初的尧、舜等圣人之治是真正的大公，"不以一己之利为利，而使天下受其利，不以一己之害为害，而使天下释其害"①。但是后来的帝王却把天下变成了个人的私产，君主个人的权力和私利成为政治生活的主流，一切斗争几乎都是为了争夺一己之私，他们为了私利完全不在乎国家和民众之公利。对此他深刻论述道："其未得之也，屠毒天下之肝脑，离散天下之子女，以博我一人之产业，曾不惨然！曰：我固为子孙创业也。其既得之也，敲剥天下之骨髓，离散天下之子女，以奉我一人之淫乐，视为当然，曰：此我产业之花息也。然则为天下之大害者，君而已矣。向使无君，人各得自私也，人各得自利也。呜呼！岂设君之道固如是乎？"②不仅如此，君主们还极力论证一己之私的合理性，提出"以我之大私为天下之大公"的观点，将天下一切的利全部收归于己，"使天下之人不敢自私，不敢自利，以我之大私为天下之大公。始而惭焉，久而安焉。视天下为莫大之产业，传之子孙，受享无穷"③。黄宗羲毫不留情地揭露了君主专制的真面目：成为皇帝，然后让自己的世世代代尊享皇位及其私利，这才是天底下最大的私利。实际上，经过这么多次改朝换代，皇帝的所谓大公早就荡然无存了，从皇帝到民间怎么可能不清楚当皇帝

---

① 《明夷待访录》，王珏、褚宏霞译注，北京：中华书局，2020，第28页。
② 《明夷待访录》，王珏、褚宏霞译注，北京：中华书局，2020，第30页。
③ 《明夷待访录》，王珏、褚宏霞译注，北京：中华书局，2020，第29页。

的私欲动机呢？千古文人皇帝梦，多少人为了坐上皇位孤注一掷，为了皇位牺牲了数不清的民众。只不过是官方正统思想刻意回避这些不能摆上"台面"的东西而已。黄宗羲肯定了私利，揭露了君主的虚伪性，动摇了君主治理天下的合法性。

其次，黄宗羲提出"天下为主，君为客"的著名命题。传统政治思想的主流观点认为天子即天下，君主是天命所授之人，是天下的主宰，其他人都是被统治者。黄宗羲针对这一传统观点，明确提出"天下为主，君为客"的观点。他认为："古者以天下为主，君为客，凡君之所毕世而经营者，为天下也。今也以君为主，天下为客，凡天下之无地而得安宁者，为君也。"①天下处于主位，君主的作用是为了天下之人。这一观点直接颠覆了几千年来高高在上、以天命自居的君主地位，君主不仅不是主宰者，还应该是万民的服务者。区分了天下和君主两个关键概念后，黄宗羲提出了治理的根本标准：天下百姓的安乐。他认为"天下之治乱，不在一姓之兴亡，而在万民之忧乐"②。黄宗羲提出了一条极为重要的判断准则：治乱兴亡与何种朝代无关，与皇帝无关，甚至与是否实现一统天下、是否达到国家强盛无关。他认为强大的王朝不一定就是治世，覆灭的王朝也不一定就是乱世。这一观点跳出了传统君主专制的理念，将民众的地位和重要性置于君主之上，为后人审视古代社会提供了新视角。另外，黄宗羲的"天下为主，君为客"必然推导出民本思想，这一民本思想超越了传统治理思想中工具性的治民之术，成为某种主体意义上的民本思想，这与现代意义的民本理念已经比较接近了。

最后，黄宗羲对君主专制展开猛烈抨击和批判。黄宗羲从上述观点出发，认为秦汉以来的君主专制制度为"天下之大害"。一是君主专制是天下最邪恶、最暴虐的制度，为了当上皇帝，为了实现天下最大的私欲，争夺皇位和保住皇位的残酷斗争从未停止过，民众成为最大的受害者；二是君主专制制度扭曲了人类社会正常的伦理关系，君民关系恶化为对立和仇视关系，君臣关系扭曲为主奴关系，从而导致人与人之间的正常关系被扭曲；三是君主专制下的法律都是"非法之法"，因为所有法不过是君主"一家之法"，根本不是"天下之法"，所谓法的目的压根就不是为了实现治理盛世，而是为了维护君主的私利，为了确保皇

---

① 《明夷待访录》，王珏、褚宏霞译注，北京：中华书局，2020，第30页。
② 《明夷待访录》，王珏、褚宏霞译注，北京：中华书局，2020，第39页。

位代代相传。这一观点彻底否定了秦汉以后几乎一切法制的合法性,并将天下大乱的原因归咎于君主行一家之法。黄宗羲的批判极为露骨,他认为君主"敲剥天下之骨髓,离散天下之子女,以奉我一人之淫乐,视为当然"①。这句话把皇帝的所作所为、内心想法暴露无遗,批判得十分激烈。既然都已经批判到这个地步了,甚至都不用再争辩什么真假善恶了,什么道学、仁义、天命、礼法都已失去传统意义,一切美好的理论和概念在残酷的现实真相面前是苍白无力的,都无法为皇帝的所作所为辩护。

由此可见,黄宗羲从社会伦理、政治结构、法制制度和现实表现等诸多方面剖析和批判了君主专制制度,彻底否定了君主专制制度的合理性,认为天下大乱的根源就是君主。如此一来,解决问题的出路只有彻底否定君主专制制度。不得不说,黄宗羲的思想振聋发聩,逻辑上再演进一步,就是一个全新的没有皇帝的社会制度了,这已经极为接近现代治理思想了。然而我们还得清醒认识到,我们从文字中感受黄宗羲"启蒙思想"的冲击,更多的是作为后来人从现代思想角度与古代思想产生的"同频共振",而非因为其思想直接启蒙了我们。黄宗羲所处的环境和思想背景已经决定了他不可能设想一个没有皇帝的天下,也不可能去设计一个没有皇帝的治理模式。不少人热衷于研究和强调黄宗羲的启蒙意义,可这启蒙到底是何种启蒙?如果研究者没有现代意义上的启蒙思想背景,真的能从其文章中得到现代意义上的启蒙思想吗?这才是真正需要思考的问题。

(三) 变法救世的治理主张

黄宗羲在反思和批判君主专制的同时,提出了一系列以限制君权为核心的治理主张。

第一,以"天下之法"治理国家。黄宗羲批判了礼义道德法规等传统治理方式,但并不认为礼法没有必要,而是认为"三代以上有法,三代以下无法"②。三代以上的法是"天下之法",三代以下的法是"一家之法"。黄宗羲认为"三代之法,藏天下于天下者也"③"后世之法,藏天下于筐箧者也"④。判断是否有法的

---

① 《明夷待访录》,王珏、褚宏霞译注,北京:中华书局,2020,第30页。
② 《明夷待访录》,王珏、褚宏霞译注,北京:中华书局,2020,第45页。
③ 《明夷待访录》,王珏、褚宏霞译注,北京:中华书局,2020,第48页。
④ 《明夷待访录》,王珏、褚宏霞译注,北京:中华书局,2020,第48页。

标准不是形式上的法律制度,而是一个"公"字。如果法是为了天下之人而立,那就是有法;如果法是为了一家一姓之利益而制定的,那就是无法。黄宗羲认为,三代之后都是"一家之法""后之人主,既得天下,唯恐其祚命之不长也,子孙之不能保有也,思患于未然以为之法"①。法治都是为了维护君主的利益而不顾民众的利益,其会导致法越多,君民之间矛盾越深。"天下之人共知其筐箧之所在,吾亦鳃鳃然日唯筐箧之是虞,向其法不得不密。法愈密而天下之乱即生于法之中,所谓非法之法也。"②所以后世所谓的法根本不是法,"然则其所谓法者,一家之法,而非天下之法也"③。黄宗羲还认为"一家之法"不仅没有治理效果,还是社会混乱的根本原因之一。在治理国家的法治原则方面,黄宗羲以批代立,动摇了君主专制的法理基础,同时主张以维护天下人利益的"天下之法"来治理国家。

第二,恢复宰相制度,防止宦官专权。黄宗羲认为明朝朝政混乱、宦官专政最终导致亡国的根本原因是朱元璋取消了宰相制度。"有明之无善治,自高皇帝罢丞相始也。"④黄宗羲认为宰相制度非常重要,是保证治理有序的核心制度。因为仅凭君主一个人不可能治理天下,必须依赖官吏。官员是君主的"分身",而不是君主的奴才。"原夫作君之意,所以治天下也。天下不能一人而治,则设官以治之;是官者,分身之君也。"⑤黄宗羲认为,宰相制度本来由三代传贤不传子而来,"古者不传子而传贤,其视天子之位,去留犹夫宰相也"⑥。设置宰相对于保证治理稳定具有重大意义,因为"其后天子传子,宰相不传子。天子之子不皆贤,尚赖宰相传贤足相补救,则天子亦不失传贤之意"⑦。因为君主的后代们的身体、能力、智力等方面存在不确定性,宰相可以弥补血缘传承制度的不足。但是朱元璋为了个人的绝对权力,取消了宰相制度,代之以内阁制,其害无穷。"宰相既罢,天子更无与为礼者矣。"⑧在黄宗羲看来,内阁的阁老不过是皇帝的"宫奴"。因为取消了宰相而导致权力失衡,明朝还产生了严重的宦官专权之弊。鉴于明朝的教训,黄宗羲主张恢复宰相制度,并以此防止宦官干政。为

---

① 《明夷待访录》,王珏、褚宏霞译注,北京:中华书局,2020,第46页。
② 《明夷待访录》,王珏、褚宏霞译注,北京:中华书局,2020,第48页。
③ 《明夷待访录》,王珏、褚宏霞译注,北京:中华书局,2020,第46页。
④ 《明夷待访录》,王珏、褚宏霞译注,北京:中华书局,2020,第55页。
⑤ 《明夷待访录》,王珏、褚宏霞译注,北京:中华书局,2020,第56页。
⑥ 《明夷待访录》,王珏、褚宏霞译注,北京:中华书局,2020,第58页。
⑦ 《明夷待访录》,王珏、褚宏霞译注,北京:中华书局,2020,第58页。
⑧ 《明夷待访录》,王珏、褚宏霞译注,北京:中华书局,2020,第58页。

此,他还详细论述了宰相的职责、任务,甚至包括宰相处理政务的具体流程。比如他提议"宰相设政事堂,使新进士主之,或用待诏者"①。"政事堂"的建议从制度和处理政务流程上充实了宰相制度,具有一定的创新意义。

不管是站在后人的视角还是从君主专制制度的内在发展逻辑来看,我们都知道黄宗羲恢复宰相制度的提议难以实现,以相权限制君权也困难重重。从权力斗争的现实逻辑来看,宰相制度的消亡有其必然性,不是朱元璋一人意志所为,而是君主集权发展到一定阶段的必然结果,也是官僚制度日益成熟完备后的必然结果。如果真的如黄宗羲所言恢复了宰相制,也不可能是黄宗羲治理思想中那样的宰相制。反之,以相权制衡君权能否真的达到治理效果也没有确定论证,如何防止权臣作乱也无治理良策。如今不少研究者,凡是提及明朝政治思想、治理思想,或论述古代君主集权制度,必提朱元璋取消宰相一事,却没看到其实在其取消宰相制之前,大多数宰相其实早已成为黄宗羲口中的"宫奴"了。

第三,开设学校,提倡清议。黄宗羲非常重视"清议"的治理功能,认为"清议"形成了强大的舆论压力,可以有效限制和监督君权,其中学校是培养人才、谈论政事的主要场所。他将学校定义为公正地分辨是非的场所,其公正性甚至要高于天子。"天子之所是未必是,天子之所非未必非,天子亦遂不敢自为非是,而公其非是于学校。"②黄宗羲还认为:"学校,所以养士也。然古之圣王,其意不仅此也,必使治天下之具皆出于学校,而后设学校之意始备。"③也就是说,学校不仅能够传授知识和培育人才,而且还是治理天下之主张、措施的来源地。他认为现在没有学校,或者说没有真正的学校,原因在于一切都围绕着君主,使得学校已丧失治理功能。"三代以下,天下之是非一出于朝廷。天子荣之,则群趋以为是;天子辱之,则群擿以为非。"④"有所非也,则朝廷必以为是而荣之;有所是也,则朝廷必以为非而辱之。伪学之禁,书院之毁,必欲以朝廷之权与之争胜。"⑤黄宗羲指出,当时的学校不仅没有发挥应有的功能,反而成为"害士"的场所。

基于对学校治理功能的认识,黄宗羲除了主张开放学校以培养和推荐治国

---

① 《明夷待访录》,王珏、褚宏霞译注,北京:中华书局,2020,第63页。
② 《明夷待访录》,王珏、褚宏霞译注,北京:中华书局,2020,第67页。
③ 《明夷待访录》,王珏、褚宏霞译注,北京:中华书局,2020,第67页。
④ 《明夷待访录》,王珏、褚宏霞译注,北京:中华书局,2020,第69页。
⑤ 《明夷待访录》,王珏、褚宏霞译注,北京:中华书局,2020,第70页。

人才之外,还提出了一系列具体措施:一是采取推选的办法任用学官,让公认有才有德的名儒来管理学校;二是建立天子听学、纳谏、收集舆论的制度;三是地方官要定期接受学校的监督与评判。总之,黄宗羲非常重视学校"清议"的舆论监督功能,力图使处士横议、群臣谏议等制度化,真正发挥限制君权的作用,以达到治理天下的目的。

黄宗羲关于发挥学校议政和"清议"的治理主张有积极进步意义,不少形式上与现代意义舆论监督相似。但同时要看到,黄宗羲的这些主张不过是"弱监督"而已,并无强制效力,对如何真正落实这些主张并没有提出切实可行的措施办法。历史早已证明,这些主张根本无法真正监督君权。黄宗羲在总结明朝败亡的教训上极力主张"清议",认为通过这些办法可以纠治明朝极端专制之弊端。可现实是明朝君主不愿接受任何形式的监督,哪怕是没有什么约束力的"清议"也不可能接受。黄宗羲之父黄尊素作为"东林七君子"之一,遭残酷折磨而死。即便如此,他竟然对"清议"的治理功能抱有幻想,充分说明无论其言语多么"启蒙",他始终没能突破传统儒家思想的限制。

除了以上三点之外,黄宗羲还有诸多其他治理主张,涉及治国理政的方方面面。比如他主张改革科举取士制度与改变空疏学风;主张改革税收制度,"重定天下之赋";主张改革土地制度和发展屯田制;主张重视工商业的作用,认为"工商皆本"等。

三、顾炎武经世致用的治理思想

顾炎武(1613—1682),字宁人,学者称"亭林先生",江苏昆山人。他一生主张经世致用之学,早年曾议论朝政利弊,反对宦官专权,抗清失败后,多次拒绝清朝征召,至死没有仕清。顾炎武一生颠沛流离却专心向学,著述颇丰,在经、史、考据等方面均有深刻研究,被认为"开一代朴学风气之先"。顾炎武与黄宗羲相似,极力反对空谈之学,全面总结和反思了古代政治思想的利弊,深刻批判了君主集权制度,并提出了以经世致用为核心的治理主张。

(一)对宋明理学的深刻批判

明清之际的社会批判思潮有一个共同的特点:强调经世致用之学,批判宋明理学。从古代治理思想的发展脉络来看,后期发展阶段的治理思想更加务实、理性、深刻,无论是以反思批判为主还是以事功为主,都拥有基本相似的理论与主张。当然,在反思批判的大背景下,各个思想家也不尽相同。比如,尽管黄宗羲也批判理学,但是其哲学思想属于心学,他主要通过由心学到务实之学进而批判程朱理学。在批判宋明理学方面,顾炎武才是最彻底的,他对程朱理学和陆王心学均进行了深刻批判。因此理解顾炎武对宋明理学的批判是解读其治理思想的前提和基础。

顾炎武与同时代的批判思想家们一样,将宋明理学视为明朝灭亡的根本原因之一。只要经历了明清交替重大时代变局的思想家,必然都会面临这样一个难题:宋明理学影响下产生如此众多的英才,那些践行道学和仁义的士大夫们更是将儒家人格提升到一个全新高度,如此精致、思辨、系统的学问,为什么没能拯救明朝危局,反而导致亡国亡天下的历史悲剧?顾炎武认为,主要是因为宋明理学"清谈误国",空谈道德性理乃至于或僵化不堪,或空洞无物,对治国理政的实际学问不够重视,导致缺少治理国家的实用人才。总之,理学在发展中失去了早期儒家以经世致用为核心的实践精神和民本意识。

顾炎武还认为,宋明理学"清谈"的危害要远甚于魏晋玄学。魏晋玄学之"清谈",更多的是士人们在政治黑暗、理想抱负无法实现的历史条件下,不得已只能退守内心世界,从而构筑存放个人精神的"桃花源"。"清谈"具有明显的个人属性,对实际政治影响有限。而宋明理学则不同,它将修齐治平、内圣外王等作为核心命题,将治理国家的要务都融入抽象的理学思想中,深度介入了实际治理实践活动中并产生了重大影响。因此顾炎武认为宋明理学把传统儒家经世致用的治理思想变为"空谈",危害无穷。

为了纠治宋明理学"清谈误国"之弊,顾炎武认为应该恢复早期儒学治国之道。为此他提出了"古之理学"和"今之理学"的区分。"古之理学"就是儒家的经学,强调经世致用、注重实践;"今之理学"的不同之处在于,它是宋代创造出来的。他认为宋明理学谈论的核心概念,比如性、命、天道、理、气等,基本是孔子等人所未提及的。更严重的是,孔孟所重视的核心概念还被宋明理学忽视甚至丢弃了,这就导致了宋明理学空谈心性而不重事功的弊端。

顾炎武切中时弊,基本厘清了宋明理学的病理,揭示了问题实质。这些批判思想也成为其深刻批判君主专制制度和明道救世治理主张的理论基础。同时也应理解顾炎武对宋明理学的批判具有局限性:一是仍在正统儒家治理思想的基本议题之下开展批判,并没有突破性的见地;二是对宋明理学的批判主要围绕其"空谈"的表现,对其产生的根本原因没有深入研究。明朝的灭亡有着极为深刻且复杂的系统性原因,这些原因也许正是宋明理学得以兴盛的动力。更进一步,不是理学导致了明朝灭亡,而是古代以君主专制为核心的治理实践既产生了"空谈"的理学,又最终导致了明朝的灭亡。

(二)"公天下":对君主专制制度的猛烈批判

面对"亡国亡天下"的局面,顾炎武对秦汉以来以君主集权为核心的政治制度展开了激烈批判。

首先,深刻批判了君主集权之害。顾炎武认为,自秦汉以来治理弊端的根源就是君主权力过于集中。除了权力集中外,更具危害性的是君主对权力的"私心"。他认为古代君主以"公心"治理天下,所以能够分封而治,将个人权力分给下层;后世君主"专大利",把天下视为个人私有财产,恨不得将天下之一切都收入囊中。顾炎武认为这种"专大利"的君主集权制度造成一系列治理问题。

一是君主为了实现最大化个人私利并保持其统治稳定性,必然"废人而用法,废官而用吏"①,采取严刑峻法和奴才小人来治理国家。他指出:"于是天子之权不寄之人臣,而寄之吏胥。是故天下之尤急者,守令亲民之官,而今日之尤无权者,莫过于守令。守令无权,而民之疾苦不闻于上,安望其致太平而延国命乎!"②这样的治理岂能国祚长久?顾炎武认为自秦汉以来基本是采取以"刑政"为核心的治理模式,几千年的治乱历史已经充分证明,此种治理模式的后果就是为国为民的实践精神堕落,导致道德败坏、世风日下、伪善盛行。

二是君主的个人能力不足以治理偌大的国家。顾炎武认为,不同于小国,中国幅员辽阔、人口众多,堪称全球最庞大、最复杂的大一统帝国,其治理事务之繁杂、治理难度之大是举世公认的难题。而后世君主又将一切权力归于己身,大小治理事务都需要君主决断,这远远超出了君主的实际能力。

三是导致官僚主义问题。后世君主为了绝对集权而采取以中央朝廷和地方郡县为主体的官僚治理体制。这一体制下,各地官吏没有太大的自主权,加之各级官员之间还存在权力制约和相互竞争关系,导致官员之间相互猜忌、牵制而不能有效履行责任,更难以在治理上有所成就。更为严重的是,顾炎武认为专制权力必然导致无限制、无底线的权力结构失衡。因为一切权力都是君主

---

① 《日知录集释》,(清)黄汝成集释,北京:中华书局,2020,第442页。
② 《日知录集释》,(清)黄汝成集释,北京:中华书局,2020,第486页。

所授予的,那么官吏也就只能为君主一人服务,根本不可能去践行"富国裕民"之道。总之,顾炎武认为君主集权是导致民生凋敝、国家衰落的根源,他对古代君主专制制度的危害认识已非常深刻,不少见解已经深入到制度运行的内在机制层面,甚至已经触及了问题的本质。

其次,顾炎武否定了君主专制的历史合法性。为了进一步批判君主专制制度,顾炎武首先从历史合法性上入手。他分析周代的政治制度和权力结构,认为周代君主并没有独享权力,进而认为君主的绝对权力并非先天的、唯一的选择,只是后世发展中君主不断集中权力的结果。

最后,顾炎武提出国家与天下的概念区分,进一步否定了君权的绝对性。顾炎武对君主集权最为深刻的批判是提出了"亡天下"的观点。他认为:"有亡国,有亡天下。亡国与亡天下奚辨?曰:易姓改号,谓之亡国;仁义充塞,而至于率兽食人,人将相食,谓之亡天下。"[①]顾炎武提出这一观点的根本目的是在面对明朝灭亡、异族统治的危机之时,激发民众的爱国精神,唤起民众肩负起天下兴亡的责任。他区分了国家和天下的不同:国家就是君主之国家、一家一姓私产之国家、朝廷和各级官吏享受特权之国家,朝代更替、治乱循环、诸侯征战等均属国家范畴,"亡国"就是这类君主朝廷的灭亡;天下则是天下所有人的天下,是由中华民族的文化、精神、道德组成的天下,道德沦丧、人与人相互残杀、中华文化精神消亡是"亡天下"。对于"亡国"和"亡天下",顾炎武区分了朝廷和普通民众的责任,认为"保国者,其君其臣,'肉食者谋之';保天下者,匹夫之贱与有责焉耳矣"[②]。这就是著名的"天下兴亡,匹夫有责"的来源。这一观点在后世产生了极为深远的影响,已经成为中华优秀传统文化的精华,激发了强烈的爱国主义精神。

顾炎武的观点非常清晰地厘清了君主、国家与天下的区别,削弱了一家一姓朝代的重要性,否定了君权的绝对性,也否定了君主将个人与天下绑定的合理性,很大程度上消解了传统的"忠君"理念,从而冲击了传统的政治伦理。这些内容其实与现代政治学中区分政府和国家的概念有相似之处。顾炎武的思想尽管没能突破传统局限,但是其振奋人心的口号在近现代发挥了重要作用,成为中华民族挽救危机的精神支撑之一,可谓意义重大。

---

① 《日知录集释》,(清)黄汝成集释,北京:中华书局,2020,第681页。
② 《日知录集释》,(清)黄汝成集释,北京:中华书局,2020,第682页。

（三）以分权为核心的治理主张

顾炎武在批判君主专制的基础上,提出了以分权为核心的治理主张。

其一,改革郡县制以分散君主权力。为了纠治君主权力过于集中的弊端,顾炎武提出了"寓封建之意于郡县"的治理方案,主张提高郡县的治理权力,并认为只有分权"众治"才能实现长治久安。对此他提出:"所谓天子者,执天下之大权者也。其执大权奈何?以天下之权寄之天下之人,而权乃归之天子。自公卿大夫至于百里之宰,一命之官,莫不分天子之权以各治其事,而天子之权乃益尊。"①天子分权,不仅没有削弱其权力,反而因为拥有权力的人更多而使总权力扩大,进而扩大了君主权力。只要君主能够合理划分各级权力,充分发挥各级治理能力,天子的权力就会更显尊荣。

但现实是,君主不仅不懂分权的重要性,反而将分权视为治国第一大忌,进而不断集权。顾炎武认为这是君主不善于分权治理国家的结果,也是治理弊端的来源。他认为:"后世有不善治者出焉,尽天下一切之权而收之在上,而万几之广,固非一人之所能操也,而权乃移于法。于是多为之法以禁防之。"②君主不分权,就只能依靠严苛的法治来治国,而这样的模式后患无穷。"人君之于天下,不能以独治也。独治之而刑繁矣,众治之而刑措矣。"③顾炎武通过分析明朝的教训,认为"自万历以上,法令繁而辅之以教化,故其治犹为小康。万历以后,法令存则教化亡,于是机变日增而材能日减"④。

顾炎武分析了封建制和郡县制两种治理模式的利弊,他认为封建制的治理模式弊端在于地方权力过大而导致犯上作乱,郡县制的治理模式弊端则在于君主权力过大导致治理效率低下,那么最好的方式就是将两者的优点结合。因此他提出了"寓封建之意于郡县"的观点,主张君主将权力适当分给地方,提高郡县治理的自主权。为此他还提出了一系列具体治理措施:将辟官、莅政、理财、治军四项权力授予郡县;提升县令级别为五品;经过若干任期考察后可授予终身职位;县令可以举荐包括子弟在内的接任者。以此类推,顾炎武还主张进一步完善乡、亭等基层治理制度,起到分散县令权力和有效治民的作用。不难看

---

① 《日知录集释》,(清)黄汝成集释,北京:中华书局,2020,第486页。
② 《日知录集释》,(清)黄汝成集释,北京:中华书局,2020,第486页。
③ 《日知录集释》,(清)黄汝成集释,北京:中华书局,2020,第334页。
④ 《日知录集释》,(清)黄汝成集释,北京:中华书局,2020,第466页。

出,这实际上改变了郡县制的核心内容,变相恢复了世袭制度,如果朝廷没有建立一套高效有力的监督监察机制,势必会发展为传统意义上的封建制。

其二,充分发挥宗族治理功能。为了防止县令权力过大而专权,顾炎武提倡恢复古代的宗族制度,发挥宗族、乡绅的治理功能。他认为,在郡县以下的基层实现政权和宗族权力的结合,以此来更有效地治理民众。"天下之宗子各治其族,以辅人君之治,'罔攸兼于庶狱',而民自不犯于有司。风欲之醇,科条之简,有自来矣。"①顾炎武的宗族治理理念与宋明理学中普遍提倡的乡约、宗族等观点本质上并无差别,都是从君主治理国家的角度出发,对于宗族治理的弊端,尤其是宋明理学个别主张在宗族层面衍生出的教条僵化甚至恶俗化等问题并不重视。

其三,注重以道德教化纠正治理积弊。正如前面所述,顾炎武多次批判了繁刑苛政,但是并不是主张彻底废除法制,而是反对将法制作为目的,法制在治理上的工具性意义还是有必要的。他主张树立正确的法治观,恢复法制正人心、厚风俗的根本目的:"法制禁令,王者之所不废,而非所以为治也。其本在正人心、厚风俗而已。"②如何才能使君主最为依赖的法制回归其本来目的呢?顾炎武主张采取三项措施:一是注重以礼义廉耻为内容的道德培育。顾炎武认为"正人心、厚风俗"的具体内容就是礼义廉耻"四维"。"礼义廉耻,国之四维;四维不张,国乃灭亡。"③"礼义,治人之大法;廉耻,立人之大节。盖不廉则无所不取,不耻则无所不为。人而如此,则祸败乱亡亦无所不至。"④四维之中,顾炎武认为廉耻最重要,是道德的基础。二是注重教化。顾炎武认为风俗教化失败是引发社会动乱的重要原因,治理中的官僚主义和腐败问题等从根源上看也是因教化不兴、人心不正而导致的。因此,顾炎武认为治理的关键之一是要高度重视教化的作用,以教化改善、改变治理中的恶风恶习。三是注重培养治理人才,顾炎武认为治理国家的关键在于人才,得人才则治,失人才则乱,尤其是要培养"心正"的实干型人才。

由此可见,顾炎武的治理思想整体上仍属于传统范畴,并未跳出道德教化的范畴。尽管其批判辛辣且深刻,但具体主张也并无新意,在现实治国实践中早就被"证伪"了。目前不少人对顾炎武的思想作出了不少"拔高"的解读,其实

---

① 《日知录集释》,(清)黄汝成集释,北京:中华书局,2020,第335页。
② 《日知录集释》,(清)黄汝成集释,北京:中华书局,2020,第440页。
③ 《日知录集释》,(清)黄汝成集释,北京:中华书局,2020,第696页。
④ 《日知录集释》,(清)黄汝成集释,北京:中华书局,2020,第696页。

主要还是围绕其个别语句、论断来论证其思想的先进性和启蒙性。实质上这种解读依然是以现代思维来研究古代治理思想,是用现代政治理论的话语体系和评判标准来评判古代治理思想,并未深入其思想的真正内核。看似研究古代思想家"思想启蒙"之意义,实际上是对古代思想家赖以成长的知识体系、文化背景的选择性忽视。

四、王夫之以"公天下"为核心的治理思想

王夫之(1619—1692),湖南衡阳人,字而农,号姜斋,人称"船山先生"。王夫之曾起兵反抗清军,失败后隐匿避世数十年,最后"完发而终"。与同时代的思想家一样,王夫之深刻思考明亡惨痛教训,猛烈批判专制之害,提出了以民本为主的治理主张。王夫之思想活跃、著述丰硕,其传世著作就有七十三种,近五百万字。他的治理思想内容丰富、方法多样、理念先进、影响深远,包含哲学、历史、政论等内容,几乎对古代政治思想领域所有概念和命题都提出了富有创新性的见解。王夫之生前默默无闻,直至近两百年后才被发掘并引起巨大轰动,对清末思想界产生了深刻影响,被不少人誉为"理学正宗""思想先驱""启蒙思想家",甚至被誉为明清以来最伟大的思想家。

(一)"天下惟器":王夫之治理思想的哲学基础

与黄宗羲和顾炎武一样,王夫之也提倡经世致用之学,将明亡的教训之一归咎于宋明理学,对其进行了激烈的批判。王夫之对程朱理学和陆王心学都进行了猛烈抨击,并在自然观、道器论和历史观等方面进行了深刻阐述,这些也成为其治理思想的哲学基础。

其一,"理依于气"的自然观。理与气的关系是宋明理学的核心命题之一。为了全面批判宋明理学,王夫之首先对"理在气先"的观点进行了批驳。在程朱理学思想中,理是社会和自然的本体来源,是高于物质的先天存在。陆王心学提出了"心即理""吾心即天理"等观点,对"理"的绝对性有一定纠正作用。但是这些观点只是对"理"的理解不同,并未彻底否认理的地位。王夫之与此不同,认为理依附于气存在,不管是自然界还是人类社会,都统一于物质性的气,气的运动变化产生了世界万物。他认为理无法独立存在,如果没有气,理也就不存在了。理气关系跟西方哲学中关于理念、理性等概念是否具有客观实在性的争论十分相似。如果认为理是独立存在之物,那么就存在一个永恒、完美、超越现

实世界的理念世界,由于人类世界地位低于理念世界,因此只能遵循理念的指导。王夫之"理依于气"的自然观具有一定朴素唯物主义特质,否认了"理在气先"的客观唯心主义和"心即理"的主观唯心主义,从根本上动摇了宋明理学各派的理论根基。王夫之并不是彻底否认理的存在,而是否认理具有独立的现实性,认为人的思维不能把握纯粹的理。无疑,"理依于气"的自然观是非常深刻的,真正切中了宋明理学的要害,把理论从"天上"拉回到了"人间"。

其二,"天下惟器"的道器论。除了理气关系,道器关系也是古代政治思想中的核心命题之一。"形而上者谓之道,形而下者谓之器"的观点一直为儒家思想所认可。王夫之梳理了传统儒家思想中关于道器关系的观点,认为其实儒家最初普遍将道器等量齐观,主要强调两者的统一性和相互依存性。但是,儒学在后世发展中不断抬高"道"的地位和作用,"器"的地位则不断下降,最终"道在气先"成为主导观点。"道在气先"与"理在气先"的意义基本一致,都是强调某种先天存在的精神性实体,主要作用都是为了论证三纲五常等观点的合理性和永恒性。王夫之认为天下只有"器"而已,道是器之道,器不能被认为是道之器,道只能依附于器而存在。这从根本上否定了宋明理学的道器观。道器关系内在蕴含了本质与现象、抽象与具体、一般和个别等范畴的哲学思辨,实质上也是治理思想的理论基础。还要注意的是,辩证思想是古代思想家们的基本思维方式,即便是强调"道在气先"的程朱理学,也不会片面强调理而完全忽视器的作用,反之,都表达过道不离器、器不离道、道在器中、道就是器等种种观点,如果仅看语言表达甚至无法分辨王夫之和程朱理学的区别。这就需要在研究中区分一般性观点和根本性观点,程朱理学对"器"的所谓强调属于一般性观点,主要是在应用层面论述道与器的关系,思想层面实质上仍是以"器"为先;王夫之则是用更深刻的哲学思辨论述道器关系,将"器"的地位提高到与"道"一样甚至高于"道"的地位,并认为人们在思想上认知"道"容易,认知"器"反而更难。这一观点颇有西方近现代存在主义哲学、生活哲学的意蕴。

其三,"气化日新"的历史观。王夫之的哲学思想贯彻到历史领域,便是将历史演化与构成归结于"理"和"势"两大因素,发展为强调变革和循环发展的历史观。一是历史发展是一个不断循环往复的过程。王夫之认为"势"决定了历史中的治乱循环、分合循环、盛衰循环等不断上演,"理"决定了社会发展中文与野的循环;二是历史是不断发展变革的过程。王夫之认为时代不同则"势"不同,"势"不同则"理"也不同,要根据"理"与"势"的变化采取不同措施。因此治理天下的方法并非固定不变。他既反对一味赞美三代之治,认为治理国家不必仿效古代,也反对固守当今已有治理之法而不进行变革。总之,王夫之在其著述中反复强调改革的重要性,主张及时根据"势"的变化调整治理政策。

(二)对"私天下"的深刻批判

王夫之认为,明亡最根本的原因不仅是明一朝一代的治理积弊所造成的,而是"三代"以后几千年来日益极端的君主专制制度所导致的必然结果,并提出了"公天下"的政治思想。

首先,王夫之深刻反思了"家天下"的治理理念。古代政治思想的最大特征之一是公私不分,导致"家天下"的理念占据主导地位。在古代思想中,君主不仅是天子,还是民众的家长,承担着养育万民、管理万民的职责。尤其是在以"修齐治平"为代表的儒家思想长期灌输下和以"三纲五常"为代表的等级观念的长期影响下,政治与伦理融为一体,"家天下"理念习以为常、深入人心,几乎成为君主治国的默认原则。王夫之首先分析了"公"与"私"概念的不同,认为天下才是真正的"公",君主和君主的朝廷为"私";天下百姓之事为"公",君主一家一姓之事为"私"。他认为朝代兴衰、国祚长短等实质上都是一家一姓之私事,并不是公事。因此,由广大民众共同组成的"共同体"才是天下国家,专为君主一人谋私利的组织绝非真正的天下,不能把天下和君主混为一谈,等同视之。基于"家天下"观点,王夫之对君主制进行了辛辣的批判。比如他认为历代君主都喜欢批判秦始皇之私,但自己还是跟秦始皇一样千方百计要为子孙后代谋利,岂不是讽刺?再比如他认为天下国家如此之大,根本就不能只靠君主一人的能力进行治理,君主怎么能够认为国家是靠他一个人在治理呢?因此只有不让君主独揽天下一切,国家才有可能出现真正的治世。王夫之对"家天下"思想的批判极为深刻:一方面,在理论上进一步厘清了国家与王朝、君主的区别,揭露了君主制"假公济私"、公私不分的事实,动摇了传统的国家观念,从根本上消解了对某朝某代的精神执念;另一方面,既然君主治国只是个人之私,那么君主并不是先天就具有治理天下国家的合法性了,君主之治自然就不是永恒的,而是可以禅让、可以继承、可以变革的,这从根本上动摇了君主权力无限论和血缘继承制。

其次,王夫之深刻批判了君主专制的治理弊端。王夫之在否定"家天下"观点的基础上,对历代君主以专制制度治理国家的弊端进行了深刻批判,认为君主专制的实质就是以君主之"私"去破坏天下之"公"。他认为君主一人凌驾一切而高高在上，以一个人的"心思"去治理天下，这是一切治理弊端的根源。王夫之还认为，无论是纳谏、议政等措施，还是治理原则等大道，只要还存在君主一人绝对专制，这些看似美好的治理之道就只不过是枉谈罢了。因为表面的治理制度再好也无法对君主产生足够的约束力，君主反而可以任性妄为、肆意破坏。因此，他认为君主专制必然会因私废公、破坏君臣关系，从而导致法治不彰、吏治腐败、民生困苦，最终结局就是朝代衰败，一家一姓之国亡，天下大乱。王夫之批判君主专制的思想并非独创，他的独特理论贡献在于将前人几乎不会质疑的那些理想之治及其思想基础全部都纳入其批判视野之中，并指出了一个严酷的事实：只要还存在君主，一切思想和政治都是虚妄。王夫之不但点破了君主制的危害，还真正触及了古代治理思想的本质与极限，也就是"道"、道德、仁义等概念本身存在的问题。

最后，王夫之提出了"公天下"的治理思想。既然"家天下"是君主一人之私天下，那么真正的天下国家就是"公天下"。因此，王夫之提出了"公天下"的观念，认为治理国家的首要原则就是区分公私，把以天下百姓为主构成的"公天下"置于优先地位。王夫之关于限制君主权力、以民生为本等一系列治理主张皆源自"公天下"的思想。

另外还要强调的是，尽管王夫之的批判极为深刻，但仍属古代治理思想内部的反思，与启蒙思想有本质不同，也不属于近现代理念范畴。我们之所以在阅读王夫之的文字时产生启蒙思想之感悟，主要是因为其在文字中使用了很多与现代一样的词汇、概念等，加之易于理解的风格给今人造成了思想冲击。比如，尽管王夫之批判君主制度，甚至主张"革新"君主，但是他仍强调尊君，更无法想象无君主之国。再比如，尽管王夫之本人极为热衷于议论政事、针砭时弊，但是他极力反对普通民众议论，也不容许臣下议论自己的君主，同时他还极力反对宋明以来士人们的空谈清议之风。那么到底谁可以议论呢？王夫之已经把包括自己在内的几乎一切人都列入禁止议论之列了，那么他自己数百万字的文章岂不是也应禁止？

（三）以"公天下"为核心的治理主张

王夫之"公天下"的思想体现在治理领域，主要从两方面入手：限制君权和实行民本主张。

其一，"分级而治"的政治治理主张。王夫之针对君主集权专制的治理弊端，提出调整并改革传统治理体制的设想，主张建立以"分级而治"为重点的制度体系。一是主张强化相权,认为宰相无权会导致天下无治理纲要,各级官僚只会更加机械地执行命令,极力逃避行使真正的职责权力,那么宵小之人就会趁机掌握权力、滥用权力、以权谋私,因此应该提升宰相或辅政大臣的权力。二是主张建立"分级而治"的治理体系,认为天下一统的核心在于"分级而治",天下治理混乱的原因在于从君主到州郡越级而治。王夫之提出了"分级而治"的改革治理体制:在朝廷治理层面,应实行逐级负责制,君主不独揽一切权力,其职责在于选择宰相,宰相也不独揽一切事务,其职责主要在于治理百官,三公九卿等各负其责;在地方治理层面,也应实行分级治理,逐级负责。王夫之认为,基于天下之大、人民之众的事实,还应该扩大地方各级的自主治理权,以便根据具体情况进行更为有效的治理。三是主张建立健全一系列促进"分级而治"的具体举措。比如,他主张健全官制,提倡恢复或建立会议制度、谏议制度、封驳制度等具体治理制度。王夫之关于治理体制改革的主张、设想散见于各个文本中且十分杂乱,但其主旨基本一致,那就是分散君主的专断权力,批判、否定和改革宋明以来建立的各项具体治理制度。

其二,"以民为基"的民生治理主张。依照"公天下"思想,王夫之认为民众才是君主统治天下的基础,民心稳定是国家根基稳固和治乱的根本,失去民心则君主不存。因此,君主治理之道应颠倒过来,君主应把关心民众作为"第一当修"的天职,不是以君为万民父母,而是君主应视民为父母。一是主张以朴素的平均观治理国家。王夫之也看到了土地问题是社会矛盾中最突出、影响治理安危最重要的因素,因此他提出了"均天下"的口号。他认为土地属于天下万民所均有,而并非君主的私产,也不能由君主来授予,君主的职责是让民众都可以"治其地"。显然,跟几千年来的大多数思想家一样,王夫之也认识到土地兼并的危害。但是,针对这一历史性难题他也没有太好的办法,只能从理论上论证其重要性,寄希望于君主能够改革。其实在古代治理历史发展中,君主抑制土地兼并的尝试一直没有中断,但鲜有重大的突破性成果。二是主张"宽以养民"。针对明朝治理积弊给民众带来的恶果,王夫之主张采取宽松的治民之策,提倡轻徭薄赋,提出了"藏富于民"的观点。另外,在治民上他还主张以教化为主,反对严刑峻法。三是主张"严以治吏",大力惩治各级官吏的腐败行为。这些民本主张并没有什么新意,皆是"老调重弹"而已,也许能够在缓和社会矛盾上发挥有限的作用,但无法从根本上解决治理的积弊,亦不可能单纯依靠没有强制约束力的民心民意来达到治理目的。

后　记
传统文化视野中治理思想的进一步思考

治理思想研究不应该是纯粹的概念性、学理性的学问，而应该是饱含思想张力、思考深度、现实关怀、实践精神的理论探索。本书通过系统梳理和研究传统文化视野中的治理思想，既是一次提炼知识、总结规律、加深认识的过程，也是一次全身心地与古代思想家们对话、与民众共情、与治理难题角力的历程。在本书的研究过程中，我时常会有各种各样的感受和感悟呈现出来，进一步加深了对研究主题的认识。关于传统文化中的治理思想，不仅要进行知识性的梳理归纳，还应结合时代发展和现实意义进行深度总结、探析和创新性思考。本书认为，应重点关注以下几个方面的问题。

一、进一步细致梳理传统治理思想的基本概念和结构体系

正如前文所论述的，中国古代治理思想具有连续性和包容性的特点。确切地说，尽管本书将治理思想分为七个类别来进行论述，但是它们实质上又是统一的。因为各个文化派别、倾向都没有发展出一套独立、完整的治理理论体系和完全创新的治理主张。不难发现，通过七个章节的论述，各种治理思想都有着基本相似的现实状况、理论背景、思维方式和概念体系。不管是何种派别，都使用着共同的历史、共同的语言、共同的概念、共同的挑战、共同的对象；都有着本质上相似的治理难题、治理主张、治理理想；也都彰显出了时代性、批判性、实践性、人文性、伦理性等鲜明特征。对于存在于各个派别的概念、命题、主张，有必要进行综合梳理，并按照层次、结构特性来进行归纳。也许真实的情况是，按照流派、倾向进行区分本身不过是理解和研究的无奈之举，如果一味纠结于派别，必不能真正触及治理思想的本质。因此，还应跳出传统划分的限定，寻找从其他维度来解读和把握传统治理思想的方法。综合考虑治理思想中各个概念、

命题的重要性、出现频率、影响力、理论价值等因素,尝试对概念体系进行结构性梳理。

传统治理思想体系涉及众多概念、命题、基本理念,它们像建筑中的砖瓦立柱,构成治理思想体系的大厦。这些概念、命题、基本理念在治理思想体系中的地位、作用、功能不尽相同,主要可以分为四大类别。

第一类:创始性概念层面。创始性概念可以理解为治理思想的"元概念",是治理思想乃至中国政治思想和中国古代哲学诞生的基础性概念,这些概念产生于中国古代思想的萌生期和形成期,直接塑造了传统思想的基本话语体系和思维模式,具有核心的基础性作用。创始性概念主要包括:天(神)、命、道、帝(君)、民等。通过分析上述概念可以发现以下特点:一是神学和人文意蕴同样重要,治理思想初创期并非神学或人文思想孰先孰后,几乎可以看作同时出现且同等重要;二是形成了天道、君主和臣民这三大支柱性概念,构成传统治理的基本框架,后世一切思想基本很难跳出这三大概念。

第二类:哲学基础层面。哲学基础层面是治理思想的理论基础,主要包括世界观、方法论、价值观等基本问题。这些概念中既有关于包括人类在内的世界万物的本体性思考、有关于事物运动发展变化本质的规律性认识、有关于社会发展和历史演变的基本把握,也有关于人性善恶和是非对错的价值观判断,这些概念是治理理念和治理主张的理论来源,具有十分核心的地位和重要的作用。哲学基础层面包括:仁、礼、信、诚、法、德、义、利、阴阳、五行、理、气、心、性、善、恶等。哲学基础层面具有以下特点:一是儒家思想在哲学基础概念层面占据了主导地位。无论这些概念是不是由儒家首创的,它们中的大多数都属于公认的儒家思想,可见儒家治理思想占据主导地位也是顺理成章的。二是上述概念中的多数也是各个派别治理的核心思想。从先秦儒家、道家、法家,到宋明理学、事功之学、批判思潮,都会使用这些概念,这也进一步证明了古代治理思想的融合性特征。

第三类:治理理念层面。治理理念层面包含了大量治理概念、命题和主张,是治理思想的核心主张,也是研究治理思想的基本维度。从价值维度看,治理理念中包含了不少关于具有明确是非对错标准的治理理念,比如:三代,圣人、明君、圣君、君子、贤臣、贤才、小人、忠、奸等。从具体治理理念和治理主张看,则包括了治理思想的绝大部分内容,比如:君权天授、天人合一、三纲五常、敬天保民、明德慎罚、德治教化、为政以德、隆礼重法、王道仁政、天下一统、无为而治、无为无不为、修齐治平、中庸、内圣外王、尚贤使能、大同社会、至德之世、变法革新、针砭时弊、富国富民、教育教化、化性起伪、重本抑末、严刑峻法、以利与人、民本德化、道统论、公天下、私天下等。这些治理理念充分彰显了各个流派和重要思想家们关于治理的深入思考，是治理思想的骨干部分，也是治理思想的精华所在。

第四类：具体治理举措层面。具体治理举措涵盖的内容也很多，其中既有持续千年争议不断的基础问题，也有以解决治理时弊为主的具体措施。具体治理举措层面包括：分封制、井田制、郡县制、宰相制、税赋制、耕战制度、刑罚制度、宗族治理、地方治理、分权限权、集权专制、选才任才、科举制、循名责实、设置学校等。从中可以看出两个特征：一是古代思想家们将主要精力集中于思想层面，较少关注具体且烦琐的制度，相对治理理念而言成果不够丰富。二是上述具体举措中多数都是持续不断的争议性话题，很多举措较难真正在治理实践中贯彻落实，本质上属于治理理念层面的衍生物，在君权面前毫无地位，并未构建成相对独立的制度体系，更没有形成制度主义理念，因此难以持续稳定发挥治理制度的作用。另外，还可以按照治理对象的不同，对治理思想进行结构性划分，主要包括治君、治臣、治民、治心、治事五个方面。

以上四个类别的概念性研究有助于我们更加深刻地认识和把握传统治理思想的真谛，对于深入挖掘其现代价值也具有重要意义。

二、进一步阐释凝练传统文化视野中治理思想的规律性特征

在漫长的历史长河中，传统治理思想的发展历经坎坷，既有连续性，也有跃迁性；既有主流思想的统摄，也有对主流思想的深刻批判。通过学习研究传统文化视野中的治理思想，可以总结出一些具有规律性、启发性的认识和反思，有助于更好地把握其本质。除了本书前文所论述的传统治理思想的基本特征外，还可以总结出一些规律性认知。

比如，君主中心主义可以成为一条核心的规律性认知。中国经历了长达几千年的君主制度，君主的影响极为深刻。在中国传统治理思想中，君主处于绝对的中心地位，具有举足轻重的关键作用。可以说，大多数治理思想、治理理念等都围绕君主而展开，不管是论证治理的合理性，还是分析治理混乱的原因；不论是总结治理之道，还是提出具体治理举措，都离不开君主。无论是肯定君主制度的治理思想还是反思批判君主制度的治理思想，最后基本都会将君主自身

的作用视为最重要的因素。君主在长期治理思想的发展演变过程中,不仅是权势的代表,而且还跟天子、神明、圣人等形象相互融合,其地位和作用早已超出了一般意义上的政治学范畴。君父、忠君等观念深刻地影响了历代思想家的理论观点。关于君主中心主义的影响体现在治理思想的各个方面,围绕着君主大致有如下方面的治理思想:一是论证君主治理国家合法性、合理性的各种思想观点;二是围绕君主如何巩固和提高权势地位、如何处理与臣下和民众的关系所形成的治理思想;三是围绕君主如何处理治理国家中各项具体事务而形成的治理思想;四是围绕君主能力、品行、修为等方面所形成的治理思想;五是反思和批判君主制度的治理思想。

除此之外,治理思想还存在大量具有规律性的治理现象和治理特征,值得我们进一步深入研究。比如:治理思想中的民本理念、治理实践中的治乱循环、治理制度的日益烦苛严密现象、治权不断加码的现象、治理理念中的厚古薄今现象、具体治理制度中的模糊空间以及地方治理体系等。

三、进一步深入研究传统治理思想中的现实悖论与理论张力

不可否认,传统治理思想本身存在巨大的理论争辩和现实张力。这些复杂且难以彻底解决的悖论贯穿于中国古代治理思想发展的始终,也留给了后人无尽的反思空间。具体而言,主要有四个方面的悖论性反思值得继续深入研究。

一是关于治君的悖论性反思。中国古代治理思想最大的核心要素就是君主,君主堪称治理成败的关键,也是大多数思想家们最为关注之处。但是,关于君主的治理思想本身却存在巨大的悖论。一方面,思想家们普遍将君主视为治理混乱的"主要责任人",甚至不少人对君主在治理中的暴政进行了极为激烈的批判,将古代几千年来的治理弊端归结于君主"私天下",在很大程度上动摇和否定了君主制度的合法性;另一方面,不管是多么彻底批判君主治理的思想家及其理论,都无法设想一个没有君主的天下国家,也没能尝试构建出一个没有君主的治理理论体系,甚至绝大多数思想家们最终还是将全部希望寄托于圣君明主的身上,其解决治理难题的方法也都离不开君主的力量。因为这一悖论,可以看到古代治理思想中许多具体的理论困境。比如,限制君权与强化君权的矛盾,不少思想家的理论中既有抨击君权过于集中的观点,最终却将进一步强化君权作为解决治理积弊的办法。这是古代治理思想中最大的悖论,也是其无法突破的理论困境。毫不夸张地说,君主始终在古代治理思想中居于绝对核心

的地位,多数治理思想甚至只是君主制度下的"附庸"而已,要么直接服务于君主制度,为君主制度进行合法性论证,要么只是围绕君主制度进行一些"修修补补"的工作。因此,要想从古代治理思想中直接产生超越君主制度的创新理论难度极大,甚至是近乎不可能的。

二是关于治臣的悖论性反思。所谓治臣,包括了如何处理君主与臣下的关系、如何加强吏治等方面的内容。自古以来,治臣就是君主治理国家的中心内容,也是影响治理效果的核心因素之一。在治臣方面存在诸多悖论。首先,君主和臣下之间的治理悖论。治臣的首要任务是处理好君主与臣下的关系。君臣关系方面存在的悖论显而易见:一方面,臣下是治理国家的具体承担者,因此必须发挥好臣下的作用,构建科学、合理的治理结构和治理制度,这就要求臣下必然具有一定的独立性;另一方面,自古以来由臣下发起的叛乱数不胜数,因此如何制约和监督臣下成为君主治理国家的核心任务。纵观历史,从封建制到郡县制,王公贵族、分封诸侯、封疆大吏、藩镇、节度使等一系列直接导致重大治理危机的治臣之策中都能看到这一悖论的存在。其次,关于吏治的治理悖论。治臣的主要内容是加强吏治,主要涉及选拔、配备和监督监察各级官员等方面的内容。思想家们往往将吏治腐败视为治理危机的主要因素之一,也将加强吏治视为治理国家的重点内容。但是其中的悖论也是十分突出的:一方面,必须不断加强吏治才能有效治理国家;另一方面,各级官吏本身又是治理实践的主要倡导者和具体承担者,"与士大夫治天下"是所有君主无法摆脱的现实,这就导致吏治问题始终无法得到真正解决。最后,关于治臣的具体悖论。治臣涉及的内容十分复杂,也存在诸多具体的悖论。比如,关于忠臣与奸臣的问题,关于保守派臣子与改革派臣子的问题等。从这些问题中也能看到治臣存在的悖论。

三是治民的悖论性反思。古代治理思想中关于治民的悖论表现得尤为明显。一方面,几千年来对民生的重视、对民本的强调、对民众力量的认识、对民众疾苦的关心等不断强化,连篇累牍,已经成为治理思想中近乎一致的思想倾向,大多数思想家都在不厌其烦地论述民生、民本的重要性,也有不少思想家以朴素的民本情怀投身理论与实践之中,使得人文主义成为治理思想的基本底色。另一方面,这些关于民生、民本的主张又充满了强烈的工具性目的,不仅没有从本质上认识到民众的主体性意义,甚至还不断贬低和鄙视民众的地位。大量思想家主张在治理中采取愚民之术、主张从思想到肉体上对民众进行双重规训。这一悖论使得众多思想家们的治理思想中存在非常明显的理论冲突和前后矛盾之处。总的来说,古代治理思想中的治民主张有着不可避免的局限性,与现代意义的民本理论有着本质不同,绝不能因为个别论述而混淆其区别。

四是关于治事的悖论性反思。古代治理思想中存在诸多关于具体治理事务的悖论值得我们思考。尤其是关于封建制和郡县制的争论、关于保守与改革的争论、关于井田制的争论和关于税赋制度的争论等,它们始终在各种治理理论中占据着重要的地位。这些重大治事方面的论题长期以来热议不休,各种相关的治理思想也纷呈面世,其中大量治理主张存在矛盾和冲突。比如,封建制和郡县制如何在具体治理形势下发挥作用？保守主张与改革主张哪一种更有利于解决治理弊端？不少思想家们提倡的井田制为什么不可能真正实现？我们需要深入思考和研究诸如此类的治事议题,相信必然能够从中发现不少难以解决的理论困境,进而使我们能够更好触及传统治理思想的深层内核。

主要参考文献

一、原始文献

1. 《陈亮集》,邓广铭点校,北京:中华书局1987年版。
2. 程颐、程颢:《二程集》,王孝鱼点校,北京:中华书局1981年版。
3. 《传习录》,陆永胜译注,北京:中华书局2021年版。
4. 《春秋繁露》,张世亮、钟肇鹏、周桂钿译注,北京:中华书局2012年版。
5. 戴震:《戴震集》,上海:上海古籍出版社1980年版。
6. 房玄龄等:《晋书》,北京:中华书局1974年版。
7. 顾炎武:《日知录集释》,黄汝成集释,北京:中华书局2020年版。
8. 《管子》,李山、轩新丽译注,北京:中华书局2022年版。
9. 《韩昌黎文集》,马其昶校注,上海:古典文献出版社1957年版。
10. 《韩非子》,高华平、王齐洲、张三夕译注,北京:中华书局2015年版。
11. 《韩非子译注》,张觉等译注,上海:上海古籍出版社2016年版。
12. 《汉书(简体版)》,(唐)颜师古注,北京:中华书局1999年版。
13. 《后汉书》,(唐)李贤等注,北京:中华书局1973年版。
14. 《淮南子》,陈广忠校点,上海:上海古籍出版社2016年版。
15. 《淮南子》,陈广忠译注,北京:中华书局2012年版。
16. 黄宗羲:《黄宗羲全集》,杭州:浙江古籍出版社1994年版。
17. 黄宗羲:《明儒学案》,沈芝盈点校,北京:中华书局1985年版。
18. 黄宗羲:《明夷待访录》,王珏、褚宏霞译注,北京:中华书局2019年版。
19. 黄宗羲:《宋元学案》,全祖望补修,北京:中华书局1986年版。
20. 《嵇康集校注》,戴明扬校注,北京:人民文学出版社1962年版。
21. 《老子》,汤漳平、王朝华译注,北京:中华书局2014年版。

22.《礼记》,胡平生、张萌译注,北京:中华书局2017年版。

23.《礼记》,李慧玲、吕友仁译注,郑州:中州古籍出版社2010年版。

24.《李觏集》,王国轩点校,北京:中华书局2011年版。

25. 李贽:《焚书》,张建业译注,北京:中华书局2018年版。

26.《临川先生文集》,北京:中华书局1959年版。

27.《柳宗元集》,吴文治等校注,北京:中华书局1979年版。

28.《论语 大学 中庸》,陈晓芬、徐宗儒译注,北京:中华书局2011年版。

29.《论语》,张燕婴译注,北京:中华书局2006年版。

30.《罗隐集》,雍文华校辑,北京:中华书局1983年版。

31.《孟子》,方勇译注,北京:中华书局2010年版。

32.《孟子》,宁镇疆译注,郑州:中州古籍出版社2007年版。

33.《阮籍集校注》,陈伯君校注,北京:人民文学出版社1962年版。

34.《商君书》,石磊译注,北京:中华书局2022年版。

35.《尚书》,顾迁译注,郑州:中州古籍出版社2010年版。

36.《尚书》,王世舜、王翠叶译注,北京:中华书局2012年版。

37.《慎子集校集注》,徐富宏校注,北京:中华书局2013年版。

38.《慎子·太白阴经》,徐福宏译注,北京:中华书局2022年版。

39.《史记》,北京:燕山出版社2007年版。

40.《史记》,北京:中华书局1982年版。

41.《史记(简体版)》,(宋)裴骃集解,北京:中华书局1999年版。

42. 唐甄:《潜书》,吴泽民校,北京:中华书局2009年版。

43. 脱脱等:《宋史》,北京:中华书局1977年版。

44. 王弼:《老子道德经注校释》,楼宇烈校释,北京:中华书局2016年版。

45. 王夫之:《船山全书》,长沙:岳麓书社2011年版。

46. 王夫之:《读通鉴论》,尤学工、翟士航、王澎译注,北京:中华书局2020年版。

47.《王阳明全集》,北京:线装书局2016年版。

48.《荀子》,方勇、李波译注,北京:中华书局2011年版。

49.《叶适集》,刘公纯、王孝鱼、李哲夫点校,北京:中华书局2010年版。

50.《张居正全集》,武汉:崇文书局2022年版。

51.《张载集》,章锡琛点校,北京:中华书局1978年版。

52.《贞观政要》,骈宇骞译注,北京:中华书局 2022 年版。

53.《周易》,崔波译注,郑州:中州古籍出版社 2007 年版。

54.《周易》,杨天才、张善文译注,北京:中华书局 2011 年版。

55. 朱熹:《四书章句集注》,北京:中华书局 2011 年版。

56.《朱子全书》,上海:上海古籍出版社,合肥:安徽教育出版社 2002 年版。

57.《资治通鉴全译》,张舜徽主编,李国祥等译注,贵阳:贵州人民出版社 1994 年版。

二、学术著作

1.（日）安居香山、中村璋八:《纬书集成》,石家庄:河北人民出版社 1994 年版。

2. 巴新生:《西周伦理形态研究》,天津:天津古籍出版社 1997 年版。

3. 白钢:《中国政治制度通史》,北京:人民出版社 1996 年版。

4. 白吴:《稷下学研究》,北京:生活·读书·新知三联书店 1998 年版。

5. 卜宪群:《秦汉官僚制度》,北京:社会科学文献出版社 2002 年版。

6. 丁小萍:《中国古代政治智慧》,杭州:浙江大学出版社 2005 年版。

7. 高正:《诸子百家研究》,北京:中国社会科学出版社 1997 年版。

8. 顾颉刚:《秦汉的方士与儒生》,上海:上海人民出版社 1978 年版。

9. 郭志坤:《秦始皇大传》,上海:上海三联书店 1989 年版。

10. 侯外庐、赵纪彬、杜国庠:《中国思想通史》,北京:人民出版社 1957 年版。

11. 黄留珠:《秦汉仕进制度》,西安:西北大学出版社 1985 年版。

12. 金春峰:《汉代思想史》,北京:中国社会科学出版社 1987 年版。

13. 李存山:《商鞅评传》,南宁:广西教育出版社 1997 年版。

14. 李山:《诗经的文化精神》,北京:东方出版社 1997 年版。

15. 李学勤:《东周与秦代文明》,北京:文物出版社 1984 年版。

16. 林剑鸣:《秦史稿》,上海:上海人民出版社 1981 年版。

17. 刘修明:《儒生与国运》,杭州:浙江人民出版社 1997 年版。

18. 刘泽华:《中国政治思想史集》(全三卷),北京:人民出版社 2008 年版。

19. 刘泽华:《士人与社会》,天津:天津人民出版社 1988 年版。

20. 刘泽华：《中国政治思想史》，杭州：浙江人民出版社 2020 年版。

21. 吕思勉：《秦汉史》，上海：上海古籍出版社 1983 年版。

22. 吕思勉：《中国制度史》，上海：上海教育出版社 2002 年版。

23. 孟祥才：《先秦秦汉史论》，济南：山东大学出版社 2001 年版。

24. 齐涛：《中国政治通史》，济南：泰山出版社 2003 年版。

25. 瞿同祖：《中国法律与中国社会》，北京：中华书局 1981 年版。

26. 孙实明：《韩非思想新探》，武汉：湖北人民出版社 1990 年版。

27. 孙筱：《两汉经学与社会》，北京：中国社会科学出版社 2002 年版。

28. 唐帼丽：《传统中国的文化精神》，北京：中国社会科学出版社 2003 年版。

29. 王长华：《春秋战国士人与政治》，上海：上海人民出版社 1997 年版。

30. 王育民：《秦汉政治制度》，西安：西北大学出版社 1996 年版。

31. 萧公权：《中国政治思想史》，北京：商务印书馆 2011 年版。

32. 熊铁基：《汉唐文化史》，长沙：湖南人民出版社 2002 年版。

33. 徐复观：《两汉思想史》（三卷本），上海：华东师范大学出版社 2001 年版。

34. 阎步克：《士大夫政治演生史稿》，北京：北京大学出版社 1996 年版。

35. 姚淦铭、王燕：《王国维文集》，北京：中国文史出版社 1997 年版。

36. 余英时：《士与中国文化》，上海：上海人民出版社 1987 年版。

37. 张传玺：《秦汉问题研究》，北京：北京大学出版社 1985 年版。

38. 张岱年：《中国哲学大纲》，北京：中国社会科学出版社 1982 年版。

39. 赵克尧、许道勋：《唐太宗传》，北京：人民出版社 1984 年版。

40. 郑良树：《商鞅及其学派》，上海：上海古籍出版社 1989 年版。

41. 《中国政治思想史》编写组：《中国政治思想史》，北京：高等教育出版社 2019 年版。

42. 朱贻庭：《中国传统伦理思想史》，上海：华东师范大学出版社 2003 年版。

43. 左言东：《中国政治制度史》，杭州：浙江古籍出版社 1986 年版。